« Le docteur Joe Dispenza nous procure les moyens d'abandonner nos croyances négatives et d'adopter une attitude positive. Cet ouvrage intelligent, instructif et pratique vous aidera à vivre librement au meilleur de vous-même afin d'accomplir votre destinée. »
Judith Orloff, M.D.,
auteure de *Liberté émotionnelle*.

« Dans ce livre, le docteur Joe Dispenza examine scientifiquement les aspects énergétiques de la réalité et fournit aux lecteurs les outils nécessaires pour effectuer d'importants changements positifs dans leur existence. Quiconque lira cet ouvrage et en appliquera les diverses étapes verra ses efforts récompensés. En un langage simple et accessible à tous, son contenu de pointe très actuel constitue un guide facile à utiliser pour créer des changements intérieurs durables. »
Rollin McCraty, Ph. D.,
Directeur de la recherche au HeartMath Research Center.

« Le message véhiculé par ce manuel divertissant et extrêmement accessible qui permet de refaire nos circuits émotionnels et mentaux est très simple : nos pensées d'aujourd'hui déterminent ce que sera notre vie de demain. »
Lynne McTaggart,
auteure des succès de librairie *Le Champ de la cohérence universelle*,
La Science de l'intention et *Le Lien quantique*.

« Cet excellent mélange de science de pointe et d'applications pratiques constitue la formule parfaite pour la vie quotidienne. La hiérarchie du savoir scientifique veut que nos connaissances sur nous-mêmes et sur le cerveau évoluent lorsque de nouvelles découvertes viennent modifier nos connaissances sur l'atome. Dans les quatorze chapitres de ce livre, le docteur Joe Dispenza tire profit d'une longue expérience pour expliquer avec concision comment de subtiles modifications dans notre façon d'utiliser le cerveau constituent la clé quantique de changements positifs dans notre corps, dans notre vie et dans nos relations. Dans un manuel pratique bien documenté et responsable, que vous souhaiterez toujours avoir à portée de la main, les techniques graduelles et faciles du docteur Dispenza fournissent à chacun et chacune l'occasion de faire l'expérience de son propre champ quantique pour découvrir ce qui lui convient le mieux. Qu'il s'agisse d'exercices faisant prendre conscience d'un mode de pensée qui nous enferme dans de vieilles croyances, ou des pratiques simples qui nous font dépasser nos croyances limitatives, ce livre est un manuel de vie dont nous aurions

bien aimé disposer dès la petite école. Si vous avez toujours su que nous sommes tous davantage que ce que les cours de biologie élémentaire nous ont appris, et si le langage technique et scientifique vous rebute, ce livre magnifique est fait pour vous ! »
Gregg Braden,
auteur des succès de librairie du *New York Times*,
La Divine Matrice et *Vérité essentielle*.

« Psychologue en semi-retraite ayant réfléchi à plusieurs de ces questions pendant des années, je dois admettre que ce livre bouleversera vraisemblablement de très vieilles croyances dans le domaine de la psychologie. Les conclusions du docteur Dispenza, qui sont bien ancrées en neurosciences, remettent en question nos idées sur nous-mêmes et sur ce que nous croyons possible. Un livre brillant et inspirant. »
Docteur Allan Botkin,
psychologue clinique et auteur de *Induced After-Death Communication*
(« Communication post-mortem induite »).

« Nous voici dans une ère de développement personnel sans précédent où une boucle de rétroactivité productive a été établie entre les dernières découvertes neuroscientifiques et les anciennes pratiques méditatives.
Le nouveau livre du docteur Joe Dispenza
explique magistralement et clairement, la "science difficile" du fonctionnement du cerveau et du corps. Il l'applique ensuite par un programme de changement personnel étalé sur quatre semaines, qui nous montre comment nous servir d'un programme de méditation structuré pour refaire consciemment notre réseau neuronal dans une optique de joie et de créativité. »
Dawson Church, Ph. D.,
auteur du succès de librairie *The Genie in Your Genes*
(« Le Génie contenu dans nos gènes »).

« Le docteur Joe Dispenza nous offre le manuel par excellence nous permettant de devenir des créateurs divins ! Il rend concrète la science du cerveau et nous indique comment nous affranchir de nos émotions pour créer une existence heureuse, riche et saine,
et comment enfin réaliser nos rêves. J'attendais ce livre depuis longtemps ! »
Alberto Villoldo, Ph. D.,
auteur de *Augmentez la puissance de votre cerveau : la neuroscience de l'illumination*
et *Le Chaman, le guérisseur, le sage*.

Dr Joe Dispenza

Rompre avec soi-même

Pour se créer à nouveau

Traduction Louis Royer

Titre original anglais : Breaking the Habit of Being Yourself
Copyright © 2012 Dr Joe Dispenza
Hay House, Inc.
www.hayhouse.com

© 2013 Ariane Éditions Inc.

1217, av. Bernard O., bureau 101, Outremont, Qc,
Canada H2V 1V7
Téléphone : 514-276-2949, télécopieur 514-276-4121
Courrier électronique : info@editions-ariane.com
Site Internet : www.editions-ariane.com
Tous droits réservés

Traduction Louis Royer
Révision : Monique Riendeau, Muriel Candela
Graphisme et mise en page Carl Lemyre
Illustration de la couverture : Carl Lemyre
Première impression : février 2013

ISBN : 978-2-89626-122-2
Dépôt légal :
Bibliothèque nationale du Québec
Bibliothèque nationale du Canada
Bibliothèque nationale de Paris

Diffusion
Québec : Flammarion Québec – 514-277-8807
www.flammarion.qc.ca
France et Belgique : D.G. Diffusion – 05.61.000.999
www.dgdiffusion.com
Suisse : Servidis/Transat – 22.960.95.25
www.servidis.ch

Gouvernement du Québec – Programme de crédit d'impôt
Pour l'édition de livres – Gestion SODEC

Imprimé au Canada

Pour Robi.

TABLE DES MATIÈRES

Avant-propos ix
Introduction xiii

PREMIÈRE PARTIE : La science de notre être
Chapitre 1 :   L'être quantique 3
Chapitre 2 :   Transcender l'environnement 43
Chapitre 3 :   Transcender le corps 59
Chapitre 4 :   Transcender le temps 95
Chapitre 5 :   La survie versus la création 107

DEUXIÈME PARTIE : Le cerveau méditant
Chapitre 6 :   Trois cerveaux : de la pensée
à l'action, puis à l'être 135
Chapitre 7 :   L'écart 161
Chapitre 8 :   La méditation, la démystification du
mystique et les ondes de notre futur 191

TROISIÈME PARTIE : Vers notre nouvelle destinée
Chapitre 9 :   Le processus de méditation :
introduction et préparation 237
Chapitre 10 :   L'accession à la créativité
(première semaine) 249
Étape 1 : L'induction 250

Chapitre 11 :	Rompre avec soi-même *(deuxième semaine)*	255
	Étape 2 : La reconnaissance	255
	Étape 3 : L'admission et la déclaration	263
	Étape 4 : L'abandon	269
Chapitre 12 :	Le démantèlement de la vieille mémoire *(troisième semaine)*	277
	Étape 5 : L'observation et le rappel	277
	Étape 6 : La réorientation	283
Chapitre 13 :	La création d'un nouvel esprit pour le nouveau futur *(quatrième semaine)*	291
	Étape 7 : La création et la répétition	291
Chapitre 14 :	La démonstration et la transparence : vivre la nouvelle réalité	311

Postface : Habiter le soi 321
Annexe A : L'induction des parties du corps *(première semaine)* 327
Annexe B : L'induction de la montée de l'eau *(première semaine)* 329
Annexe C : Méditation guidée : l'intégration de tous les éléments *(deuxième, troisième et quatrième semaines)* 331
Notes 339
Remerciements 345
À propos de l'auteur 347

AVANT-PROPOS

Le cerveau joue un rôle dans toutes nos pensées, tous nos sentiments, tous nos actes, et dans notre comportement avec les autres. Il est l'organe de la personnalité, du caractère, de l'intelligence ainsi que de toutes nos décisions. Mon travail d'imagerie cérébrale depuis une vingtaine d'années auprès de dizaines de milliers de patients m'a démontré très clairement que nous fonctionnons bien lorsque le cerveau fonctionne bien, et que notre vie devient facilement problématique lorsqu'il fonctionne mal.

Quand notre cerveau est sain, nous sommes heureux, en bonne santé physique, plus fortunés, plus sages, et nous prenons de meilleures décisions, ce qui nous aide à mieux réussir et à vivre plus longtemps. En revanche, quand leur cerveau n'est pas en santé pour une raison quelconque, comme une blessure à la tête ou un vieux traumatisme émotionnel, les gens sont plus tristes, plus malades, plus pauvres, moins sages, et ils réussissent moins bien.

On comprend facilement qu'un traumatisme puisse affecter le cerveau, mais les chercheurs ont démontré que la pensée négative ou une mauvaise programmation issue du passé pouvaient également l'affecter.

Par exemple, j'ai grandi avec un frère aîné qui avait tendance à me persécuter. La tension constante et la peur que je ressentais à cause de cette situation augmentaient mon anxiété, de sorte que j'étais toujours sur mes gardes, car je ne savais jamais quand je subirais son harcèlement. Cette peur causa à long terme une suractivité des centres de mon cerveau associés à cette émotion, jusqu'à ce que je sois en mesure de la surmonter, plus tard dans ma vie.

Dans ce nouveau livre, mon collègue le docteur Joe Dispenza nous guide dans l'optimisation du matériel et des logiciels du cerveau afin que nous acquérions un nouvel état d'esprit. Cet ouvrage est solidement fondé sur la science, et l'auteur continue à s'y exprimer avec autant de sagesse que de gentillesse, comme il l'a fait dans le film *Que sait-on vraiment de la réalité!?* ainsi que dans son ouvrage précédent, *Comment faire évoluer notre cerveau*.

Bien que je considère le cerveau comme un ordinateur comportant du matériel et des logiciels, le matériel (son fonctionnement physique) n'est pas séparé du logiciel ou de la programmation et de la refonte constantes qui ont lieu dans notre vie. Ils ont tous un impact important l'un sur l'autre.

La plupart d'entre nous ont subi un traumatisme quelconque durant leur existence et doivent vivre quotidiennement avec les cicatrices qui en ont résulté. L'élimination de ces expériences qui font désormais partie de la structure cérébrale peut s'avérer incroyablement bénéfique. Bien sûr, l'acquisition d'habitudes cérébrales saines, tels un régime alimentaire approprié, un programme d'exercice et l'apport de certains nutriments cérébraux, est essentielle à un fonctionnement adéquat du cerveau. De plus, nos pensées exercent un effet curatif puissant sur le cerveau ou bien travaillent à notre détriment. Il en est de même pour les expériences passées qui se sont imbriquées dans le cerveau.

L'étude que nous effectuons à la clinique Amen s'appelle «imagerie cérébrale SPECT (tomographie par émission de simples photons)». Il s'agit d'une étude sur la médecine nucléaire qui examine le flux sanguin et les schèmes d'activité. Elle diffère de la tomographie informatisée (*CT-scan*) ou de l'imagerie par résonance magnétique (IRM), qui examinent l'anatomie cérébrale, parce qu'elle se concentre sur le fonctionnement du cerveau. Notre travail, ayant comporté jusqu'ici plus de 70 000 scanners, nous a appris plusieurs leçons importantes sur le cerveau, dont celles-ci :

Une blessure au cerveau peut gâcher la vie de quelqu'un.

L'alcool n'est pas un aliment sain et on en voit souvent les dégâts sur les scanners SPECT.

Un certain nombre des médicaments que les gens prennent couramment sont nocifs pour le cerveau, comme les comprimés contre l'anxiété.

Des maladies comme l'Alzheimer commencent en réalité dans le cerveau plusieurs décennies avant que les gens n'en manifestent les symptômes.

Les scanners SPECT nous ont également démontré que nous devons avoir socialement beaucoup plus d'amour et de respect pour le cerveau, et que ce n'est pas une très bonne idée de permettre aux enfants de pratiquer des sports de contact comme le football et le hockey.

L'une des leçons les plus intéressantes que j'aie apprises, c'est que les gens peuvent littéralement modifier leur cerveau et leur vie en adoptant des habitudes cérébrales régulières de santé, comme la correction de croyances négatives et l'utilisation de processus méditatifs tels que ceux qui sont proposés par le docteur Dispenza.

Dans l'une des séries d'études que nous avons publiées, la pratique de la méditation recommandée par le docteur Dispenza a fait affluer le sang dans le cortex préfrontal des sujets, qui est la partie la plus réflexive du cerveau humain. Après huit semaines de méditation quotidienne, leur cortex préfrontal au repos était plus fort et ils avaient de meilleurs souvenirs. Il existe tellement de façons de guérir le cerveau ou d'en optimiser le fonctionnement !

J'espère que vous développerez, tout comme moi, le désir d'un meilleur fonctionnement de votre cerveau. Notre travail d'imagerie cérébrale a tout changé dans ma vie. Peu de temps après avoir commencé à effectuer des scanners SPECT, en 1991, j'ai voulu examiner mon propre cerveau. J'avais alors 37 ans. Quand j'ai vu sa toxicité et son irrégularité, j'ai compris qu'il n'était pas en santé. Toute ma vie durant, j'avais rarement bu de l'alcool et je n'avais jamais fumé ni fait usage d'aucune drogue. Pourquoi donc alors mon cerveau avait-il l'air aussi mal en point ?

Avant de m'intéresser vraiment à la santé du cerveau, j'avais beaucoup de *mauvaises* habitudes qui étaient nocives pour ce dernier. Je mangeais beaucoup de *fast-food*, je buvais des boissons gazeuses aromatisées comme si c'était ce qu'il y avait de mieux à boire, je ne dormais souvent que quatre ou cinq heures par nuit et j'avais de lointaines blessures non cicatrisées. Je ne faisais pas d'exercice, j'étais continuellement stressé et je pesais 15 kilos de trop. Ce que je ne savais pas me faisait beaucoup de mal.

Mon plus récent scanner montre un cerveau plus en santé et *beaucoup* plus jeune qu'il y a vingt ans. Il a littéralement rajeuni. Il peut le faire si l'on décide d'en prendre soin adéquatement. Ce livre vous y aidera.

J'espère que vous prendrez autant de plaisir que moi à le lire.

Daniel G. Amen, M.D.,
auteur de *Change Your Brain, Change Your Life.*

INTRODUCTION

La plus grande habitude que l'on puisse perdre : celle d'être soi-même

Quand je pense au nombre de livres portant sur la création de l'existence que nous désirons mener, je me rends compte que nous sommes plusieurs à rechercher encore des approches fondées sur des preuves scientifiques solides, c'est-à-dire sur des méthodes qui fonctionnent réellement. Déjà, de nouvelles recherches sur le cerveau, sur le corps, sur l'esprit et sur la conscience nous indiquent de plus grandes possibilités d'accéder à notre véritable potentiel inné.

Comme chiropraticien dirigeant une clinique de santé intégrale et comme éducateur dans les domaines des neurosciences, du fonctionnement cérébral, de la biologie et de la chimie cérébrale, j'ai eu le privilège d'être à l'avant-garde de ces recherches, non seulement en étudiant dans ces domaines, mais aussi en observant les effets de cette nouvelle science quand on l'applique à des gens ordinaires comme vous et moi. C'est alors que ses possibilités deviennent une réalité.

Il s'ensuit que j'ai été témoin de changements remarquables dans la santé et la qualité de vie d'individus qui ont vraiment modifié leur façon de penser. Au cours des quelques dernières années, j'ai eu l'occasion d'interviewer un grand nombre de personnes qui avaient surmonté de sérieux problèmes de santé considérés comme incurables ou permanents. Ces rétablissements furent étiquetés par la médecine contemporaine comme des « rémissions spontanées ».

Cependant, en examinant avec soin le cheminement intérieur de ces individus, il m'est apparu évident que leur mental jouait un grand rôle dans ces changements physiques, qui n'avaient rien de spontané. Cette découverte m'a incité à pousser plus loin mes études postdoctorales en imagerie cérébrale, en neuroplasticité, en épigénétique et en psycho-neuro-immunologie. J'ai alors compris que quelque chose avait dû se passer dans le cerveau et le corps de ces gens-là, et que cela pouvait être identifié et reproduit. Je désire donc partager ici une partie de ce que j'ai appris en cours de route et vous montrer comment, par l'interrelation de l'esprit et de la matière, vous pouvez appliquer ces principes non seulement à votre corps, mais à tous les aspects de votre vie.

Ne pas seulement savoir… mais savoir aussi comment

Plusieurs lecteurs de mon premier ouvrage, *Evolve Your Brain: The Science of Changing Your Mind* (« Comment faire évoluer votre cerveau »), m'ont fait part de la même demande honnête et sincère (tout en me donnant un abondant retour positif), comme la personne qui m'a écrit ceci : « J'ai vraiment aimé votre livre et je l'ai lu deux fois. Il comporte beaucoup d'informations scientifiques, il est très substantiel et très inspirant, mais pourriez-vous me dire *comment* parvenir à transformer mon cerveau ? »

J'ai réagi à ces commentaires en créant une série d'ateliers portant sur les étapes pratiques à suivre pour effectuer facilement des changements efficaces dans l'esprit et le corps. Conséquemment, j'ai vu des gens connaître des guérisons inexplicables, se libérer de vieilles blessures émotionnelles et mentales, résoudre des difficultés apparemment impossibles, créer de nouvelles situations dans leur vie et s'enrichir considérablement. (Vous ferez connaissance avec certains de ces individus dans les pages de ce livre.)

Il n'est pas nécessaire de lire mon premier ouvrage pour assimiler la matière contenue dans celui-ci. Toutefois, si vous connaissez déjà mon travail, sachez que j'ai conçu ce deuxième livre comme un complément pratique du premier. Je l'ai voulu simple et facile à comprendre. Je devrai néanmoins vous fournir à l'occasion certaines informations qui serviront de prélude aux idées que je vais développer ici. Il s'agit de construire un modèle de transformation personnelle réaliste et fonctionnel qui vous aidera à comprendre comment vous pouvez vous transformer.

Ce livre est le fruit de l'une de mes passions : un effort sincère pour démystifier ce qui est communément appelé « mystique » afin que tout individu puisse comprendre qu'il a à portée de la main ce dont il a besoin pour effectuer des changements significatifs dans son existence. Aujourd'hui, nous ne voulons plus uniquement « savoir », mais aussi « savoir comment ». Comment appliquer et personnaliser les concepts scientifiques émergents ainsi que la sagesse millénaire pour réussir à vivre une existence plus satisfaisante ? Lorsque nous pourrons, vous et moi, relier les nouvelles découvertes scientifiques sur la nature de la réalité et que nous nous accorderons la permission d'appliquer ces principes à notre existence quotidienne, nous deviendrons à la fois des mystiques et des scientifiques.

Je vous invite donc à expérimenter avec tout ce que vous aurez appris dans ce livre et à observer les résultats avec objectivité. Si vous faites l'effort de changer votre monde intérieur, constitué de vos pensées et vos sentiments, votre environnement extérieur devrait vous donner un *feedback* vous indiquant que votre esprit a eu un effet sur votre monde « extérieur ». N'est-ce pas là la seule raison de le faire ?

Si vous prenez l'information intellectuelle obtenue par la *philosophie* et que vous *introduisez* ensuite ce savoir dans votre vie en l'appliquant suffisamment de fois pour le maîtriser, vous finirez par devenir chacun un initié, puis un maître. Restez branchés, car il existe des preuves scientifiques solides que la chose est possible.

Je vous demande d'emblée de garder l'esprit ouvert afin que nous puissions, étape par étape, construire les concepts que je présente dans ce livre. Toute cette information doit vous servir à quelque chose, sinon ce ne serait qu'un simple sujet de conversation de salon, n'est-ce pas ? Une fois que votre esprit sera ouvert à la véritable nature des choses et que vous aurez abandonné les croyances conditionnées auxquelles vous êtes tous habitués, vos efforts devraient porter leurs fruits. Je vous le souhaite.

L'information contenue dans ces pages a pour but de vous inciter à vous prouver que vous êtes des créateurs divins.

Nous ne devrions jamais attendre que la science nous donne la permission de faire quelque chose d'extraordinaire ; si nous avons cette attitude, nous faisons d'elle une religion. Nous devrions être suffisamment courageux pour examiner notre existence, faire ce qui n'est pas conventionnel et le refaire encore et encore. Quand nous agissons ainsi, nous sommes en bonne voie vers un plus grand pouvoir personnel.

Le véritable pouvoir commence lorsque nous examinons sérieusement nos croyances. Nous en trouvons la source dans le conditionnement de la religion, de la culture, de la société, de l'éducation, de la famille, des médias et même de nos gènes (ces derniers se trouvant imbriqués dans les expériences sensorielles de notre vie présente ainsi que dans d'innombrables générations). Nous comparons ensuite ces vieilles idées aux nouveaux paradigmes, qui peuvent nous servir beaucoup mieux.

Les temps changent. En tant qu'individus éveillés à une plus grande réalité, nous faisons partie d'une transformation radicale plus considérable. Nos modèles actuels de la réalité et nos systèmes s'effondrent, et il est temps qu'émerge quelque chose de nouveau. Sur tous les plans, nos modèles politiques, économiques, religieux, éducatifs et médicaux, ainsi que notre relation à l'environnement, nous présentent un paysage différent de celui d'il y a à peine dix ans.

Il est facile d'abandonner ce qui est désuet et d'adopter ce qui est nouveau, mais, comme je l'ai fait remarquer dans mon livre précédent, une grande partie de ce que nous avons appris ou vécu s'est intégrée à notre « soi » biologique et nous recouvre comme un manteau. Nous savons aussi que ce qui est vrai aujourd'hui ne le sera pas nécessairement demain. Tout comme la remise en question de notre perception des atomes (que nous considérions comme des éléments de matière solide), de notre réalité et notre interaction avec elle constitue une progression des idées et des croyances.

Nous savons également que quitter l'existence familière à laquelle nous sommes habitués et nous lancer dans une vie nouvelle, revient à imiter des saumons qui nagent à contre-courant. Il faut donc fournir des efforts et, honnêtement, ce n'est pas facile. Pour couronner le tout, le ridicule, la marginalisation, l'opposition et le dénigrement venant de ceux qui s'accrochent à leurs propres croyances nous accompagnent sans cesse.

Quel individu ayant un tel penchant non conventionnel veut bien faire face à l'adversité au nom d'une idée impossible à appréhender à l'aide de ses cinq sens, même si elle est vivante dans son esprit ? Combien de fois dans l'histoire des gens considérés comme des hérétiques ou des fous, et donc persécutés par d'autres qui eux n'avaient rien d'exceptionnel, se sont révélés être des génies, des saints ou des maîtres ?

Oserez-vous les imiter ?

Le changement considéré comme un choix plutôt qu'une réaction

Il semble que la nature humaine nous fasse résister au changement jusqu'à ce que la situation soit réellement critique et qu'elle nous indispose à tel point que nous ne pouvons plus fonctionner normalement. Cela est vrai autant de l'individu que de la société. Nous attendons que la crise, le traumatisme, la maladie ou la tragédie se manifestent pour regarder ce que nous sommes, ce que nous faisons, ce que nous ressentons et comment nous vivons, afin d'effectuer un changement réel. Il faut souvent le pire scénario pour que nous commencions à améliorer notre santé, nos relations, notre carrière, notre famille et notre futur. Mon message est celui-ci : pourquoi attendre ?

Nous pouvons changer dans un état de douleur et de souffrance ou évoluer dans un état de joie et d'inspiration. La plupart des gens choisissent la douleur et la souffrance. Pour vivre le changement dans la joie et l'inspiration, nous n'avons qu'à nous convaincre que le changement créera sans doute chez nous un inconfort, un inconvénient, un écart de la routine prévisible et une période d'ignorance.

Nous sommes déjà presque tous familiarisés avec l'inconfort et l'ignorance temporaires. Nous avons trébuché dans nos premiers efforts de lecture jusqu'à ce que cette aptitude devienne une seconde nature. Quand nous avons appris à jouer du violon ou de la batterie, nos parents ont regretté de ne pas pouvoir nous placer dans une pièce insonorisée. Pitié pour le malheureux patient qui subit un prélèvement sanguin aux mains d'une étudiante en médecine qui possède le savoir requis, mais sans la finesse qu'elle n'acquerra qu'avec la pratique.

L'assimilation d'une connaissance nouvelle (*le savoir*), puis l'acquisition de l'expérience pratique par l'application de ce que vous avez appris, jusqu'à ce qu'une aptitude particulière soit intégrée en vous (*savoir comment*), voilà sans doute de quelle manière vous avez acquis la plupart des aptitudes qui font maintenant partie de votre être (*la connaissance*). De la même façon, apprendre à changer de vie suppose un savoir et son application. C'est pourquoi ce livre est divisé en trois grandes sections.

Dans les deux premières parties, je construirai des séquences d'idées formant un grand modèle de connaissance que vous n'aurez qu'à personnaliser. Si certaines idées vous semblent répétitives, sachez qu'elles sont là pour vous rappeler quelque chose que vous ne devez pas oublier. La répétition renforce les circuits cérébraux et forme davantage de connexions neuronales, de sorte que vous ne vous dénigrerez pas dans vos moments de faiblesse. Rendus à la troisième partie du livre, vous aurez acquis un savoir solide, de sorte que vous pourrez vérifier par vous-mêmes la « vérité » de ce que vous aurez déjà appris.

Première partie : La science de notre être

Notre exploration débutera par un survol des paradigmes philosophiques et scientifiques liés aux plus récentes recherches sur la nature de la réalité, sur notre identité, sur la raison pour laquelle tant de gens trouvent si difficile de changer sur ce qui est possible à l'être humain. Je vous assure que cette première partie est très facile à lire.

- **Chapitre 1 : Notre être quantique.** Ce premier chapitre vous initie à la physique quantique, mais ne vous inquiétez pas. Je commence par là parce qu'il est important que vous vous familiarisiez d'abord avec l'idée que votre esprit (subjectif) exerce un effet sur le monde (objectif). En physique quantique, l'effet de l'observateur veut que notre énergie se dirige là où nous portons notre attention. Il s'ensuit que *nous* affectons le monde matériel (lequel, en passant, est constitué surtout d'énergie). Si vous maintenez cette idée dans votre esprit pendant quelques instants, vous commencerez peut-être à vous concentrer sur ce que vous désirez, au lieu du contraire. Vous pourriez même vous mettre à penser ceci : « Si un atome est constitué de 99,99999 % d'énergie et de 0,00001 % de substance physique[1], je suis alors composé davantage de rien que de quelque chose ! Pourquoi donc garder mon attention sur cette infime partie du monde physique alors que je suis tellement davantage ? Ma plus grande limitation serait-elle de définir ma réalité présente par ce que perçoivent mes sens ? »

  Dans les trois chapitres suivants, nous examinerons ce que signifie le changement : devenir plus grand que l'environnement, que le corps et que le temps.

- **Chapitre 2 : Transcender l'environnement.** Vous avez sans doute considéré l'idée que nos pensées créent notre vie. Dans ce deuxième chapitre, j'examine la possibilité que si nous laissons le monde extérieur contrôler nos pensées et nos émotions, notre environnement externe crée dans le cerveau des circuits qui nous font penser que nous sommes « équivalents » à tout ce qui nous est familier. Il en résulte que nous créons toujours la même chose : nous configurons notre cerveau de manière qu'il reflète les problèmes, les conditions personnelles et les circonstances de notre vie. Pour changer, nous devons donc être *plus grands* que tout notre monde physique.

- **Chapitre 3 : Transcender le corps.** Nous continuerons à examiner comment nous vivons inconsciemment selon une série de comportements, de pensées et de réactions émotionnelles mémorisés qui se déroulent comme un programme informatique dans les coulisses de notre conscience. C'est pourquoi il ne suffit pas de « penser positivement », car la négativité est peut-être subconsciemment prépondérante dans notre corps. À la fin de ce livre, vous saurez comment pénétrer dans le système d'exploitation de l'esprit subconscient pour effectuer des changements permanents dans ses programmes.

- **Chapitre 4 : Transcender le temps.** Dans ce chapitre, nous verrons que nous anticipons sans cesse de futurs événements ou revisitons des souvenirs (ou les deux) jusqu'à ce que le corps croie qu'il vit dans un autre temps que le présent. Les plus récentes recherches soutiennent l'idée que nous avons une aptitude naturelle à modifier le cerveau et le corps uniquement par la pensée, de sorte que, biologiquement, ils se comportent comme si l'événement futur s'était déjà produit. Comme nous pouvons rendre réelle la pensée plus que quoi que ce soit, nous pouvons modifier notre être, de nos cellules cérébrales à nos gènes, si nous comprenons bien comment le faire. Quand vous aurez appris comment utiliser votre attention pour accéder au présent, vous entrerez dans le champ quantique, où toutes les potentialités existent.

- **Chapitre 5 : La survie versus la création.** Ce chapitre illustre la distinction entre le mode survie et le mode création. Le mode survie consiste à vivre dans le stress et à fonctionner en matérialiste en croyant que le monde extérieur est plus réel que le monde intérieur. Quand nous sommes sous l'emprise du système nerveux, intoxiqués par son cocktail de substances chimiques, nous sommes programmés pour ne nous soucier que de notre corps, des choses ou des gens qui se trouvent dans notre environnement, et de notre obsession du temps. Le corps et le cerveau sont alors déséquilibrés. Nous menons une existence prévisible. Cependant, quand nous sommes vraiment dans l'état de grâce de la création, nous ne sommes pas un corps, ni un objet, ni le temps, et nous nous oublions. Nous devenons pure conscience, libérés des chaînes de l'identité, qui a besoin de la réalité extérieure pour se rappeler ce qu'elle pense être.

Deuxième partie : Le cerveau méditant

– **Chapitre 6 : Trois cerveaux – De la pensée à l'action, puis à l'être.** Ce chapitre vous présente l'idée que trois «cerveaux» nous permettent de passer de la pensée au faire et à l'être. Mieux : quand nous dirigeons notre attention sur l'exclusion de notre environnement, de notre corps et du temps, nous pouvons passer facilement de la pensée à l'être sans avoir à *faire* quoi que ce soit. Dans cet état d'esprit, le cerveau n'établit aucune distinction entre ce qui se passe dans le monde extérieur de la réalité et ce qui se produit dans le monde intérieur de notre esprit. Par conséquent, si nous pouvons exercer mentalement, par la pensée uniquement, une expérience désirée, nous en éprouverons les émotions avant qu'elle se manifeste physiquement. Nous entrons alors dans un nouvel état d'être, car notre esprit et notre corps travaillent de concert. Quand nous ressentons une réalité potentielle future comme si elle se produisait au moment où nous nous concentrons sur elle, nous révisons nos habitudes et nos attitudes automatiques ainsi que d'autres programmes subconscients non désirés.

- **Chapitre 7 : L'écart.** Nous verrons comment nous libérer des émotions mémorisées qui sont devenues notre personnalité et comment combler l'écart entre ce que nous sommes réellement dans notre monde intérieur personnel et ce que nous paraissons être dans le monde extérieur social. Nous atteignons tous un certain point où nous cessons d'apprendre et où nous réalisons que rien d'extérieur ne peut nous enlever les émotions appartenant à notre passé. Si nous pouvons prévoir l'émotion liée à chaque expérience de notre vie, rien de nouveau ne peut arriver, car nous voyons notre vie à partir du passé plutôt que du futur. C'est là le point de jonction où l'âme se libère ou tombe dans l'oubli. Vous apprendrez à libérer votre énergie sous la forme d'émotions et à rétrécir ainsi l'écart entre ce que vous êtes et ce que vous semblez être. Vous finirez par créer la transparence. Quand vous semblerez être ce que vous êtes, vous serez vraiment libres.
- **Chapitre 8 : La méditation, la démystification du mystique et les ondes de notre futur.** En concluant la deuxième partie, ce chapitre vise à démystifier la méditation afin que vous sachiez ce que vous faites en méditant et pourquoi. En vous expliquant en langage simple la technologie des ondes cérébrales, je vous montrerai comment le cerveau change électromagnétiquement lorsque vous êtes concentrés, par opposition aux moments où vous êtes dans un état d'excitation dû à des facteurs de stress. Vous apprendrez que le véritable but de la méditation consiste à transcender l'esprit analytique pour entrer dans l'esprit subconscient, afin d'y effectuer des changements réels et permanents. Si, quand nous sortons de l'état méditatif, nous sommes les mêmes personnes qu'au moment de notre entrée dans cet état, il ne nous est rien arrivé sur aucun plan. Quand nous méditons et que nous nous connectons à quelque chose de plus grand, nous pouvons créer et ensuite mémoriser une telle cohérence entre nos pensées et nos émotions que rien de ce qui appartient à notre réalité extérieure – aucune chose, aucune personne, aucune condition dans aucun lieu ni

aucun temps – ne pourrait nous soustraire à cette énergie. Nous maîtrisons alors notre environnement, notre corps et le temps.

Troisième partie : Vers notre nouvelle destinée

L'information contenue dans les deux premières parties a pour but de vous équiper du savoir nécessaire pour que, quand vous l'appliquerez dans la troisième partie, qui vous montre comment faire, vous viviez alors une expérience directe de ce que vous y avez appris. Cette troisième partie traite de l'application d'une discipline réelle, un exercice conscient à effectuer dans la vie quotidienne. Il s'agit d'un processus de méditation graduel visant à vous faire accomplir quelque chose à partir des théories qui vous ont été enseignées.

Au fait, votre esprit a-t-il regimbé à la mention de ce processus graduel ? Si c'est le cas, sachez que ce n'est pas du tout ce que vous pensez. Vous apprendrez en effet une *séquence d'actions*, mais vous les considérerez rapidement comme une ou deux étapes simples. Après tout, vous accomplissez plusieurs actions chaque fois que vous vous préparez à conduire votre voiture (par exemple, vous ajustez le siège, vous attachez la ceinture de sécurité, vous vérifiez la position des miroirs, vous démarrez le moteur, vous mettez le véhicule en marche avant ou arrière, vous appuyez sur l'accélérateur, et ainsi de suite). Depuis que vous avez appris à conduire, vous exécutez cette procédure facilement et automatiquement. Je vous assure qu'il en sera de même quand vous aurez appris chaque étape de la troisième partie.

Vous vous demandez peut-être alors pourquoi il vous faut d'abord lire les deux premières parties au lieu de passer tout de suite à la troisième. Je vous comprends, car je penserais sans doute la même chose à votre place. J'ai décidé de présenter le savoir pertinent dans les deux premières parties du texte afin de ne laisser aucune place aux conjectures, aux dogmes ou aux spéculations lorsque vous serez rendus à la troisième. Quand vous aurez entrepris les étapes de la méditation, vous saurez exactement ce que vous faites et pourquoi. Plus vous *sau-*

rez ce que vous faites, plus vous *saurez comment* le faire quand le temps sera venu. Par conséquent, votre intention sera plus puissante dans l'expérience pratique de la modification réelle de votre esprit.

En suivant les étapes proposées dans la troisième partie, vous serez sans doute plus enclins à accepter votre aptitude innée à changer des situations dites impossibles. Vous pourriez même vous donner la permission d'envisager des réalités potentielles que vous n'avez jamais considérées avant de découvrir ces nouveaux concepts. *Vous commencerez peut-être même à réaliser des choses hors du commun!* C'est ce que je vous souhaite de faire d'ici à la fin de ce livre. Ainsi, si vous pouvez résister à la tentation de sauter tout de suite à la troisième partie, je vous promets qu'en l'atteignant vous serez forts de ce que vous aurez appris dans les deux premières. J'ai pu constater l'efficacité de cette approche partout dans le monde au cours des ateliers que je dirige. Quand les gens obtiennent le savoir qu'il faut et que celui-ci leur est dispensé de manière qu'ils le comprennent parfaitement, puis qu'ils ont ensuite l'occasion de l'appliquer, alors, comme par magie, ils voient leurs efforts récompensés sous la forme de changements qui leur servent de feedback dans leur existence.

La troisième partie vous fournira les compétences en méditation nécessaires pour changer quelque chose dans votre esprit et dans votre corps de façon à produire un effet à l'extérieur de vous. Quand vous aurez constaté que ce changement intérieur se reflète à l'extérieur, vous récidiverez. Dès qu'une nouvelle expérience se manifestera dans votre existence, vous en saisirez l'énergie sous la forme d'une émotion supérieure que vous éprouverez, celle de l'émerveillement ou d'une immense gratitude. Cette énergie vous incitera à recommencer sans cesse. Vous serez alors sur la voie de la véritable évolution.

Chaque étape de la méditation décrite dans la troisième partie est associée à un élément d'information important déjà présenté. Comme vous aurez bien assimilé la signification de ce que vous faites, aucune ambiguïté ne devrait vous faire perdre votre vision.

Comme pour plusieurs aptitudes déjà acquises, il vous faudra peut-être, au début, d'énormes efforts conscients pour rester concentrés lorsque vous apprendrez à méditer pour développer votre cerveau. Au cours du processus, vous devrez réprimer vos comportements habituels et maintenir votre pensée sur ce que vous faites, sans vous laisser distraire par des stimuli externes, afin que votre activité reste alignée sur votre intention.

Tout comme lorsque vous avez appris à cuire des mets thaïs, à jouer au golf, à danser la salsa ou à manœuvrer un levier de vitesses, la nouveauté de l'activité vous obligera à vous exercer sans arrêt, entraînant à la fois l'esprit et le corps à en mémoriser chaque étape.

Rappelez-vous que la plupart des types d'instructions sont présentés en plusieurs éléments afin que l'esprit et le corps travaillent ensemble. Une fois que vous aurez «saisi», toutes les étapes individuelles que vous aurez sans cesse revues fusionneront en un simple processus. L'approche méthodique et linéaire deviendra alors une démonstration holistique unifiée et facile à exécuter. Elle vous appartiendra alors personnellement. Parfois, l'effort requis peut s'avérer ennuyeux, mais si vous persistez avec suffisamment de volonté et d'énergie, vous obtiendrez des résultats avec le temps.

Quand vous *savez* que vous savez «comment» faire quelque chose, vous êtes en voie de le maîtriser. Je suis ravi de dire que beaucoup de gens un peu partout dans le monde utilisent déjà le savoir contenu dans ce livre afin d'effectuer des changements visibles dans leur existence. Je souhaite sincèrement que vous sachiez tous, vous aussi, rompre avec vous-mêmes et créer la vie nouvelle que vous désirez.

Commençons tout de suite...

PREMIÈRE PARTIE

LA SCIENCE DE NOTRE ÊTRE

Chapitre 1

L'ÊTRE QUANTIQUE

Les premiers physiciens divisaient le monde en deux : la matière et la pensée ; plus tard : la matière et l'énergie. Ils considéraient chaque élément de la paire comme entièrement séparé de l'autre, mais c'était là une erreur ! Néanmoins, cette dualité esprit/matière a conditionné notre première vision du monde, celle d'une réalité prédéterminée où les gens ne pouvaient pas modifier leurs propres actions et encore moins leurs pensées.

Revenons maintenant à notre vision actuelle, selon laquelle nous faisons partie d'un vaste champ d'énergie invisible contenant toutes les réalités possibles et réagissant à nos pensées et à nos sentiments. À l'instar des scientifiques d'aujourd'hui qui étudient les relations entre la pensée et la matière, nous désirons faire de même dans notre vie. C'est pourquoi nous nous demandons si nous pouvons utiliser notre esprit pour créer notre propre réalité. Si c'est le cas, pouvons-nous acquérir cette aptitude et l'employer pour devenir ce que nous voulons être et obtenir l'existence que nous désirons ?

Soyons francs : personne n'est parfait. Que le changement que nous voulons effectuer soit dans notre être physique, émotionnel ou spirituel, nous avons tous le même désir : vivre une version idéale de ce que nous pensons et croyons pouvoir être. Quand nous regardons notre embonpoint dans le miroir, nous ne voyons pas uniquement l'image qui s'y réfléchit, mais aussi, selon notre humeur du jour, une version plus mince de nous-mêmes ou bien une version plus lourde encore. Laquelle des deux images est réelle ?

Quand, avant de nous endormir le soir, nous passons en revue notre journée et nos efforts pour devenir moins susceptibles et plus tolérants, nous ne nous voyons pas seulement comme un parent qui s'est emporté contre l'enfant qui n'a pas obéi sans un mot et rapidement à une simple demande de notre part. Nous nous voyons soit comme un ange dont la patience est épuisée comme celle d'une victime innocente, soit comme un ogre hideux souillant l'estime de soi d'un enfant. Laquelle de ces deux images est réelle ?

La réponse : elles le sont toutes. Non seulement ces deux extrêmes, mais aussi une série infinie d'images allant du positif au négatif. Pourquoi ? Afin que vous saisissiez mieux la raison pour laquelle aucune de ces versions n'est plus ou moins réelle que les autres, je devrai écarter la vieille vision désuète de la nature fondamentale de la réalité et la remplacer par une nouvelle.

Il s'agit là d'une grande entreprise, mais vous devez savoir ceci : vous avez sans doute été attiré par ce livre parce que vos efforts pour effectuer des changements durables dans votre existence, que ce soit sur le plan physique, émotionnel ou spirituel, ont échoué en regard de l'idéal que vous entretenez de vous-même. La raison pour laquelle ces efforts ont échoué relève davantage de vos croyances que d'autre chose, y compris un prétendu manque de volonté, de temps, de courage ou d'imagination.

Pour changer, nous devons toujours avoir une vision neuve de nous-mêmes et du monde afin d'acquérir de nouvelles connaissances et de vivre d'autres expériences.

C'est ce vers quoi vous conduira la lecture de ce livre.

Il nous est possible de remonter à la source de nos faiblesses passées, qui n'est constituée que d'une erreur monumentale. C'est que nous ne nous sommes pas engagés à vivre selon cette vérité : *nos pensées ont des conséquences telles, qu'elles créent notre réalité.*

En fait, nous sommes tous privilégiés. Nous pouvons tous récolter les fruits de nos efforts constructifs. Nous n'avons pas à nous soumettre à notre réalité présente, car nous pouvons en créer une nouvelle si nous choisissons de le faire. Nous avons cette capacité, car nos pensées influencent notre vie, pour le meilleur et pour le pire.

Je suis convaincu que vous avez déjà entendu cela auparavant, mais je me demande combien de gens y croient réellement. Si nous adhérions vraiment à l'idée que nos pensées exercent des effets tangibles sur notre existence, pourquoi ne nous efforcerions-nous pas de ne jamais entretenir une pensée que nous ne voulons pas vivre? Pourquoi ne pas concentrer notre attention sur ce que nous voulons au lieu d'être continuellement obsédés par nos problèmes?

Pensez-y un peu : si vous étiez convaincus que ce principe est vrai, laisseriez-vous passer une seule journée sans créer intentionnellement le destin que vous désirez?

Pour changer sa vie, il faut changer ses croyances sur la nature de la réalité

Je souhaite que ce livre change votre vision du fonctionnement du monde, qu'il vous convainque que vous êtes plus puissants que vous ne le croyez et qu'il vous démontre que vos pensées exercent un effet profond sur votre monde.

Tant que vous n'aurez pas modifié la vision de votre réalité présente, tout changement que vous apporterez à votre existence sera arbitraire et transitoire. Il vous faut repenser comment les choses se produisent afin d'obtenir des résultats désirés et durables. Pour ce faire, vous aurez besoin d'être ouverts à une nouvelle interprétation de la réalité et de la vérité.

Pour vous aider à acquérir ce mode de pensée et à créer l'existence de votre choix, je dois d'abord faire un peu de cosmologie (l'étude de la structure et de la dynamique de l'univers). Mais ne vous inquiétez pas, nous ne ferons qu'étudier « la nature de la réalité – classe 101 » et voir comment certaines de nos conceptions ont évolué jusqu'à notre compréhension actuelle. Tout cela pour expliquer (par nécessité, simplement et brièvement) comment il est possible que nos pensées influencent notre destinée.

Ce chapitre ne vous servira peut-être qu'à évaluer votre volonté d'abandonner des idées qui, dans un sens, ont été programmées en vous depuis longtemps, autant au niveau inconscient qu'au niveau conscient. Une fois que vous aurez acquis une nouvelle conception des forces et des éléments fondamentaux qui constituent la réalité, cette conception sera inconciliable avec la vieille perception selon laquelle l'ordre linéaire gouverne tout. Préparez-vous à connaître des changements importants sur le plan de la compréhension.

En fait, en adoptant cette nouvelle perspective, c'est tout votre être qui va changer. Je souhaite vivement que vous ne soyez plus alors les mêmes personnes qu'auparavant.

À l'évidence, je vous pose là tout un défi, mais sachez que je suis entièrement en empathie avec vous, car j'ai dû moi-même abandonner mes fausses idées et plonger dans l'inconnu. Pour faciliter votre adoption de cette nouvelle conception de la nature de notre monde, voyons comment notre vision du monde fut influencée par la vieille croyance que l'esprit et la matière étaient séparés.

Toujours la matière et jamais l'esprit ? Toujours l'esprit et jamais la matière ?

Les philosophes et les scientifiques ont toujours eu de la difficulté à établir le lien entre le monde extérieur, physique, de l'observable, et le monde intérieur, mental, de la pensée. Pour nombre d'entre nous, même aujourd'hui, l'esprit semble n'avoir que peu ou pas du tout d'effets mesurables sur le monde de la matière. Nous serions sans doute d'accord pour dire que le monde de la matière a des conséquences sur notre esprit, mais comment ce dernier peut-il produire des changements physiques et concrets dans notre existence ? Si l'esprit et la matière nous semblent séparés, il n'en est plus ainsi quand nous modifions notre compréhension du mode d'existence réel des choses physiques.

Nous n'avons pas besoin de remonter très loin dans le temps pour repérer la dernière fois qu'une telle modification a eu lieu. Pendant une grande partie de la période considérée comme moderne par les historiens, l'humanité a cru que la nature de l'univers était ordonnée, et donc prévisible et explicable. Par exemple, au dix-septième siècle, le philosophe et mathématicien René Descartes a développé plusieurs concepts qui sont toujours en vigueur en mathématiques et dans d'autres domaines. («Je pense, donc je suis», cela vous dit quelque chose?) Après coup, toutefois, l'une de ses théories a fini par faire plus de mal que de bien. Descartes était un tenant du modèle mécaniste de l'univers, une vision selon laquelle l'univers est gouverné par des lois prévisibles.

En ce qui concerne la pensée humaine, il a dû affronter un véritable défi, car l'esprit humain possède trop de variables pour être soumis à des lois quelconques. Puisqu'il ne pouvait pas unifier sa vision du monde physique et sa vision de l'esprit humain, mais qu'il devait rendre compte de la présence des deux, il a joué habilement sur les mots. Il a affirmé que l'esprit n'était pas soumis aux lois du monde physique objectif et qu'il échappait donc à la recherche scientifique. L'étude de la matière relevait du domaine scientifique (toujours la matière sans l'esprit) tandis que l'esprit était l'instrument de Dieu, de sorte que son étude relevait de la religion (toujours l'esprit sans la matière).

Essentiellement, Descartes a amorcé un système de croyances imposant une dualité entre les concepts de l'esprit et de la matière. Pendant des siècles, cette division fut acceptée comme la vérité sur la nature de la réalité.

Les expériences et les théories d'Isaac Newton ont contribué à perpétuer les croyances de Descartes. Le mathématicien et scientifique britannique anglais a non seulement consolidé le concept mécaniste de l'univers, mais il a énoncé une série de lois affirmant que les êtres humains pouvaient déterminer, calculer et prédire précisément le fonctionnement ordonné du monde physique.

Selon le modèle physique newtonien « classique », toutes les choses existantes étaient solides. Par exemple, on pouvait expliquer l'énergie comme une force pour déplacer les objets ou changer l'état physique de la matière. Cependant, comme nous le verrons, l'énergie est beaucoup plus qu'une force extérieure appliquée aux choses matérielles. Elle est le *tissu* même de toute matière et elle réagit à l'esprit.

Par extension, les travaux de Descartes et de Newton ont établi un mode de pensée selon lequel, si la réalité obéissait à des principes mécanistes, l'humanité n'avait alors que très peu d'influence sur les résultats. Toute la réalité était prédéterminée. Étant donné ce point de vue, il n'est pas étonnant que les humains soient réfractaires à l'idée que leurs actions aient de l'importance, et davantage encore à l'idée que leurs *pensées* en aient également ou que le libre arbitre joue un rôle quelconque dans le plan universel. Nombre d'entre nous travaillent encore aujourd'hui (subconsciemment ou consciemment) en présumant que les humains ne sont souvent que des victimes.

Considérant que ces croyances ont prévalu pendant des siècles, il a fallu une pensée révolutionnaire pour contrer celle de Descartes et de Newton.

Einstein : une révolution universelle

Environ deux siècles après Newton, Albert Einstein a émis sa fameuse équation $E = mc^2$ signifiant que l'énergie et la matière étaient liées fondamentalement au point de n'être qu'une seule et même chose. Essentiellement, ses travaux ont démontré que la matière et l'énergie étaient complètement interchangeables, ce qui contredisait directement Newton et Descartes, et introduisait ainsi une nouvelle compréhension du fonctionnement de l'univers.

Einstein n'a pas détruit tout seul notre vision antérieure de la réalité, mais il en a sapé les bases, ce qui a fini par conduire à l'effritement d'une certaine étroitesse et rigidité de pensée. Ses théories ont déclenché une étude du comportement bizarre de la lumière. Les scientifiques avaient alors observé que la lumière se comportait parfois comme une onde (quand elle épousait une courbe, par exemple) et parfois comme une particule. Comment la lumière pouvait-elle être à la fois une onde et une particule? Selon la vision de Descartes et de Newton, c'était impossible; il fallait qu'elle soit l'une ou l'autre.

Il est devenu rapidement évident que le modèle dualiste cartésien/newtonien était inadéquat au niveau le plus fondamental : le niveau subatomique. (*Subatomique* se rapporte aux parties de l'atome : les électrons, les protons, les neutrons, etc., qui sont les composantes de toute matière.) Les composantes les plus fondamentales de notre monde prétendument physique sont à la fois des ondes (de l'énergie) *et* des particules (de la matière physique), en fonction de l'esprit de l'observateur (nous y reviendrons). Pour comprendre comment cela fonctionne, il a fallu examiner les plus minuscules composantes.

Donc, à partir de ces expériences particulières, un nouveau domaine scientifique est apparu, celui de la *physique quantique*.

Le sol n'est pas vraiment solide sous nos pieds

Ce changement présentait une vision du monde entièrement nouvelle, nous faisant perdre littéralement l'équilibre alors que nous nous pensions sur la terre ferme. Pourquoi? Rappelez-vous les anciens modèles de l'atome, qui étaient faits de boules de polystyrène plantées de cure-dents. Avant l'avènement de la physique quantique, les gens croyaient que l'atome était composé d'un noyau relativement solide avec, autour ou à l'intérieur, des objets plus petits et moins substantiels. L'idée même que l'on pourrait, avec un instrument assez puissant, mesurer (calculer la masse) et compter les particules subatomiques constituant l'atome les faisait paraître aussi inertes que des vaches dans un pâturage. Les atomes semblaient faits d'une matière solide.

L'ATOME CLASSIQUE

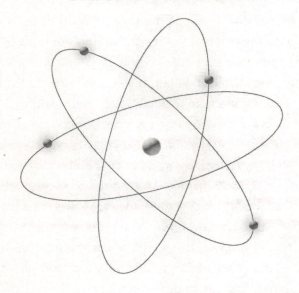

Figure 1A. La version newtonienne classique de l'atome.
L'accent est mis sur la matière.

Rien n'est plus faux, comme l'a révélé la physique quantique. Les atomes sont principalement un espace vide, car ils sont de l'énergie. Comprenez bien ceci : tout ce qui est physique dans notre vie n'est pas de la matière solide ; il s'agit plutôt de champs d'énergie ou de schèmes vibratoires d'information. Toute matière est davantage constituée d'une « absence de chose » (l'énergie) que de « quelque chose » (les particules).

L'être quantique

L'ATOME QUANTIQUE

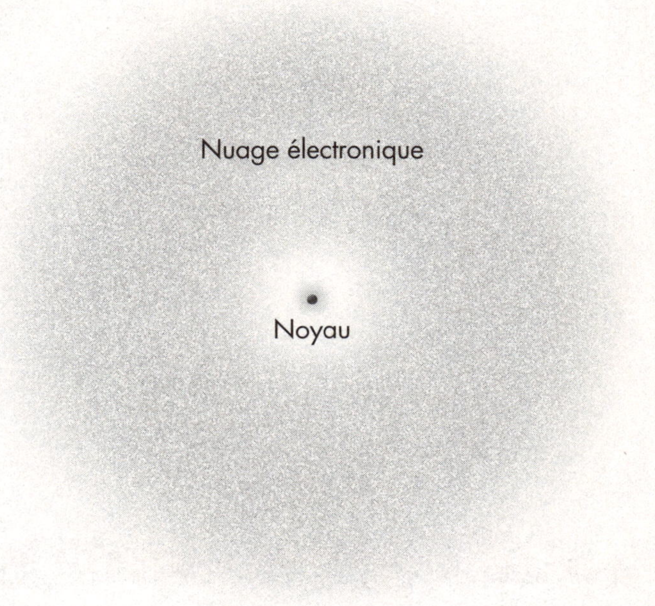

Nuage électronique

Noyau

Figure 1B. La version nouvelle de l'atome, avec nuage électronique. L'atome est composé de 99,99999 % d'énergie et de 0,00001 % de matière. Il n'est donc à peu près rien matériellement.

Une autre énigme : les particules subatomiques et les objets plus grands n'obéissent pas aux mêmes règles

Ce n'était toutefois pas suffisant pour expliquer la nature de la réalité. Einstein et ses confrères devaient résoudre encore une autre énigme : apparemment, la matière ne se comportait pas toujours de la même façon. Quand les physiciens se sont mis à observer le monde minuscule de l'atome et à le mesurer, ils ont remarqué qu'au niveau subatomique ses éléments fondamentaux n'obéissaient pas aux mêmes lois physiques que les objets plus grands.

LE VÉRITABLE ATOME QUANTIQUE

Figure 1C. Voici le modèle le plus réaliste de l'atome.
Il est peu de chose matériellement, mais toutes choses potentiellement.

Les phénomènes impliquant des objets du monde à notre échelle étaient prévisibles, reproductibles et cohérents. Quand la pomme légendaire de Newton tombait de l'arbre et se dirigeait vers le centre de la terre jusqu'à ce qu'elle entre en collision avec la tête du physicien, sa masse s'accélérait avec une force constante. Par contre, les électrons, en tant que particules, se comportaient d'une manière imprévisible et inhabituelle. Quand ils étaient en interaction avec le noyau de l'atome et qu'ils se déplaçaient vers son centre, ils gagnaient de l'énergie et en perdaient, ils apparaissaient et disparaissaient, et ils semblaient se manifester partout sans tenir compte des frontières spatiotemporelles.

Les deux mondes, le gros et le petit, obéissaient-ils à des règles différentes? Puisque les particules subatomiques, tels les électrons, constituaient les composantes de tout ce qui existait dans la nature, comment pouvaient-ils obéir à des règles différentes de celles auxquelles étaient soumises les choses qu'ils constituaient ?

De la matière à l'énergie : les particules sont les meilleures illusionnistes qui soient

Au niveau des électrons, les scientifiques peuvent mesurer les caractéristiques qui dépendent de l'énergie, comme la longueur d'onde, le voltage, et ainsi de suite, mais ces particules possèdent une masse infiniment petite et elles n'existent que temporairement, au point qu'elles sont presque inexistantes.

C'est ce qui rend unique le monde subatomique. Il ne possède pas uniquement des qualités physiques ; il a aussi des qualités énergétiques. En vérité, au niveau subatomique, la matière est un phénomène momentané. Elle est tellement fugitive qu'elle apparaît et disparaît sans cesse, apparaissant en trois dimensions et disparaissant ensuite dans le champ quantique, dans aucun espace ni aucun temps, la particule (matière) se transformant en onde (énergie) et vice-versa. Où vont donc les particules quand elles disparaissent ainsi ?

La création de la réalité : l'énergie réagit à l'observation consciente

Considérons de nouveau l'ancien modèle de l'atome, fait d'une boule de polystyrène plantée de cure-dents. À l'époque, on nous a incités à croire que les électrons gravitaient autour du noyau à l'instar des planètes autour du soleil. Si cela avait été le cas, nous aurions pu déterminer leur emplacement, n'est-ce pas ? C'était exact en quelque sorte, mais pas pour la raison que nous pensions.

Ce que les physiciens quantiques ont découvert, c'est que la personne qui observe (ou mesure) les particules constituant l'atome *affecte* le comportement de l'énergie et de la matière. Les expériences quantiques ont démontré que les électrons existent simultanément en une

L'EFFONDREMENT DE LA FONCTION D'ONDE

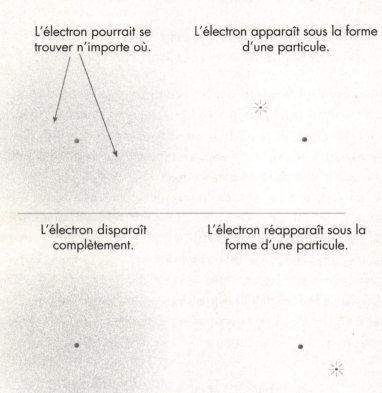

Figure 1D. À tel moment, l'électron existe sous la forme d'une onde de probabilité, puis il apparaît le moment suivant sous la forme d'une particule solide, puis il disparaît, puis il réapparaît dans un autre endroit.

série infinie de possibilités ou de probabilités dans un champ d'énergie invisible. Toutefois, c'est seulement quand un observateur dirige son attention sur l'emplacement d'un électron que celui-ci apparaît. Autrement dit, une particule ne peut pas se manifester dans la réalité, c'est-à-dire dans l'espace-temps que nous connaissons, jusqu'à ce que nous ne l'observions[1].

La physique quantique appelle ce phénomène «l'effondrement de la fonction d'onde» ou «l'effet de l'observateur». Nous savons maintenant qu'au moment où l'observateur regarde un électron, il y a un point précis dans le temps et l'espace où toutes les probabilités de l'électron s'effondrent pour créer un événement physique. Depuis cette découverte, on ne peut plus considérer l'esprit et la matière comme séparés. Ils sont intrinsèquement liés, car l'esprit subjectif produit des changements mesurables dans le monde physique objectif.

Vous commencez sans doute à comprendre pourquoi ce chapitre s'intitule «L'être quantique». Au niveau subatomique, l'énergie réagit à notre observation consciente et devient de la matière. À quel point notre vie changerait-elle si nous savions *contrôler* l'effet de l'observateur et faire s'effondrer des ondes infinies de probabilités pour créer la réalité que *nous* aurions choisie? Pourrions-nous nous mettre à observer plus efficacement la vie que nous désirons?

Un nombre infini de réalités possibles à la disposition de l'observateur

Considérez donc ceci : tout ce qui existe dans l'univers physique est fait de particules subatomiques comme les électrons. Par leur nature même, ces particules, quand elles existent comme pure potentialité, sont dans leur état d'onde lorsqu'elles ne sont pas observées. Elles sont potentiellement «toute chose» et «aucune chose» jusqu'à ce qu'elles soient observées. Elles existent *partout* et *nulle part* jusqu'à ce qu'elles soient observées. Ainsi, tout ce qui existe dans notre réalité physique est pure potentialité.

Si les particules subatomiques peuvent exister simultanément dans un nombre infini d'endroits possibles, nous sommes potentiellement capables de faire s'effondrer et donc exister un nombre infini de réalités possibles. Autrement dit, si nous pouvons imaginer qu'il se produira dans notre vie un événement fondé sur l'un de nos désirs personnels, cette réalité existe déjà comme possibilité dans le champ quantique, où il ne nous reste qu'à l'observer. Si notre esprit peut influencer l'apparition d'un électron, il peut alors théoriquement influencer l'apparition de *toute* possibilité.

Cela signifie donc que le champ quantique contient une réalité dans laquelle nous sommes en bonne santé, riches et heureux, et que nous possédons toutes les qualités et les capacités de l'être idéal que nous entretenons dans nos pensées. Continuez à me suivre et vous verrez qu'avec une attention consciente, l'application sincère d'une nouvelle connaissance, et des efforts quotidiens soutenus vous pourrez utiliser votre esprit, en tant qu'observateur, pour faire s'effondrer les particules quantiques et organiser un grand nombre d'ondes de probabilité subatomiques de manière à créer un événement physique désiré que vous vivrez réellement.

La conscience, c'est-à-dire notre esprit, façonne comme de l'argile l'énergie des possibilités infinies. Si la matière est énergie, il est logique que la conscience (en l'occurrence « l'esprit », comme l'appelaient Newton et Descartes) et l'énergie (la « matière », selon le modèle quantique) soient liées si intimement qu'elles ne font qu'un. L'esprit et la matière sont complètement enchevêtrés. Notre conscience (notre esprit) exerce des effets sur l'énergie (la matière) parce que cette conscience est elle-même énergie et que l'énergie *possède* la conscience. Nous sommes assez puissants pour influencer la matière parce que, sur le plan le plus élémentaire, nous sommes de l'énergie douée de conscience. Nous sommes de la matière consciente.

Selon le modèle quantique, l'univers physique est un champ d'information immatériel, interconnecté et unifié qui constitue potentiellement toute chose, mais ne constitue physiquement aucune chose. L'univers quantique attend simplement la présence d'un observateur conscient (vous ou moi) pour entrer en activité et influencer, au moyen de l'esprit et de la conscience (qui sont eux-mêmes de l'énergie), l'énergie existant sous forme de matière potentielle, afin de transformer en matière physique des ondes de probabilités énergétiques. Tout comme l'onde de possibilité de l'électron se manifeste comme particule à l'intérieur d'un événement précis momentané, nous amenons en tant qu'observateurs une particule ou des groupes de particules à manifester des expériences physiques sous la forme d'événements dans notre vie personnelle.

C'est crucial pour comprendre que nous pouvons provoquer un effet ou effectuer un changement dans notre existence. Si vous apprenez à perfectionner votre capacité d'observation afin d'affecter intentionnellement votre destinée, vous êtes en voie de vivre la version idéale de votre existence en devenant la version idéale de vous-même.

Nous sommes reliés à tout ce qui existe dans le champ quantique

Comme tout ce qui existe dans l'univers, nous sommes reliés à un océan d'information situé dans une dimension hors de l'espace et du temps. Nous n'avons pas besoin de toucher les éléments physiques qui existent dans le champ quantique ni même de les approcher pour les affecter ou pour qu'ils nous affectent. Le corps physique est fait de schèmes d'énergie et d'information organisés, unifiés avec tout ce qui est dans le champ quantique.

Chacun de nous émet un schème énergétique particulier ou une signature distincte. Cette énergie est porteuse d'information. Notre état d'esprit fluctuant modifie consciemment ou inconsciemment cette signature à tout moment puisque nous sommes davantage qu'un corps physique. Nous sommes une conscience qui se sert d'un corps et d'un cerveau pour exprimer divers niveaux de l'esprit.

Une autre façon de considérer l'interconnexion des humains et du champ quantique : le concept de *l'intrication quantique* ou *la non-localité quantique*. Essentiellement, si deux particules peuvent s'associer d'une façon quelconque, elles seront toujours liées hors de l'espace et du temps. Il en résulte que tout ce qui sera fait à l'une sera fait à l'autre même si elles sont séparées dans l'espace. Cela signifie que puisque nous sommes composés de particules, nous sommes tous connectés implicitement hors de l'espace et du temps. Ce que nous faisons aux autres, nous le faisons donc à nous-mêmes.

Imaginez un peu les implications ! Si vous pouvez saisir ce concept, vous devrez admettre que votre être qui existe dans un futur probable est déjà connecté à celui du présent, dans une dimension hors du temps et de l'espace. Mais ce n'est pas tout… Quand vous aurez terminé la lecture de ce livre, cette idée vous paraîtra tout à fait normale !

Une bizarrerie scientifique : pouvons-nous affecter le passé ?

Puisque nous sommes tous interconnectés au-delà de l'espace et du temps, cela voudrait-il dire que nos pensées et nos émotions peuvent influencer autant des événements passés que ceux que nous désirons vivre dans le futur ?

En juillet 2000, le médecin israélien Leonard Leibovici a mené une étude randomisée en double aveugle avec 3 393 patients hospitalisés, divisés en un groupe de contrôle et un groupe « d'intercession ». Il voulait vérifier si la prière pouvait exercer un effet sur leur condition[2]. Les expériences de prière sont d'excellents exemples de l'influence de l'esprit sur la matière à distance. Mais continuez à me suivre, car les apparences sont souvent trompeuses.

Leibovici a choisi des patients ayant souffert de sepsie (une infection) pendant leur hospitalisation. Il a sélectionné au hasard la moitié des patients pour qui l'on ferait des prières, tandis que personne ne prierait pour l'autre moitié. Il compara ensuite les résultats, qu'il classa en fonction de trois facteurs : la durée de la fièvre, la durée de l'hospitalisation et le nombre de décès dus à l'infection.

Les patients pour qui l'on avait prié ont cessé de faire de la fièvre plus tôt que les autres et ils sont restés à l'hôpital moins longtemps. La différence dans le nombre de décès chez ceux pour qui l'on avait prié et chez les autres n'était pas significative statistiquement, mais le tableau était meilleur chez les premiers.

Voilà une excellente démonstration des bienfaits de la prière et un parfait exemple de l'envoi d'une intention dans le champ quantique au moyen de nos pensées et de nos sentiments. Il faut toutefois ajouter un autre élément à cette histoire. Ne trouvez-vous pas étrange qu'en juillet 2000 un hôpital ait comporté plus de 3 000 cas d'infection en même temps ? S'agissait-il d'un établissement mal stérilisé ou bien y avait-il là une contagion galopante ?

En réalité, ceux et celles qui priaient ne le faisaient pas pour les patients qui étaient infectés en 2000. À leur insu, ils priaient plutôt pour une série d'individus qui avaient été hospitalisés dans cette même institution entre 1990 et 1996, soit quatre à dix ans plus tôt que le moment de l'expérience ! *L'état des patients pour qui l'on avait prié s'est amélioré durant les années 90 grâce à l'expérience menée des années plus tard.* En d'autres mots, la santé des patients pour qui l'on a prié en 2000 s'est remarquablement améliorée, *mais cette amélioration s'est manifestée des années auparavant.*

Une analyse statistique de cette expérience a prouvé que ces améliorations ne pouvaient pas être une coïncidence. Cela démontre donc que nos intentions, nos pensées et nos sentiments, ainsi que nos prières, affectent non seulement notre présent et notre futur, mais aussi notre passé.

Il en découle la question suivante : si vous décidiez de prier (ou de vous concentrer sur une intention) afin d'améliorer votre existence, cela pourrait-il influer sur votre passé, votre présent et votre futur ?

Selon la loi quantique, toutes les potentialités existent simultanément. Nos pensées et nos sentiments affectent tous les aspects de notre vie, hors de l'espace et du temps.

Notre état d'être ou notre état d'esprit : quand l'esprit et le corps ne font qu'un

Veuillez noter ceci : tout au long de ce livre, je parlerai indifféremment de *l'état d'être* ou de *l'état d'esprit*. Par exemple, nous pourrions dire que ce que nous pensons et ressentons crée un état d'être. Il faut comprendre que l'emploi des termes « état d'être » ou « état d'esprit » sous-entend que le corps physique fait partie de cet état. En fait, comme nous le verrons plus loin, de nombreuses personnes vivent dans un état où le corps est « devenu » l'esprit lorsqu'elles sont gouvernées presque exclusivement par le corps et ce qu'il ressent. Ainsi, quand je parle de l'effet de l'observateur, il ne s'agit pas seulement du cerveau qui influence la matière, mais aussi du corps. C'est notre état d'être (quand l'esprit et le corps ne font qu'un) en tant qu'observateurs qui exerce des effets sur le monde extérieur.

Les pensées plus les sentiments produisent des résultats visibles en éprouvette

Nous communiquons avec le champ quantique principalement par nos pensées et par nos sentiments ou nos émotions. Puisque nos pensées sont elles-mêmes de l'énergie – comme vous le savez déjà, on peut mesurer facilement par électroencéphalographie les pulsions électriques produites par le cerveau –, elles sont l'un des principaux moyens par lesquels nous envoyons des signaux dans ce champ.

Avant d'entrer plus avant dans les détails, j'aimerais vous faire part d'une étude remarquable qui démontre que nos pensées et nos sentiments influencent la matière.

Le biologiste cellulaire Glen Rein, Ph. D., a conçu une série d'expériences pour vérifier la capacité des guérisseurs à influencer les systèmes biologiques. Comme l'ADN est une substance plus stable que les cellules ou les cultures bactériennes, il a choisi de mettre entre les mains des guérisseurs des éprouvettes contenant de l'ADN[3].

Cette étude fut menée à l'Institut HeartMath, en Californie. Les chercheurs de cette institution ont effectué des recherches extraordinaires sur la physiologie des émotions, les interactions cœur/cerveau, et ainsi de suite. Essentiellement, ils ont établi un lien spécifique entre nos états émotionnels et le rythme des battements cardiaques. Quand nous éprouvons des émotions négatives (comme la colère ou la peur), notre rythme cardiaque devient erratique et irrégulier. En revanche, les émotions positives (l'amour et la joie, par exemple) produisent un schème cohérent et ordonné que les chercheurs de HeartMath appellent « cohérence cardiaque ».

Pour ses expériences, le docteur Rein a d'abord étudié un groupe de dix individus bien entraînés aux techniques enseignées par HeartMath pour créer la cohérence cardiaque. Ils ont appliqué les techniques visant à créer des sentiments élevés, tels l'amour et la gratitude, puis, pendant deux minutes, ils ont tenu dans leurs mains des éprouvettes contenant des échantillons d'ADN en suspension dans de l'eau déionisée. Quand on a analysé ces échantillons, on n'a constaté aucun changement significatif statistiquement.

Un deuxième groupe de participants entraînés a fait la même chose, mais, au lieu de créer simplement des émotions (sentiments) d'amour et de gratitude, ces individus ont entretenu simultanément l'intention (la pensée) d'enrouler ou de dérouler les brins d'ADN. Ce groupe a généré des changements significatifs statistiquement dans la conformation (forme) des échantillons d'ADN. Dans certains cas, l'ADN était enroulé ou déroulé à 25 % !

Un troisième groupe de sujets entraînés a entretenu l'intention claire de modifier l'ADN, mais on a demandé à ces individus de ne pas éprouver de sentiment positif. Autrement dit, ils n'employaient que leur pensée (l'intention) pour influer sur la matière. Résultat ? Aucun changement dans les échantillons d'ADN.

L'état émotionnel positif dans lequel se trouvait le premier groupe n'a eu aucun effet sur l'ADN. La pensée intentionnelle, non accompagnée d'émotion, d'un autre groupe n'a eu aucun effet non plus. C'est seulement quand les sujets entretenaient à la fois un sentiment élevé et un objectif clair qu'ils obtenaient l'effet recherché.

Une pensée intentionnelle a donc besoin d'un stimulant, d'un catalyseur, et cette énergie est un sentiment élevé. Le cœur et l'esprit œuvrant de concert ; le sentiment et la pensée unis dans un état d'être.

Si un état d'être peut enrouler et dérouler des brins d'ADN en deux minutes, qu'est-ce que cela nous enseigne sur notre aptitude à créer la réalité ?

L'expérience de l'Institut HeartMath démontre que le champ quantique ne réagit pas simplement à nos désirs, à nos requêtes émotionnelles. Il ne réagit pas non plus simplement à nos objectifs. Il réagit uniquement quand les deux, soit le désir et l'objectif, sont combinés, c'est-à-dire quand ils émettent le même signal. Lorsque nous combinons l'émotion d'un cœur ouvert avec l'intention consciente d'une pensée claire, nous envoyons un signal au champ de réagir d'une manière étonnante.

Le champ quantique ne réagit pas à ce que nous désirons, mais à ce que nous sommes.

Les pensées et les émotions : l'émission de notre signal électromagnétique dans le champ quantique

Puisque toute potentialité contenue dans l'univers est une onde de probabilité qui possède un champ électromagnétique et qui est de nature énergétique, il est logique que nos pensées et nos émotions ne fassent pas exception à la règle.

Nous pourrions dire que les pensées sont la charge électrique du champ quantique et que les émotions en sont la charge magnétique[4]. Nos pensées envoient un signal électrique dans le champ quantique et nos émotions nous renvoient magnétiquement les événements. La combinaison de ce que nous pensons et ressentons crée un état d'être qui génère une signature électromagnétique, laquelle influence chaque atome de notre monde. Cela devrait nous inciter à nous demander *ce que nous émettons (consciemment ou inconsciemment) au quotidien.*

Toutes les expériences potentielles existent comme signatures électromagnétiques dans le champ quantique. Un nombre infini de signatures électromagnétiques potentielles – pour le génie, pour la richesse, pour la liberté, pour la santé – existent déjà comme schèmes énergétiques vibratoires. Si nous pouvions créer un nouveau champ électromagnétique en changeant notre état d'être de façon qu'il corresponde à une potentialité existant dans le champ quantique d'information, serait-il possible que notre corps soit alors attiré vers cet événement ou que ce dernier vienne jusqu'à nous ?

LES POTENTIALITÉS ÉLECTROMAGNÉTIQUES CONTENUES DANS LE CHAMP QUANTIQUE

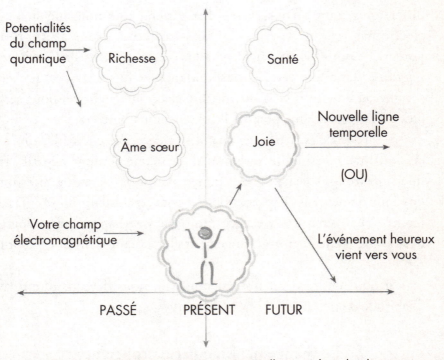

Figure 1E. Toutes les expériences existent potentiellement dans le champ quantique sous la forme d'un océan d'infinies possibilités. Si nous modifions notre signature électromagnétique pour qu'elle corresponde à un schéma qui est déjà présent dans le champ, notre corps sera attiré vers cet événement, nous entrerons dans une nouvelle trame temporelle, ou l'événement viendra jusqu'à nous dans notre nouvelle réalité.

Pour connaître le changement, il faut envisager un résultat avec un esprit nouveau

Tout naturellement, nos pensées et nos sentiments habituels perpétuent toujours le même état d'être, lequel crée la même réalité. Par conséquent, si nous désirons changer un aspect de notre réalité, nous devons penser, ressentir et agir d'une manière nouvelle. Nous devons réagir à nos expériences «différemment». Nous devons «devenir» quelqu'un d'autre. Nous devons créer un nouvel état d'esprit et observer un résultat nouveau avec un esprit nouveau.

D'un point de vue quantique, nous devons créer un état d'être différent en tant qu'observateurs et générer une nouvelle signature électromagnétique. Ce faisant, nous correspondrons à une réalité potentielle qui s'inscrit dans le champ comme potentialité électromagnétique. Une fois cette correspondance établie entre ce que nous sommes et émettons et la potentialité électromagnétique, nous serons attirés vers cette réalité potentielle ou elle nous trouvera.

Je sais que c'est frustrant quand la vie semble enchaîner une succession interminable de variantes d'un même résultat négatif. Tant que nous restons la même personne, que notre signature électromagnétique demeure inchangée, nous ne pouvons obtenir un résultat différent. Changer notre vie nécessite donc de changer notre énergie, c'est-à-dire d'effectuer un changement élémentaire dans notre esprit et nos émotions.

Si nous désirons un résultat nouveau, nous devons rompre avec l'habitude d'être «nous» et nous *réinventer*.

Le changement requiert la cohérence : aligner nos pensées et nos sentiments

Qu'ont en commun notre état d'être et un rayon laser ? J'emprunte cette comparaison pour illustrer une autre chose qu'il vous faut savoir si vous voulez transformer votre vie.

Le laser nous fournit un excellent exemple de signal cohérent. Quand les physiciens parlent d'un signal cohérent, ils font référence à un signal constitué d'ondes « en phase », c'est-à-dire que leurs creux (leurs points les plus bas) et leurs crêtes (leurs points culminants) sont parallèles. Quand ces vagues sont cohérentes, elles sont beaucoup plus puissantes.

FORMES D'ONDES

Ondes cohérentes

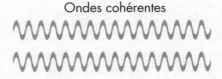

Ondes incohérentes

Figure 1F. Quand les ondes sont rythmiques et en phase, elles sont plus puissantes qu'au moment où elles sont hors phase.

Les ondes d'un signal sont soit alignées, soit non alignées, soit cohérentes, soit incohérentes. Il en est de même de nos pensées et de nos sentiments ou de nos émotions. Combien de fois avez-vous essayé de créer quelque chose en entretenant la pensée que l'objectif était possible à atteindre, mais en sentant dans votre cœur qu'il ne l'était pas ? Quel fut le résultat de ce signal incohérent, hors phase, que vous avez émis ? Pourquoi votre objectif ne s'est-il pas manifesté ? Comme nous l'avons vu pour l'expérience de HeartMath, la création quantique fonctionne uniquement quand les pensées et les émotions sont alignées.

Tout comme les ondes d'un signal sont beaucoup plus puissantes quand elles sont cohérentes, nos pensées et nos sentiments le sont aussi quand ils sont alignés. Quand nous entretenons des pensées claires, focalisées au sujet de notre objectif, accompagnées d'un engagement émotionnel passionné, nous émettons un signal électromagnétique plus fort qui nous pousse vers la réalité potentielle correspondant à notre désir.

Dans mes ateliers, je parle souvent de ma grand-mère, une femme que j'adorais. C'était une Italienne de la vieille école, aussi imprégnée de la culpabilité catholique que de la recette de sauce tomates accompagnant les pâtes. Elle priait constamment pour toutes sortes de choses et désirait ardemment une nouvelle vie, mais la culpabilité instillée en elle depuis l'enfance brouillait le signal qu'elle émettait. Elle ne manifestait que des raisons supplémentaires de se sentir coupable.

Si vos intentions et vos désirs n'ont pas donné de résultats significatifs, c'est sans doute que vous avez émis un message incohérent dans le champ quantique. Vous désirez peut-être la richesse, vous *pensez* peut-être « richesse », mais si vous vous *sentez* pauvre, vous ne vous attirerez jamais l'abondance financière. Pourquoi ? Parce que les pensées sont le langage du cerveau et les émotions sont le langage du corps. Vous pensez d'une façon, mais vous ressentez d'une autre façon. Quand l'esprit est en opposition avec le corps (ou vice-versa), le champ ne réagit pas d'une manière cohérente.

Par contre, quand l'esprit et le corps œuvrent de concert, quand nos pensées et nos émotions sont alignées, quand nous sommes dans un nouvel état d'être, nous émettons un signal cohérent sur les ondes de l'invisible.

Pourquoi les résultats quantiques devraient survenir comme des surprises

Ajoutons maintenant une autre pièce au puzzle. Pour que ces résultats que nous nous attirons changent notre réalité, la manière dont ils surviennent doit nous surprendre et même nous stupéfier. Nous ne devrions jamais pouvoir prédire comment nos créations se manifesteront. Elles doivent nous prendre au dépourvu. Elles doivent nous éveiller du rêve de la réalité routinière à laquelle nous nous sommes accoutumés. Quand ces manifestations surviennent, nous ne devons pas avoir le moindre doute que notre conscience a établi le contact avec le champ d'intelligence quantique, de sorte que nous serons inspirés à recommencer. C'est là toute la joie du processus créateur.

Pourquoi désirer une surprise quantique ? Quand nous pouvons prédire un événement, il ne représente rien de nouveau. Il appartient automatiquement à la routine et nous l'avons déjà vécu plusieurs fois. Si nous pouvons le prédire, c'est que la même chose a produit un résultat familier identique. En fait, si nous essayons de contrôler la façon dont surviendra un résultat, nous avons été seulement « newtoniens ». La physique newtonienne (classique) tentait d'anticiper et de prédire les événements. C'est une question de cause et d'effet.

Que signifie « être newtonien » dans notre aptitude créatrice ? Nous sommes newtoniens quand l'environnement *externe* contrôle notre environnement *interne* (pensée/émotion). C'est une dynamique de cause à effet.

Modifiez plutôt votre environnement interne – votre manière de penser et de ressentir – et voyez ensuite comment vos efforts modifieront l'environnement externe. Efforcez-vous de créer une expérience future nouvelle et inconnue. Ainsi, quand un événement imprévu et favorable aura lieu, vous serez agréablement surpris. Vous serez devenu un créateur quantique. Vous serez passé de la loi « de cause à effet » à celle qui permet de « causer un effet ».

Entretenez une intention claire de votre désir, mais laissez les détails du « comment » à l'imprévisibilité du champ quantique. Laissez ce dernier orchestrer l'événement de la meilleure façon qui vous convienne. Si vous devez vous attendre à quelque chose, que ce soit à l'inattendu. Abandonnez-vous, faites confiance et ne vous préoccupez pas de la façon dont l'événement souhaité se produira.

C'est là le plus grand obstacle à surmonter, car nous, humains, voulons toujours contrôler une réalité future (l'inconnu) en essayant de la recréer telle qu'elle était dans une réalité antérieure (le connu).

La création quantique : remercier avant d'obtenir

Je viens de traiter de l'alignement de nos pensées et de nos émotions pour obtenir un résultat désiré sans nous soucier de la manière dont l'événement arrivera. C'est là un acte de foi nécessaire pour troquer une existence monotone et prévisible contre une vie heureuse remplie d'expériences nouvelles et de surprises quantiques.

Il nous faut toutefois faire un autre acte de foi pour manifester notre désir dans la réalité.

Dans quelles circonstances êtes-vous habituellement reconnaissants ? Vous me répondrez peut-être ceci : « Je suis reconnaissant de la belle famille qui est la mienne, de mon joli logement, de mes amis et de mon emploi. » Le point commun entre toutes ces choses, c'est que vous les possédez *déjà*.

Généralement, nous sommes reconnaissants de quelque chose qui s'est déjà produit ou qui est déjà présent dans notre vie. Vous et moi avons été conditionnés à croire que nous avons besoin d'une raison pour être joyeux, d'une motivation pour éprouver de la gratitude, d'une raison pour être dans un état d'amour. Nous nous appuyons alors sur une réalité extérieure pour nous sentir différents intérieurement. C'est le modèle newtonien.

Le nouveau modèle de la réalité nous force, en tant que créateurs quantiques, à nous changer intérieurement – dans notre esprit et dans notre corps, dans nos pensées et nos sentiments – *avant* de pouvoir connaître un changement extérieur perceptible par nos sens.

Pouvez-vous, avant qu'un événement désiré n'arrive, dire merci et éprouver les émotions élevées qui lui sont associées ? Pouvez-vous imaginer cette réalité assez intensément pour commencer dès maintenant à vous trouver *dans* cette vie future ?

Sous l'aspect de la création quantique, pouvez-vous dire merci pour quelque chose qui existe comme potentialité dans le champ quantique, mais qui ne s'est pas encore manifesté dans votre réalité ? Si c'est le cas, vous passez de la loi « de cause à effet » (attendre que quelque chose à l'extérieur de vous provoque un changement à *l'intérieur* de vous) à celle qui vous permet de « causer un effet » (changer quelque chose à l'intérieur de vous pour donner lieu à un effet à *l'extérieur* de vous).

Quand nous sommes dans un état de gratitude, nous transmettons dans le champ quantique un signal signifiant qu'un événement *s'est déjà produit*. La gratitude est plus qu'un processus intellectuel. Vous devez ressentir que l'objet de votre désir, quel qu'il soit, se trouve dans votre réalité à cet instant précis. Par conséquent, votre corps (qui ne comprend que les émotions) doit être convaincu qu'il possède le quotient émotionnel de l'expérience future et que celle-ci vous arrive *maintenant*.

L'intelligence universelle et le champ quantique

J'espère que vous acceptez les quelques idées de base du modèle quantique, soit que toute réalité physique est principalement de l'énergie présente dans un vaste réseau interconnecté dans l'espace-temps. Ce réseau, le champ quantique, renferme toutes les possibilités que nous pouvons transformer en réalités par nos pensées (la conscience), par l'observation, les émotions et l'état d'être.

Mais la réalité n'est-elle donc qu'un faisceau de forces électromagnétiques indifférentes qui ne font qu'interagir entre elles ? L'esprit qui nous anime est-il simplement une fonction biologique aléatoire? J'ai eu l'occasion de converser avec des gens qui soutiennent ce point de vue. La discussion finit toujours par conduire à un dialogue semblable à ceci :

D'où vient l'intelligence qui fait battre notre cœur?
Elle fait partie du système nerveux autonome.

Où ce système se trouve-t-il?
Dans le cerveau. Le système limbique du cerveau fait partie du système nerveux autonome.

Dans le cerveau, des tissus spécifiques sont-ils responsables des battements cardiaques?
Oui.

De quoi ces tissus sont-ils constitués?
De cellules.

De quoi ces cellules sont-elles faites?
De molécules.

De quoi ces molécules sont-elles faites?
D'atomes.

Et de quoi ces atomes sont-ils composés?
De particules subatomiques.

Et de quoi ces particules subatomiques sont-elles principalement constituées?
D'énergie.

Quand nous arrivons à la conclusion que notre véhicule physiologique est constitué de la même composante que le reste de l'univers, et comme ces gens-là sont réfractaires à l'idée que le corps soit animé par une forme d'énergie – ces mêmes 99,99999 % de « rien » qui constituent l'univers physique –, ou bien ils s'éloignent en haussant les épaules ou bien ils finissent par réaliser que l'idée d'un principe unifiant imprégnant toute la réalité physique a du sens.

N'est-il pas alors paradoxal que nous maintenions toute notre attention sur le 0,00001 % de la réalité qui est physique ? Passons-nous là à côté de quelque chose ?

Si ce rien consiste en ondes d'énergie porteuses d'information et que cette force organise nos structures physiques et leur fonctionnement, il est certainement sensé de considérer le champ quantique comme une intelligence invisible. Puisque l'énergie est à la base de toute réalité physique, cette intelligence s'est organisée en matière.

Voyez la conversation qui précède comme un genre de gabarit pour comprendre comment cette intelligence a construit la réalité. Le champ quantique est une énergie potentielle invisible capable de s'organiser à partir de particules d'énergie subatomiques pour créer les atomes et les molécules, jusqu'à constituer *toutes choses*. D'un point de vue physiologique, cette énergie organise les molécules en cellules, puis en tissus, en organes, en systèmes et enfin en corps complets. En d'autres mots, cette énergie potentielle s'abaisse en fréquence vibratoire jusqu'à ce qu'elle apparaisse sous une forme solide.

C'est l'intelligence universelle qui donne la vie à ce champ et à tout ce qu'il contient, y compris vous et moi. Ce pouvoir est l'esprit universel qui anime aussi chaque aspect de l'univers matériel. Cette intelligence fait que notre cœur bat, que notre estomac digère la nourriture, et elle supervise un nombre incalculable de réactions chimiques par seconde dans chacune de nos cellules. De plus, la même conscience fait que les arbres donnent des fruits et que les lointaines galaxies se forment et s'effondrent.

Parce qu'elle existe toujours et partout, et qu'elle exerce son pouvoir en nous et autour de nous, cette intelligence est à la fois personnelle et universelle.

Parce que nous sommes une extension de cette intelligence, nous pouvons l'imiter

Il faut comprendre que cette intelligence universelle possède cette même conscience qui nous rend individuels. Même si cette force est universelle et objective, elle possède une conscience de soi et de sa capacité d'agir dans l'univers matériel.

Elle est également parfaitement consciente à tous les niveaux, c'est-à-dire non seulement consciente d'elle-même, mais aussi de vous et moi. Comme cette conscience remarque tout, elle nous observe avec attention. Elle est consciente de nos pensées, de nos rêves et de nos désirs. Elle « observe » tout ce qui existe jusqu'à lui donner une forme physique.

Comment une conscience qui a créé toute vie, qui dépense l'énergie nécessaire pour réguler constamment chaque fonction de notre corps afin de nous maintenir en vie et qui manifeste un si grand intérêt à notre endroit, pourrait-elle être autre chose que de l'amour pur?

Nous avons évoqué deux aspects de la conscience : la conscience/intelligence objective du champ quantique et la conscience subjective, qui est individuelle et libre. Quand nous imitons les propriétés de cette conscience, nous devenons des créateurs. Quand nous sommes en résonance avec cette intelligence d'amour, nous devenons semblables à elle. Cette intelligence orchestre alors un événement, une réaction énergétique qui correspond à ce que l'esprit subjectif a mis dans le champ quantique. Quand notre volonté correspond à la sienne, quand notre esprit correspond au sien, quand notre amour de la vie correspond à son amour de la vie, nous *incarnons* cette conscience universelle. Nous *devenons* la force supérieure qui transcende le passé, qui guérit le présent et qui ouvre la porte du futur.

Ce que nous émettons nous revient

Voici maintenant comment cette orchestration d'événements fonctionne dans notre vie. Si nous avons connu la souffrance, et si nous l'entretenons dans notre esprit et notre corps en l'exprimant par nos pensées et nos émotions, nous émettons cette signature énergétique dans le champ quantique. L'intelligence universelle réagit en émettant dans notre vie un autre événement qui reproduira la même réaction intellectuelle et émotionnelle.

Nos pensées émettent un signal (*je souffre*) et nos émotions (*je souffre*) attirent dans notre vie un événement correspondant à cette fréquence vibratoire émotionnelle, c'est-à-dire une bonne raison de souffrir. En un sens très réel, nous demandons en tout temps une preuve de l'existence de l'intelligence universelle et elle envoie en tout temps un feedback dans notre environnement extérieur. Voilà l'étendue de notre pouvoir.

La question au cœur de ce livre est la suivante : *pourquoi n'émettons-nous pas un signal qui créera pour nous un résultat positif?* Comment pouvons-nous changer de manière que le signal que nous émettrons correspondra à ce que nous désirons voir se manifester dans notre vie? Nous changerons quand nous aurons décidé de croire que le fait de choisir quelle pensée/signal nous émettons produit un effet à la fois observable et inattendu.

Avec cette intelligence objective, nous ne sommes pas punis *pour* nos péchés (c'est-à-dire nos pensées, nos émotions et nos actions), mais *par* eux. Quand nous projetons dans le champ quantique un signal fondé sur les pensées et les émotions (telle la souffrance) nées d'une expérience indésirable vécue dans le passé, il n'est pas étonnant que le champ réagisse de la même façon négative.

Combien de fois avez-vous murmuré ces mots : « Je ne peux pas croire que ça m'arrive! Pourquoi est-ce que ça m'arrive tout le temps? »

Selon votre nouvelle compréhension de la nature de la réalité, voyez-vous maintenant que ces affirmations reflètent votre acceptation du modèle newtonien/cartésien dans lequel vous êtes une victime de la loi de cause à effet? Voyez-vous que vous êtes parfaitement capable de causer vous-même un effet? Voyez-vous qu'au lieu de réagir de la façon mentionnée plus haut, vous pourriez vous demander ceci :

«Comment puis-je penser, ressentir et me comporter différemment pour produire l'effet, le résultat que je veux?»

Notre mission consiste donc à entrer délibérément dans l'état de conscience qui permet une connexion avec l'intelligence universelle, à établir un contact direct avec le champ de possibilités, et à émettre un signal clair signifiant que nous désirons vraiment changer et voir se manifester sous forme de retour dans notre vie les résultats souhaités.

Demandez un feedback quantique

Lorsque vous créez délibérément, demandez à la conscience quantique de vous fournir un signe indiquant que vous avez établi le contact avec elle. Osez demander des synchronicités liées au résultat précis désiré. Si vous le faites, c'est que vous êtes suffisamment audacieux pour vouloir *savoir* que cette conscience est réelle et qu'elle est consciente de vos efforts. Une fois que vous avez accepté cela, vous pouvez créer dans un état de joie et d'inspiration.

Ce principe requiert d'oublier ce que nous croyons savoir et de nous abandonner à l'inconnu, puis d'observer les effets sous forme de rétroaction dans notre vie. C'est le meilleur moyen d'apprentissage. Quand nous obtenons des indices positifs (quand nous voyons notre situation extérieure évoluer dans une direction favorable), nous savons que ce que nous avons effectué intérieurement est bon. Naturellement, nous nous en souviendrons afin de pouvoir le faire de nouveau.

Ainsi, quand le feedback commence à survenir dans notre existence, nous pouvons choisir d'être comme un scientifique en processus de découverte. Pourquoi ne pas surveiller les changements afin de voir que l'univers est favorable à nos efforts et de nous prouver que nous sommes puissants à ce point?

Alors, comment pouvons-nous nous connecter à cet état de conscience?

La physique quantique est un « non-sens »

La physique newtonienne postulait qu'il existait toujours une série linéaire d'interactions prévisibles et reproductibles. Vous savez que si A + B = C, alors C + D + E = F. Cependant, dans le monde farfelu du modèle quantique de la réalité, tout est en intercommunication à l'intérieur d'un champ d'information supérieurement dimensionnel enchevêtré holistiquement hors du temps et de l'espace tels que nous les connaissons. Ouf!

L'une des raisons pour lesquelles la physique quantique est si insaisissable, c'est que nous avons été habitués pendant des années à une pensée fondée sur nos sens. Si nous mesurons la réalité avec nos sens, nous nous enfonçons dans le paradigme newtonien.

Le modèle quantique demande plutôt que notre compréhension de la réalité ne soit pas basée sur nos sens (la physique quantique est un non-*sens*). Dans le processus de création de la réalité future au moyen du modèle quantique, nos sens devraient être les derniers à percevoir ce que l'esprit a créé. La rétroaction sensorielle est la toute *dernière* chose dont nous faisons l'expérience. Pourquoi?

Le champ quantique est une réalité multidimensionnelle qui existe au-delà de nos sens, dans un monde où il n'y a pas de corps, d'objets, ni de temps. Par conséquent, pour y entrer et pour créer à partir de ce paradigme, vous devez oublier le corps pendant un moment et détourner temporairement votre attention de l'environnement extérieur, c'est-à-dire tout ce à quoi vous vous identifiez. Votre conjoint, vos enfants, vos biens et vos problèmes font tous partie de votre environnement externe et vous vous identifiez, par eux, au monde extérieur. Enfin, il vous faut aussi perdre de vue le temps linéaire. Au moment où nous observons intentionnellement une expérience future potentielle, nous devons être présents au point que notre esprit ne vacille plus entre les souvenirs du passé et les attentes d'un futur « toujours le même ».

N'est-il pas paradoxal que pour influencer notre réalité (l'environnement), guérir notre corps ou changer un événement de notre futur (le temps), nous devons abandonner complètement notre monde externe (pas d'objets), libérer notre conscience du corps (pas de corps) et perdre de vue le temps (pas de temps)? Devenir pure conscience?

Ce faisant, nous régnons sur l'environnement, sur notre corps et sur le temps (je les appelle «les trois Grands Facteurs»). Puisque le monde subatomique du champ quantique est fait de conscience pure, on ne peut y pénétrer que par la conscience pure. On ne peut en franchir le seuil que «sans le corps».

Le cerveau possède la capacité innée de le faire (nous reviendrons sur ce point). Quand vous comprendrez que vous êtes parfaitement équipés pour laisser le monde derrière vous et pénétrer dans une nouvelle réalité hors du temps et de l'espace, vous serez naturellement inspirés à l'appliquer dans votre vie.

Aller au-delà de l'espace et du temps

Le temps et l'espace sont des constructions créées par les humains pour expliquer les phénomènes physiques liés au lieu et à la perception temporelle. Quand nous disons qu'un verre se trouve sur une table, nous faisons allusion à son emplacement (le lieu où il se situe dans l'espace) et à la durée (depuis quand il y est). Ce sont là deux obsessions humaines: où sommes-nous et depuis quand? Pendant combien de temps encore y serons-nous et où irons-nous ensuite? Même si nous ne pouvons pas réellement percevoir le temps, nous le sentons passer comme nous sentons notre emplacement dans l'espace: nous «sentons» passer les secondes, les minutes et les heures, tout comme nous sentons notre corps assis sur une chaise et nos pieds appuyés sur le plancher.

Dans le champ quantique, les possibilités infinies de matérialiser la réalité sont hors du temps et de l'espace parce qu'une *potentialité* n'existe pas encore. Si elle n'existe pas, elle n'a pas d'emplacement spatial ni temporel. Tout ce qui n'a pas d'existence matérielle – c'est-à-dire tout ce dont les ondes de probabilité ne se sont pas effondrées pour devenir une réalité de particules – existe hors du temps et de l'espace.

Puisque le champ quantique n'est que possibilités immatérielles, il se situe hors de l'espace et du temps. Dès que nous observons l'une de ces possibilités infinies et que nous lui donnons une réalité matérielle, elle acquiert ces deux caractéristiques.

Pour entrer dans le champ, il faut entrer dans un état similaire

Nous avons donc le pouvoir de matérialiser une réalité souhaitée en la choisissant dans le champ quantique, mais nous devons d'abord trouver le moyen d'accéder à ce champ. En fait, nous y sommes toujours reliés, mais comment faire en sorte qu'il nous réponde ? Si nous émettons sans cesse de l'énergie et que, par conséquent, nous envoyons de l'information dans ce champ et en recevons de lui, comment communiquer avec plus d'efficacité encore avec lui ?

Il en sera longuement question dans les chapitres suivants. Pour l'instant, il importe de savoir que pour entrer dans le champ quantique, qui existe hors du temps et de l'espace, vous devrez entrer dans un état similaire.

Avez-vous déjà vécu une situation où le temps et l'espace semblaient avoir disparu ? Par exemple, lorsque vous êtes préoccupé par un problème en conduisant votre voiture, vous oubliez votre corps (vous n'êtes plus conscient de votre perception spatiale), vous oubliez l'environnement (le monde extérieur disparaît) et vous oubliez le temps (vous n'avez aucune idée de la durée de votre « absence »).

En de tels moments, vous êtes sur le seuil de la porte donnant accès au champ quantique et à la collaboration avec l'intelligence universelle. En résumé, vous avez déjà rendu la pensée plus réelle que tout.

Je vous fournirai plus loin des directives pour entrer régulièrement dans cet état de conscience, pour accéder au champ et pour communiquer plus directement avec l'intelligence universelle qui anime toutes choses.

Changer l'esprit change la vie

Tout au long du présent chapitre, je vous ai fait passer de l'idée que l'esprit et la matière sont séparés à l'idée du modèle quantique selon lequel ils sont inséparables. L'esprit est la matière, et la matière est l'esprit.

Ainsi, toutes les fois où vous avez tenté de changer par le passé, votre pensée était peut-être fondamentalement limitée. Vous pensiez sans doute que c'étaient toujours les circonstances à l'extérieur de vous qui devaient changer. Par exemple : « Si je n'avais pas autant de choses à faire, je pourrais perdre mon excès de poids et je serais plus heureux. » Nous avons tous exécuté une variation sur ce thème. « Si c'était comme ceci, alors je ferais cela. » La loi de cause à effet.

Et si vous pouviez modifier votre esprit, vos pensées, vos sentiments et votre manière d'être en dehors des limites spatiotemporelles ? Et si vous pouviez effectuer ces changements *avant* le temps et voir dans votre monde « extérieur » leurs effets « intérieurs » ?

Vous le pouvez.

Ce qui a profondément changé ma vie et celle de tant d'autres personnes, c'est le fait de comprendre qu'il s'agit simplement de perdre l'habitude d'être soi-même afin de modifier son esprit, et donc de vivre de nouvelles expériences et de recevoir de nouvelles intuitions. Quand nous transcendons nos sens, quand nous comprenons que nous ne sommes pas prisonniers de notre passé – quand nous menons une existence qui dépasse le corps, l'environnement et le temps –, tout est possible. L'intelligence universelle qui anime l'existence de toutes choses vous surprendra autant qu'elle vous enchantera. Elle ne veut rien d'autre que vous donner accès à tout ce que vous désirez.

Bref, quand nous modifions notre esprit, nous modifions notre vie.

Un enfant leur indiquera le chemin…

Avant d'aller plus loin, j'aimerais vous raconter une anecdote qui montre bien comment le contact avec l'intelligence supérieure peut être efficace pour apporter des changements majeurs dans notre existence.

Mes enfants, aujourd'hui de jeunes adultes, ont utilisé une technique de méditation semblable au processus que je décrirai dans la troisième partie de ce livre. De remarquables aventures ont résulté de la pratique de cette technique. Dans leur enfance, nous avions conclu une entente selon laquelle ils travailleraient à la création de choses matérielles ou d'événements qu'ils désiraient vivre. Nous avions cependant établi une règle : je n'interviendrais aucunement ni ne contribuerais à la production du résultat. Ils devaient créer eux-mêmes les réalités souhaitées en y employant leur esprit et en interagissant avec le champ quantique.

Ma fille de 20 ans poursuit des études artistiques à l'université. Au printemps, je lui ai demandé ce qu'elle aimerait manifester durant les prochaines vacances estivales. Elle avait toute une liste! Au lieu de l'emploi d'été typique pour étudiante en vacances, elle voulait travailler en Italie, y apprendre de nouvelles choses et vivre de nouvelles expériences, visiter au moins six villes italiennes et passer une semaine à Florence, où elle avait des amies. Elle voulait travailler pendant les six premières semaines de l'été et amasser un bon pécule pour ensuite passer le reste des vacances à la maison.

Je l'ai félicitée pour sa vision claire de ce qu'elle souhaitait, en lui rappelant que l'intelligence universelle se chargerait de la façon de réaliser son rêve estival.

Puisque ma fille est entraînée à penser et à ressentir avant même de vivre l'expérience réelle, je lui ai simplement rappelé de ne pas seulement entretenir chaque jour une intention quant à ce que l'été lui apporterait – quelles personnes elle rencontrerait, quels événements surviendraient, quels endroits elle visiterait –, mais de ressentir aussi le vécu de ces expériences. Je lui ai demandé de créer la vision dans son esprit jusqu'à ce que celle-ci soit suffisamment claire et réelle pour que sa pensée devienne l'expérience et que les synapses de son cerveau traitent cette information comme une réalité.

Si elle restait cette jeune femme rêvant d'aller en Italie, elle était encore la même personne vivant la même réalité. Il fallait donc qu'elle commence déjà en mars à « être » la jeune femme qui avait passé la moitié de l'été en Italie.

« Pas de problème », m'a-t-elle répondu. Elle avait déjà vécu de telles expériences, par exemple quand elle avait voulu figurer dans une vidéo musicale ou qu'elle avait désiré faire l'expérience du shopping illimité. Ces deux expériences s'étaient manifestées parfaitement.

Je lui ai alors rappelé ceci : « Après t'être assise pour créer mentalement cette expérience, tu devras être une autre personne lorsque tu te relèveras. Tu devras quitter ta chaise comme si tu venais de vivre le plus bel été de ta vie. »

Elle m'a répondu : « J'ai compris. » Chaque jour, elle entrait dans un nouvel état d'être. Après chaque séance de création mentale, elle poursuivait sa journée dans l'état de gratitude produit par cette expérience, comme si elle l'avait vécue.

Quelques semaines plus tard, elle m'a téléphoné. « Papa, l'université nous offre un cours d'été en histoire de l'art en Italie. Le programme et toutes les dépenses nécessitent de 4 000 $ à 7 000 $. Peux-tu m'aider ? »

Bien sûr, je suis un parent qui soutient ses enfants, mais elle ne semblait pas avoir vraiment atteint son objectif. Elle essayait de contrôler le résultat de cette possible éventualité au lieu de laisser le champ quantique orchestrer les événements. Je lui ai conseillé d'habiter réellement son voyage en Italie et de penser, ressentir, parler et rêver « en italien » jusqu'à se perdre dans l'expérience.

Quelques semaines plus tard, elle m'a rappelé, tout excitée. À la bibliothèque, elle avait eu une conversation avec son professeur d'histoire de l'art et leur dialogue avait fini par se faire en italien, car tous deux le parlaient couramment. Son professeur lui dit alors ceci : « Je viens de me rappeler que l'un de mes collègues a besoin de quelqu'un pour enseigner l'italien à des étudiants américains qui vont aller étudier en Italie cet été. »

Évidemment, ma fille fut engagée. Non seulement elle serait rémunérée pour enseigner (tous frais payés), mais elle irait dans six villes italiennes en six semaines, elle passerait la dernière semaine à Florence et elle pourrait rentrer à la maison pour la seconde moitié de l'été. Son emploi de rêve s'était manifesté, ainsi que chaque aspect de sa vision originale.

Elle n'avait pas suivi la route traditionnelle d'une jeune femme déterminée à dénicher un programme en cherchant sur Internet, en sollicitant des professeurs, et ainsi de suite. Au lieu de suivre la loi de cause à effet, elle avait changé son état d'être au point de *causer un effet*. Elle vivait selon la loi quantique.

Comme elle s'était connectée électromagnétiquement à un événement souhaité qui existait dans le champ quantique, son corps fut attiré vers l'événement. L'expérience l'a rejointe. L'issue était imprévisible, elle s'est produite d'une façon qu'elle n'avait pas prévue, elle fut synchronique, et il n'y avait aucun doute qu'elle résultait de ses efforts intérieurs.

Réfléchissez un instant à ceci. Quelles situations sont déjà prêtes pour vous ? Qui êtes-vous en ce moment-même... et à tout autre moment ? Votre état d'être vous attirera-t-il tout ce que vous désirez ?

Pouvez-vous modifier cet état d'être ? Une fois que vous aurez acquis un nouvel esprit, pourrez-vous envisager une nouvelle destinée ? Le reste de ce livre répondra à ces questions.

CHAPITRE 2

TRANSCENDER L'ENVIRONNEMENT

À ce stade-ci, je suis certain que vous acceptez l'idée que l'esprit subjectif exerce un effet sur le monde objectif. Vous reconnaissez peut-être même qu'un observateur peut affecter le monde subatomique et influencer un événement précis simplement en faisant s'effondrer un électron, c'est-à-dire en le faisant passer de l'état d'onde énergétique à celui de particule. Vous croyez peut-être aussi aux expériences scientifiques de physique quantique que j'ai décrites et qui prouvent que la conscience contrôle directement le monde minuscule des atomes parce que ces éléments sont faits fondamentalement de conscience et d'énergie. Nous voyons là la physique quantique en action, n'est-ce pas?

Mais peut-être hésitez-vous à accepter l'idée que notre esprit exerce des effets réels et mesurables dans notre vie. Vous vous demandez peut-être ceci: «Comment mon esprit peut-il influencer des événements importants qui changeront ma vie? Comment puis-je faire s'effondrer des électrons pour créer un événement spécifique qui serait une nouvelle expérience que je veux vivre dans l'avenir?» Je ne serais pas du tout étonné si vous vous interrogiez sur votre capacité à créer des expériences réelles dans le monde de la réalité.

Je cherche à vous faire comprendre que l'idée selon laquelle nos pensées peuvent créer notre réalité est fondée scientifiquement, et à vous le démontrer par des exemples. À ceux qui doutent, je dis ceci : j'aimerais que vous réfléchissiez à la possibilité que votre mode de pensée affecte directement votre existence.

Continuez à entretenir les mêmes pensées et les mêmes sentiments familiers, et vous recréerez sans cesse la même réalité

Si vous acceptez ce paradigme comme une possibilité, alors, en toute logique, vous devriez aussi accepter la possibilité suivante : pour créer dans votre monde personnel quelque chose de différent de ce à quoi vous êtes habitué, vous devez changer votre pensée et vos émotions routinières.

Autrement, si vous conservez le même mode de pensée et le même ressenti qu'hier ou avant-hier, vous continuerez à créer les mêmes circonstances, qui vous procureront les mêmes émotions et vous inciteront à penser « à leur niveau ».

Je me permets de comparer cette situation à celle d'un hamster qui court sur une roue, à l'intérieur de sa cage. En pensant sans relâche à vos problèmes (consciemment ou inconsciemment), vous créez le même genre de difficulté. Peut-être pensez-vous autant à ces problèmes parce que vous les avez d'abord créés vous-même par la pensée. Peut-être vos émotions sont-elles aussi réelles parce que vous revivez sans arrêt celles qui ont créé ces problèmes. Si vous persistez à penser et à ressentir les mêmes choses par rapport aux circonstances de votre vie, vous réaffirmerez cette *réalité* particulière.

Dans les prochains chapitres, nous allons donc nous concentrer sur ce qu'il vous faut comprendre pour changer.

Pour changer, soyez plus grands que votre environnement, votre corps et le temps

La plupart des gens sont concentrés sur trois choses : leur environnement, leur corps et le temps. Non seulement ils se focalisent sur ces trois éléments, mais ils pensent *en fonction* de ces derniers. Pour rompre avec vous-mêmes, vous devez penser *plus grand* que les circonstances de votre vie, être plus grands que les sentiments mémorisés par votre corps et vivre sur une nouvelle trame temporelle.

Si vous désirez changer, vous devez entretenir la pensée d'un soi idéal, d'un modèle que vous pouvez imiter, et qui est différent et meilleur que celui qui existe aujourd'hui dans votre environnement particulier, dans votre corps et dans le temps. Chaque grand personnage de l'histoire savait le faire et vous pourrez atteindre la grandeur dans votre propre vie si vous maîtrisez les concepts et les techniques que je vous ferai découvrir bientôt.

Dans ce chapitre, nous nous concentrerons sur la manière de transcender votre environnement et nous préparerons le terrain pour les deux chapitres suivants, dans lesquels nous verrons comment il vous est possible de transcender votre corps ainsi que le temps.

Nos souvenirs constituent notre environnement interne

Avant de considérer comment rompre avec vous-mêmes, je ferai appel au sens commun pour quelques instants. Comment cette habitude de toujours entretenir les mêmes pensées et les mêmes émotions a-t-elle débuté ?

Je ne peux répondre qu'en parlant du cerveau, le point de départ de nos pensées et de nos sentiments. Selon les théories neuroscientifiques actuelles, le cerveau est organisé de façon à être le reflet de tout ce que nous connaissons dans notre environnement. Toutes les informations reçues dans notre existence sous la forme de savoirs et d'expériences sont emmagasinées dans les connexions synaptiques du cerveau.

Les relations avec les *gens* que nous avons connus, les diverses *choses* que nous possédons et qui nous sont familières, les *endroits* que nous avons visités et où nous avons vécu à différents *moments* de notre vie et les nombreuses *expériences* que nous avons vécues au cours des ans sont tous configurés dans les structures de notre cerveau. Même le grand éventail d'actions et de comportements que nous avons mémorisés et répétés toute notre vie durant est imprimé dans les replis complexes de notre matière grise.

Dès lors, toutes nos expériences personnelles concernant des *gens* et des *choses* à des *moments* et des *endroits* spécifiques sont littéralement reflétées dans les réseaux de neurones (cellules nerveuses) qui constituent notre cerveau.

Comment appelons-nous collectivement tous ces « souvenirs » des gens et des choses que nous avons connus à divers moments et divers endroits dans notre vie ? C'est notre *environnement externe*. En très grande partie, notre cerveau est le reflet de notre environnement ; il contient les archives de notre passé personnel, il est le miroir de l'existence que nous avons vécue.

Durant nos heures d'éveil, lorsque nous interagissons avec les divers stimuli de notre monde, l'environnement externe active divers circuits cérébraux. Conséquemment à cette réaction quasi automatique, nous pensons (et réagissons) en reflétant notre environnement. Comme l'environnement suscite nos pensées, les réseaux des cellules nerveuses activent les expériences déjà présentes dans ce cerveau. Essentiellement, nous pensons automatiquement de la façon familière dérivée de nos souvenirs.

Si nos pensées déterminent notre réalité et que nous continuons à entretenir les mêmes pensées (qui sont le produit et le reflet de l'environnement), nous continuons à créer la même réalité jour après jour. Ainsi, nos pensées et nos sentiments correspondent exactement à notre réalité extérieure, car c'est celle-ci – avec tous ses problèmes, toutes ses conditions et ses circonstances – qui influence nos pensées et nos émotions dans notre réalité intérieure.

Les souvenirs familiers nous incitent à reproduire les mêmes expériences

Chaque jour, lorsque vous voyez les mêmes gens (votre employeur, votre conjoint ou conjointe, vos enfants), lorsque vous faites les mêmes choses (vous rendre au travail, effectuer vos tâches journalières et accomplir les mêmes exercices), lorsque vous allez aux mêmes endroits (votre snack-bar favori, l'épicerie habituelle, votre lieu de travail) et que vous voyez les mêmes objets (votre voiture, votre maison, votre brosse à dents et même votre corps), vos souvenirs familiers, associés à votre monde connu, vous incitent à reproduire les mêmes expériences.

On pourrait dire que l'environnement contrôle votre esprit. Puisque *l'esprit* se définit en neurosciences comme le cerveau en action, vous reproduisez sans cesse le même état d'esprit associé à ce que vous êtes par rapport au monde extérieur. Votre identité se définit par tout ce qui est extérieur à vous parce que vous vous identifiez à tous les éléments qui constituent votre monde extérieur. Ainsi, vous observez votre réalité avec un esprit qui est au même niveau qu'elle et vous faites donc s'effondrer les ondes de probabilités infinies du champ quantique en événements reflétant l'esprit que vous employez pour faire l'expérience de votre vie. Autrement dit, vous créez toujours la même chose.

Vous ne pensez peut-être pas que votre environnement et vos pensées se ressemblent autant et que votre réalité se reproduit aussi facilement. Cependant, si vous considérez que votre cerveau constitue une archive complète de votre passé et que votre esprit est le produit de votre conscience, peut-être en un sens votre pensée est-elle *toujours dans le passé*. En réagissant avec le même attirail cérébral correspondant à ce que vous vous rappelez, vous créez un état d'esprit identique à celui du passé parce que votre cerveau stimule automatiquement des circuits existants pour refléter tout ce que vous savez déjà, ce que vous avez vécu et que vous pouvez donc prévoir. Selon la loi quantique (qui, à propos, travaille toujours en votre faveur), votre passé devient maintenant votre futur.

Réfléchissez à ceci : quand vous pensez à partir de vos souvenirs, vous ne pouvez créer que des expériences semblables à celles du passé. Étant donné que tous les faits connus par votre cerveau le font penser et ressentir d'une façon familière, créant ainsi des résultats prévisibles, vous reproduisez en tout temps votre vie telle que vous la connaissez. Puisque votre cerveau reflète votre environnement, vos sens vous branchent chaque matin sur la même réalité et amorcent le même courant de conscience.

Tout l'apport sensoriel du monde extérieur traité par le cerveau (c'est-à-dire la vue, l'odorat, l'ouïe, le goût et le toucher) incite celui-ci à penser à partir de la réalité qui vous est connue. Vous ouvrez les yeux et vous savez que la personne couchée à vos côtés est votre conjoint ou votre conjointe, à cause de vos expériences communes. Vous entendez japper dehors et vous savez que c'est votre chien qui veut entrer. Vous ressentez une douleur au dos et vous savez que c'est la même que la veille. Vous associez votre monde extérieur familier à ce que vous pensez être, en vous rappelant à vous-même dans cette dimension, dans ce temps et cet espace particuliers.

Nos routines : nous brancher sur notre être passé

Que faisons-nous chaque matin après avoir été branchés sur notre réalité par ces rappels sensoriels de ce que nous sommes, de l'endroit où nous nous trouvons, et ainsi de suite ? Eh bien, nous demeurons branchés sur ce soi passé en suivant une routine inconsciente de comportements automatiques.

Par exemple, vous vous réveillez sans doute toujours du même côté du lit, vous enfilez toujours votre robe de chambre de la même façon, vous vous regardez dans le miroir pour vous rappeler qui vous êtes et vous vous douchez selon une routine automatique. Ensuite, vous vous arrangez pour avoir l'apparence que tout le monde attend de vous et vous vous brossez les dents de la façon habituelle que vous avez mémorisée. Vous buvez un café dans votre tasse favorite et vous mangez vos céréales. Vous revêtez ensuite l'habit que vous portez toujours et vous le boutonnez inconsciemment.

Vous prenez alors votre voiture et vous la conduisez automatiquement sur la même route que tous les matins. Au travail, vous effectuez les tâches familières que vous avez mémorisées, vous voyez les mêmes collègues qui suscitent en vous les mêmes réactions émotionnelles, lesquelles vous font penser les mêmes choses au sujet de ces gens-là, de votre travail et de votre vie.

Plus tard, vous vous dépêchez de rentrer chez vous, où vous vous hâtez de manger afin de regarder votre émission de télévision préférée, puis vous allez vite au lit en vous préparant à tout recommencer le lendemain. Votre cerveau a-t-il changé le moins du monde durant la journée ?

Pourquoi espérez-vous secrètement que quelque chose de différent apparaisse dans votre vie alors que vous entretenez chaque jour les mêmes pensées, que vous effectuez les mêmes actions et que vous éprouvez les mêmes émotions ? N'est-ce pas là la définition de l'aliénation mentale ? Nous sommes tous tombés à un moment ou l'autre dans ce piège d'une vie limitée. Vous comprenez maintenant pourquoi.

Dans l'exemple qui précède, on peut affirmer sans le moindre doute que vous reproduisez le même état d'esprit tous les jours. Si le monde quantique nous montre que l'environnement est le prolongement de notre esprit (et que cet esprit et la matière ne font qu'un), alors, tant que votre esprit demeurera le même, votre vie perpétuera le statu quo.

Selon le modèle quantique de la réalité, si votre environnement demeure le même et que vous réagissez en pensant de la même façon, ne créez-vous pas encore ce qui était déjà ? Voyez la chose ainsi : comme l'apport demeure le même, le résultat reste aussi le même. Comment pourriez-vous créer quelque chose de nouveau ?

Branché sur des temps difficiles

Je dois mentionner une autre conséquence possible de la stimulation quotidienne de schémas neuronaux identiques. Chaque fois que vous réagissez à votre réalité familière en créant de nouveau le même état d'esprit (en activant les mêmes cellules nerveuses pour faire travailler votre esprit d'une manière similaire), vous créez des connexions dans votre cerveau qui correspondent aux conditions coutumières de votre réalité personnelle, qu'elles soient bonnes ou mauvaises.

Il existe en neurosciences un principe appelé la loi de Hebb, selon laquelle «les cellules nerveuses qui sont stimulées ensemble se relient les unes aux autres». Cette loi démontre que si nous stimulons à répétition les mêmes cellules, il leur est plus facile de travailler ensemble chaque fois qu'elles s'activent. Ces neurones finissent par développer une relation à long terme[1].

Donc, quand j'emploie l'expression « créer des connexions », je veux dire que des groupes de neurones ont été stimulés tellement souvent de la même façon qu'ils se sont organisés en schémas spécifiques avec des connexions durables. Plus ces réseaux neuronaux sont stimulés, plus ils se relient dans des voies d'activité statiques. Avec le temps, quels que soient le comportement, la pensée ou le sentiment souvent répétés, ils deviennent une habitude inconsciente automatique. Quand notre environnement influence notre esprit à ce point, *votre habitude devient votre habitat*.

Par conséquent, si vous continuez à entretenir les mêmes pensées, à faire les mêmes choses et à éprouver les mêmes émotions, vous brancherez votre cerveau sur un schéma défini qui est le reflet direct de votre réalité limitée. Il s'ensuit qu'il vous sera alors plus facile et plus naturel de reproduire le même état d'esprit à tout moment.

Cet innocent cycle réactif fait que votre cerveau et ensuite votre esprit renforcent davantage la réalité particulière de votre monde extérieur. Plus vous stimulerez des circuits identiques en réagissant à votre vie extérieure, plus vous brancherez votre cerveau pour qu'il corresponde à votre monde personnel. Vous deviendrez attaché neurochimiquement aux conditions de votre existence. Avec le temps, votre pensée deviendra « cloisonnée » parce que votre cerveau stimulera un nombre limité de circuits qui créeront alors une signature mentale très spécifique. Cette signature est votre *personnalité*.

Comment se forme l'habitude d'être soi-même

Cette habitude neuronale a pour effet que les deux réalités de l'esprit et du monde extérieur semblent presque inséparables. Par exemple, si vous ne pouvez plus cesser de penser à vos problèmes, votre esprit et votre vie fusionneront. Le monde objectif se colorera des perceptions de votre esprit subjectif et la réalité s'y conformera sans cesse. Vous serez perdu dans l'illusion du rêve.

On pourrait appeler cela une ornière et nous y tombons tous, mais le problème est encore plus profond : ce ne sont pas seulement nos actions qui deviennent répétitives, mais aussi nos attitudes et nos sentiments. Nous avons formé l'habitude d'être nous-mêmes en devenant, en un sens, les esclaves de notre environnement. Notre pensée est devenue tributaire des conditions de notre existence. Ainsi, en tant qu'observateurs quantiques, nous créons un état d'esprit qui réaffirme ces circonstances dans notre réalité. Nous ne faisons que réagir à notre monde extérieur connu et qui ne change pas.

De façon très réelle, nous sommes devenus un effet des circonstances extérieures à nous-mêmes. Nous nous sommes permis d'abandonner le contrôle de notre destinée. Contrairement au personnage incarné par Bill Murray dans le film *Un jour sans fin* (*Groundhog Day*), [au Québec, *Le jour de la marmotte*], nous ne luttons même pas contre l'incessante monotonie de notre vie. Pire, nous ne sommes pas les victimes d'une force mystérieuse et invisible qui nous aurait placés dans cette boucle répétitive, mais plutôt les créateurs cette boucle.

Heureusement, comme nous avons créé nous-mêmes cette boucle, nous pouvons y mettre fin.

Le modèle quantique de la réalité nous apprend que pour changer notre vie, nous devons fondamentalement changer notre manière de penser, d'agir et de ressentir. Nous devons modifier notre état d'être. Comme notre manière de penser, de ressentir et d'agir constitue essentiellement notre personnalité, c'est notre *personnalité* qui crée notre *réalité personnelle*. Dès lors, pour créer une nouvelle réalité personnelle, une nouvelle vie, nous devons créer une nouvelle personnalité. Nous devons devenir quelqu'un d'autre.

Changer, c'est penser et agir plus grand que nos circonstances présentes et notre environnement.

La grandeur consiste à maintenir un rêve indépendant de l'environnement

Avant d'examiner les façons possibles de penser plus grand que l'environnement, et donc de rompre avec l'habitude d'être soi-même, je tiens à vous rappeler une chose.

Il est possible de penser plus grand que notre réalité présente. Les livres d'histoire regorgent de noms de femmes et d'hommes qui l'ont fait – Martin Luther King, William Wallace, Marie Curie, Gandhi, Thomas Edison ou Jeanne d'Arc. Chacun de ces individus entretenait dans son esprit le concept d'une réalité future qui existait potentiellement dans le champ quantique. Cette vision était vivante dans un monde intérieur de possibilités existant au-delà des sens et, avec le temps, chacun de ces individus a fait de ces idées une réalité.

Comme points communs, ils avaient tous un rêve, une vision ou un objectif plus grands qu'eux-mêmes. Ils croyaient tous à une destinée future qui était tellement réelle dans leur esprit qu'ils se sont mis à vivre comme si leur rêve se réalisait déjà. Ils ne pouvaient pas le voir ni l'entendre, ni le goûter, le sentir ou le palper, mais ils en étaient tellement possédés qu'ils agissaient avant le temps d'une façon correspondant à cette réalité potentielle avant qu'elle se soit produite. Autrement dit, ils se comportaient comme si leur vision était déjà devenue réalité.

Par exemple, le diktat impérialiste qui plaçait l'Inde sous la loi coloniale au début du dix-neuvième siècle démoralisait les Indiens. Malgré cela, Gandhi croyait à une réalité qui n'était pas encore présente dans la vie de son peuple. Il soutenait sans réserve les idées d'égalité, de liberté et de non-violence avec une conviction inextinguible.

Même si Gandhi désirait la liberté pour tous, la réalité tyrannique de la domination britannique, à cette époque, en était très éloignée. Les croyances classiques s'opposaient à ses espoirs et ses aspirations. Bien que l'expérience de la liberté ne fût pas une réalité lorsqu'il s'engagea à changer l'Inde, il ne laissa pas l'évidente adversité extérieure ébranler son idéal.

Pendant longtemps, le feedback qu'il recevait du monde extérieur ne lui indiquait nullement qu'il faisait avancer les choses. Pourtant, il n'a pas laissé souvent les conditions de son environnement déterminer son état d'être. Il croyait à un futur qu'il ne pouvait pas voir encore ni percevoir par ses sens, mais qui était tellement vivant dans son esprit qu'il ne pouvait pas vivre autrement. Il embrassait une nouvelle vie future tandis qu'il vivait physiquement sa vie présente. Il comprenait que sa manière de penser, d'agir et de ressentir modifierait les conditions de son environnement. Ses efforts ont fini par faire changer sa réalité.

Quand le comportement d'un individu correspond à ses intentions, quand ses actions correspondent à ses pensées, quand son esprit et son corps travaillent de concert, quand ses paroles et ses actes concordent, cet individu possède un pouvoir immense.

Les géants de l'histoire : pourquoi leur rêve était un « non-sens irréaliste »

Les plus grands personnages historiques étaient si résolument engagés envers une destinée future qu'ils n'avaient aucunement besoin d'un retour immédiat de leur environnement. Il leur importait peu de ne pas recevoir d'indication sensorielle ou de preuve physique du changement qu'ils désiraient accomplir. Ils devaient se rappeler chaque jour la réalité sur laquelle *ils* étaient focalisés. Leur esprit se trouvait *en avance* sur leur environnement parce que ce dernier ne déterminait plus leur pensée. Ils étaient véritablement en avance sur leur temps.

Un autre élément fondamental partagé par ces individus : ils avaient une idée claire de ce qu'ils désiraient voir advenir. (Rappelez-vous que nous laissons le *comment* à l'esprit supérieur, et ils le savaient sûrement.)

Bien sûr qu'ils devaient passer pour des êtres irréalistes aux yeux de plusieurs ! En fait, ils l'étaient complètement, tout comme leur rêve. L'événement auquel ils s'identifiaient en pensée, en action et en émotion n'était pas réaliste, car sa réalité n'était pas encore survenue. Les ignorants et les cyniques devaient aussi dire sans doute que la vision de ces individus était insensée, et ils avaient raison, car la vision d'une réalité future est un non-sens puisqu'elle existe dans une réalité qui se trouve au-delà des sens.

Autre exemple : on considérait Jeanne d'Arc comme une femme téméraire, sinon aliénée. Ses idées allaient à l'encontre des croyances de son époque et constituaient une menace pour le système politique de son temps. Pourtant, une fois que sa vision se fut manifestée, elle fut considérée comme profondément vertueuse.

Lorsqu'un individu entretient un rêve indépendant de son environnement, il a atteint la grandeur. Nous verrons plus loin que le dépassement de l'environnement est inextricablement lié à celui du corps et du temps. Quant à Gandhi, il n'était pas influencé par ce qui se passait dans son monde extérieur (l'environnement). Il ne se préoccupait pas de ce qu'il ressentait ni de ce qui pouvait lui arriver, et il ne se souciait aucunement du temps qu'il faudrait pour réaliser son rêve de liberté. Il savait simplement que tous ces éléments se plieraient tôt ou tard à ses intentions.

Se peut-il que, chez tous les géants de l'histoire, les idées se soient développées dans le laboratoire de leur esprit à un point tel que, pour leur cerveau, l'expérience s'était déjà produite ? Pourriez-vous également modifier votre être par le seul pouvoir de la pensée ?

L'exercice mental : comment nos pensées peuvent devenir notre expérience

Les neurosciences ont prouvé que nous pouvons modifier notre cerveau – et donc nos croyances, nos attitudes et notre comportement – simplement par la pensée (autrement dit, sans rien changer à notre environnement). Par l'exercice de la répétition mentale (imaginer plusieurs fois que nous accomplissons une action), les circuits cérébraux peuvent se réorganiser afin de refléter notre objectif. Nous pouvons rendre nos pensées si réelles que le cerveau se modifie pour faire comme si l'événement était déjà une réalité physique. Nous pouvons le modifier de façon qu'il soit en avance sur une expérience réelle qui surviendra plus tard dans notre monde extérieur.

Voici un exemple. Dans mon premier livre, *Evolve Your Brain*, j'ai expliqué comment des sujets d'étude qui effectuaient *mentalement* des exercices de piano d'une seule main deux heures par jour durant cinq jours (sans jamais toucher concrètement à des notes de piano) manifestaient presque exactement les mêmes changements cérébraux que les sujets qui effectuaient *physiquement* les mêmes exercices sur un clavier de piano pendant le même laps de temps[2]. Des analyses fonctionnelles du cerveau ont démontré que tous les participants activaient et augmentaient des groupes de neurones dans la même région de leur cerveau. Essentiellement, les sujets qui s'exerçaient mentalement à jouer des gammes et des accords développaient presque le même nombre de circuits cérébraux que ceux qui s'étaient engagés physiquement dans cette activité.

Cette étude révèle deux points importants. Non seulement nous pouvons modifier notre cerveau simplement par la pensée, mais, quand nous sommes vraiment focalisés, le cerveau ne fait pas la différence entre le monde intérieur et ce dont nous faisons l'expérience dans l'environnement extérieur. Nos pensées peuvent devenir notre expérience.

Cette idée est cruciale quant à la réussite ou à l'échec de nos efforts pour élaguer de vieilles habitudes (élaguer les vieilles connexions neuronales) par de nouvelles (faire apparaître de nouveaux réseaux neuronaux). Voyons donc de plus près comment la même séquence d'apprentissage a eu lieu chez les sujets qui se sont exercés mentalement à jouer du piano sans jamais toucher aucune note.

*****

Qu'il s'agisse d'acquérir une aptitude physiquement ou mentalement, quatre éléments sont nécessaires pour modifier notre cerveau : apprendre la connaissance requise, recevoir un enseignement pratique, prêter attention, s'exercer.

L'apprentissage consiste à établir des connexions synaptiques. L'enseignement pratique fait connaître au corps une nouvelle expérience qui enrichit davantage le cerveau. Quand nous prêtons attention et que nous exerçons convenablement notre nouvelle aptitude, le cerveau se modifie.

Les sujets qui ont joué physiquement des gammes et des accords de piano ont développé de nouveaux circuits cérébraux parce qu'ils ont suivi cette formule. Dans leur esprit, ils ont pu facilement concevoir qu'ils jouaient du piano.

Nous avons vu que le cerveau des sujets qui se sont exercés mentalement a manifesté les mêmes changements neurologiques que celui des participants qui avaient réellement joué de l'instrument. De nouveaux réseaux de neurones (réseaux neuronaux) se sont créés, démontrant que ces sujets s'étaient vraiment engagés dans l'exercice de gammes et d'accords de piano sans en vivre l'expérience physique. On pourrait dire que leur cerveau « existait dans le futur », en avance sur l'événement physique (jouer du piano).

En raison de l'élargissement de notre lobe frontal et de notre aptitude unique à rendre la pensée plus réelle que tout, le prosencéphale peut naturellement « réduire le volume » de l'environnement extérieur afin qu'une seule pensée soit traitée. Ce type de traitement mental permet d'imaginer que le cerveau modifiera sa configuration sans avoir vécu l'événement réel. Quand nous pourrons modifier notre esprit indépendamment de l'environnement et embrasser résolument un idéal avec une concentration soutenue, le cerveau sera *en avance* sur l'environnement.

Voilà ce qu'est l'exercice de répétition mentale, un outil important pour perdre l'habitude d'être nous-mêmes. Si nous pensons répétitivement à quelque chose à l'exclusion de tout le reste, il arrive un moment où la pensée devient l'expérience. Quand cela se produit, le matériel neuronal est reconfiguré pour refléter la pensée comme expérience. C'est le moment où la pensée modifie le cerveau et donc notre esprit.

Pour réussir à perdre l'habitude d'être nous-mêmes, il est crucial de comprendre que ce changement neurologique peut survenir en l'absence d'interaction physique dans l'environnement. Considérez les vastes implications de l'expérience de l'exercice des doigts. Si nous appliquons le même processus – l'exercice mental – à autre chose, nous pouvons modifier notre cerveau avant toute expérience concrète.

Si nous pouvons modifier le cerveau *avant* de vivre un événement désiré, nous créerons les circuits neuronaux appropriés qui nous permettront de nous comporter en accord avec nos intentions avant qu'elles ne deviennent une réalité. En vous exerçant mentalement à mieux penser, à mieux agir ou à mieux être, vous « installerez » le matériel neuronal nécessaire pour vous préparer physiologiquement au nouvel événement.

En réalité, vous ferez davantage. Le « matériel cérébral » est la structure physique du cerveau, son anatomie, jusqu'aux neurones. Si vous continuez à installer votre matériel neurologique, à le renforcer et à le perfectionner, il en résultera un réseau neuronal, soit un nouveau logiciel. Tout comme les programmes informatiques, ce programme (par exemple, un comportement, une attitude ou un état émotionnel) fonctionnera alors automatiquement.

Vous aurez alors préparé votre cerveau à une nouvelle expérience et votre esprit sera vraiment prêt à relever le défi. Lorsque nous modifions notre esprit, le cerveau se modifie, et lorsque nous modifions le cerveau, notre esprit se modifie.

Ainsi, quand viendra le temps de démontrer une vision contraire aux conditions environnementales régnantes, il est fort possible que vous soyez déjà préparé à penser et à agir avec une conviction inébranlable. En fait, plus vous formulerez l'image de votre comportement dans un événement futur, plus il vous sera facile d'exécuter une nouvelle manière d'être.

Êtes-vous capable de croire à un futur que vous ne pouvez pas encore voir ni expérimenter avec vos sens, mais auquel vous avez pensé assez souvent pour que votre esprit se modifie de façon à ressembler à l'expérience qui a déjà eu lieu en avance sur l'événement physique qui surviendra dans votre environnement? Si oui, votre cerveau n'est plus un registre du passé, car il est devenu une carte géographique du futur.

Maintenant que vous savez que vous pouvez modifier votre cerveau seulement par la pensée, vous est-il possible de modifier votre corps pour qu'il «ait l'air» lui aussi d'avoir vécu une expérience en avance sur la situation réelle souhaitée? Notre esprit est-il puissant à ce point? Restez là.

CHAPITRE 3

TRANSCENDER LE CORPS

Nous ne pensons pas dans le vide. Chaque fois que nous avons une pensée, une réaction chimique s'ensuit dans le cerveau ; nous fabriquons une substance chimique. Comme nous le verrons plus loin, le cerveau émet alors des signaux chimiques spécifiques à l'intention du corps, où ils font office de messagers de la pensée. Quand le corps les reçoit, il s'y soumet à l'instant en amorçant une série de réactions qui correspondent exactement à ce que pense le cerveau. Ensuite, il envoie immédiatement un message de confirmation au cerveau pour signifier qu'il *ressent* exactement ce que *pense* ce dernier.

Pour comprendre ce processus – comment la pensée est en accord avec le corps et comment former un nouvel esprit –, vous devez d'abord apprécier le rôle que jouent dans votre vie votre cerveau et ses réactions chimiques. Au cours des dernières décennies, nous avons découvert que le cerveau et le reste du corps étaient en interaction au moyen de puissants signaux électrochimiques. Entre nos oreilles existe une importante usine chimique qui orchestre une myriade de fonctions corporelles. Mais ne vous inquiétez pas : il s'agit ici de « chimie cérébrale 101 » et vous n'aurez besoin de connaître que le sens de quelques termes.

Toutes les cellules ont sur leur surface des récepteurs qui reçoivent de l'information de l'extérieur. Quand il y a correspondance chimique, vibratoire et électrique entre un récepteur et un signal en provenance de l'extérieur, la cellule est « activée » pour accomplir certaines tâches.

L'ACTIVITÉ CELLULAIRE

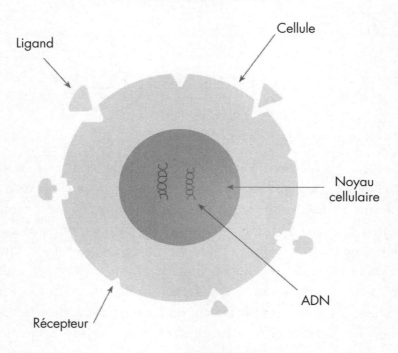

Figure 3A. La cellule avec les récepteurs qui reçoivent une information vitale en provenance de l'extérieur. Le signal peut inciter la cellule à effectuer de nombreuses fonctions biologiques.

Les *neurotransmetteurs*, les *neuropeptides* et les *hormones* sont les substances chimiques de cause à effet qui interviennent dans l'activité cellulaire et le fonctionnement du corps. Ces trois substances chimiques, appelées *ligands* (le mot latin *ligare* signifie « lier »), se connectent à la cellule, interagissent avec elle ou l'influencent en une fraction de seconde.

- Les **neurotransmetteurs** sont des messagers chimiques qui envoient principalement des signaux entre les cellules nerveuses, permettant ainsi au cerveau et au système nerveux de communiquer entre eux. Il y a divers types de neurotransmetteurs, et chacun est responsable d'une activité particulière. Certains stimulent le cerveau tandis que d'autres le ralentissent et que d'autres encore nous rendent somnolents ou éveillés. Ils peuvent dire à un neurone de se décrocher de sa connexion présente ou de la renforcer. Ils sont même capables de modifier le message qui est en route vers les neurones, de sorte qu'un message différent sera livré à toutes les cellules nerveuses connectées.
- Les **neuropeptides**, le deuxième type de ligand, constituent la majorité de ces messagers. La plupart sont produits dans une structure du cerveau appelée hypothalamus (de récentes études révèlent que le système immunitaire en fabrique aussi). Ces substances chimiques passent par la glande pituitaire, qui envoie alors au corps un message chimique comportant des instructions précises.
- En voyageant dans le flux sanguin, les neuropeptides s'attachent aux cellules de divers tissus (principalement les glandes) et stimulent alors le troisième type de ligand, les **hormones**, qui influencent notre état émotif. Les neuropeptides et les hormones sont les substances chimiques responsables de nos sentiments ou émotions.

Pour les besoins de notre propos, considérons les neurotransmetteurs comme des messagers chimiques provenant surtout du cerveau et de l'esprit, les neuropeptides comme des signaleurs servant de lien entre le cerveau et le corps pour que nous ressentions ce que nous pensons, et les hormones comme les substances chimiques associées aux émotions, principalement dans le corps.

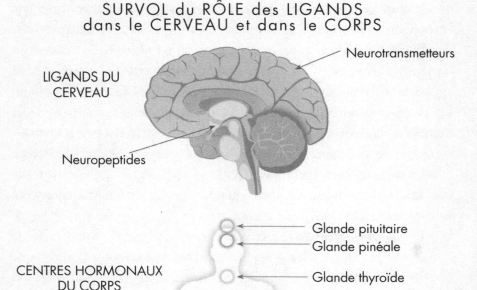

Figure 3B. Les neurotransmetteurs sont divers messagers chimiques qui circulent entre les neurones. Les neuropeptides sont des courriers chimiques qui indiquent à diverses glandes du corps de fabriquer des hormones

Par exemple, quand nous avons un fantasme sexuel, ces trois facteurs entrent en action. Dès les premières pensées, le cerveau attise certains neurotransmetteurs qui activent un réseau de neurones, ce qui crée des images mentales. Puis ces substances chimiques suscitent la libération de neuropeptides spécifiques dans le flux sanguin. Quand ceux-ci atteignent les glandes sexuelles, ils se lient aux cellules de ces tissus. Ils activent le système hormonal et le plaisir commence *subito presto*. Nous avons rendu tellement réelles nos pensées fantasmatiques que le corps se prépare peu à peu à une expérience sexuelle réelle (en avance sur l'événement). Voilà à quel point l'esprit et le corps sont liés.

De la même façon, si vous vous mettez à penser à un affrontement avec votre adolescent au sujet d'une égratignure nouvellement apparue sur la voiture, vos neurotransmetteurs amorceront le processus cérébral produisant un état d'esprit spécifique, les neuropeptides fourniront au corps un certain signal chimique et vous commencerez à vous énerver. Lorsque les peptides rejoindront les glandes surrénales, ils libéreront les hormones que sont l'adrénaline et le cortisol, et vous sentirez monter la colère. Chimiquement, votre corps sera alors prêt au combat.

La boucle des pensées et des sentiments

Quand nous entretenons diverses pensées, nos circuits cérébraux réagissent par des séquences, des combinaisons et des schèmes qui créent l'état d'esprit correspondant à ces pensées. Une fois que ces réseaux de neurones spécifiques sont activés, le cerveau fabrique des substances chimiques particulières ayant la signature exacte correspondant à ces pensées, afin que nous ressentions ce que nous pensons.

Par conséquent, quand nous entretenons des pensées d'amour ou de joie, nous produisons des substances chimiques qui nous rendent aimants ou joyeux. Il en est de même si nous entretenons des pensées de crainte ou d'impatience. En quelques secondes à peine, nous nous sentons négatifs, anxieux ou impatients.

Une certaine synchronie a lieu entre le cerveau et le corps. En fait, lorsque nous commençons à ressentir nos pensées – parce que le cerveau est en communication constante avec le corps –, nous commençons à penser ce que nous ressentons. Le cerveau vérifie constamment ce que le corps ressent. Selon la réaction chimique qu'il reçoit, il génère davantage de pensées produisant les substances chimiques correspondant à ce que le corps ressent, de sorte que nous commençons à *ressentir* ce que nous *pensons*, puis à *penser* ce que nous *ressentons*.

LE CYCLE de la PENSÉE et de l'ÉMOTION

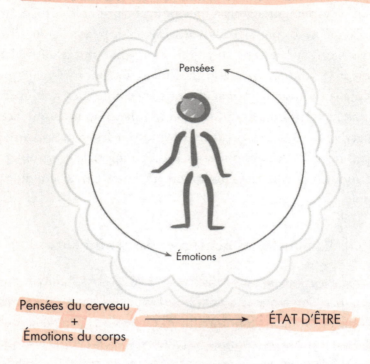

Figure 3C. La relation neurochimique entre le cerveau et le corps. Quand nous entretenons certaines pensées, le cerveau fabrique des substances chimiques qui font en sorte que nous ressentons exactement ce que nous pensons. Dès lors, nous nous mettons à penser ce que nous ressentons. Ce cycle continuel crée une réaction en boucle appelée « état d'être ».

Nous approfondirons cette idée tout au long de ce livre, mais disons pour l'instant que les pensées sont principalement associées à l'esprit (et au cerveau) et que les émotions sont associées au corps. Par conséquent, lorsque les émotions du *corps* s'alignent sur les pensées d'un état d'*esprit* particulier, l'esprit et le corps travaillent ensemble. Comme nous l'avons vu, quand l'esprit et le corps sont à l'unisson, le résultat final est un « état d'être ». On pourrait dire également que l'interaction continuelle de la pensée et de l'émotion crée un état d'être qui exerce des effets sur notre réalité.

Un état d'être suppose que nous nous sommes familiarisés avec un état mental/émotionnel, une façon de penser et de ressentir qui est devenue partie intégrante de notre identité. Nous nous définissons donc par ce que nous pensons (et ressentons) ou par ce que nous sommes dans l'instant présent. *Je suis fâché; je souffre; je suis inspiré; je suis anxieux; je suis négatif...*

Quand nous entretenons les mêmes pensées et que nous éprouvons les mêmes émotions pendant des années, et que nos pensées correspondent à ces émotions (le hamster dans sa cage), nous créons un état d'être *mémorisé* que nous considérons comme un absolu. Nous en sommes rendus au point de *nous définir par cet état d'être*. Nos pensées et nos émotions ont fusionné.

Par exemple, nous disons : « J'ai toujours été paresseux. Je suis quelqu'un d'anxieux. Je ne suis jamais sûr de moi. Je doute de ma valeur. Je suis irritable et impatient. Je ne suis pas vraiment très intelligent », et ainsi de suite. Ces sentiments particuliers mémorisés contribuent à tous nos traits de personnalité.

Avertissement : si les émotions sont devenues un mode de pensée ou si nous ne pouvons pas penser plus grand que ce que nous ressentons, nous ne changerons jamais. *Changer, c'est penser plus grand que nos émotions.* Changer, c'est agir plus grand que les émotions familières du soi mémorisé. C'est penser et agir plus grand que son corps.

Prenons un exemple concret. Disons qu'un matin, en vous rendant au travail, vous repensez à un échange verbal musclé que vous avez eu avec un collègue quelques jours auparavant. Lorsque ressurgissent les pensées associées à cette personne et à cette expérience particulière, votre cerveau libère des substances chimiques qui circulent dans votre organisme. Très rapidement, vous commencez à *ressentir* exactement ce que vous *pensez*. Vous devenez sans doute en colère.

Votre corps renvoie alors un message à votre cerveau, lui disant : « Je suis vraiment fâché. » Bien sûr, votre cerveau, qui est sans cesse en communication avec votre corps et qui en surveille l'ordre chimique interne, est influencé par votre changement d'humeur soudain. Il en résulte que vous commencez à penser différemment. (Dès que vous commencez à *ressentir* ce que vous *pensez*, vous commencez à *penser* ce que vous *ressentez*.) Vous renforcez inconsciemment le même sentiment en continuant à penser sur un mode fâché et à entretenir des pensées de frustration, ce qui vous rend alors encore plus fâché et frustré. En effet, vos sentiments contrôlent maintenant votre pensée. Votre corps dirige maintenant votre esprit.

À mesure que le cycle se poursuit, vos pensées colériques envoient davantage de signaux chimiques à votre corps, ce qui active les substances surrénales associées à votre colère. Vous devenez enragé et agressif. Votre estomac se resserre, votre tête vous martèle et vos muscles se crispent. Alors que toutes ces émotions envahissent le corps et en modifient la physiologie, ce cocktail chimique active une série de circuits cérébraux, vous faisant penser en fonction de ces émotions.

Voilà que vous réprimandez mentalement votre collègue de dix façons différentes. Vous énumérez avec indignation une litanie d'événements antérieurs qui justifient votre colère présente, en concevant une lettre réunissant toutes ces plaintes que vous avez toujours voulu exprimer. Dans votre esprit, vous l'avez déjà envoyée à votre collègue avant même d'arriver au travail. Quand vous sortez de votre voiture, fou de rage, vous êtes à un cheveu de l'homicide. Vous êtes alors le modèle parfait de l'individu en colère, bien que tout cela n'ait commencé que par une seule pensée. À ce moment-là, il vous paraît impossible de penser plus grand que vos émotions. C'est pourquoi il est si difficile de changer.

Il résulte de cette communication cyclique entre votre cerveau et votre corps que vous tendez à réagir de manière prévisible à ce genre de situation. Vous créez les schèmes des mêmes pensées et émotions familières, vous vous comportez inconsciemment avec automatisme et vous êtes enlisé dans cette routine. Voilà comment fonctionne votre être chimique.

Lequel des deux contrôle l'autre : votre esprit ou votre corps ?

Pourquoi est-ce si difficile de changer ?

Imaginez que votre mère aimait souffrir et qu'à la suite d'une longue observation vous avez vu inconsciemment que ce schème de comportement lui permettait d'obtenir ce qu'elle désirait dans la vie. Disons aussi que vous avez vécu vous-même quelques expériences difficiles qui vous ont fait souffrir un peu. Ces souvenirs suscitent encore une réaction émotive centrée sur une personne particulière s'étant trouvée à un endroit précis à un certain moment de votre vie. Vous avez souvent repensé au passé et ces souvenirs ressurgissent facilement, presque automatiquement. Imaginez maintenant que vous avez pensé à la souffrance, ressenti la souffrance, et vice-versa, durant plus de vingt ans.

En réalité, vous n'avez plus besoin de repenser à l'événement passé pour créer l'émotion qui lui est associée. Vous ne pouvez plus penser ni agir autrement qu'en accord avec ce que vous avez toujours ressenti. Vous avez mémorisé la souffrance grâce à vos pensées et à vos émotions récurrentes, soit celles qui sont liées à cet incident ou à d'autres événements de votre existence. Vos pensées concernant votre existence sont colorées par un sentiment de persécution et d'apitoiement sur soi. La répétition des mêmes pensées et des mêmes sentiments durant plus de vingt ans a conditionné votre corps à se souvenir du sentiment de souffrance sans l'aide de la pensée consciente. Cela vous semble à ce jour aussi naturel que normal. C'est ce que vous êtes. Chaque fois que vous essayez de changer quelque chose en vous, c'est comme si le passé vous revenait comme un boomerang. Vous redevenez ce que vous étiez.

La plupart des gens ne savent pas que, lorsqu'ils pensent à une expérience comportant une forte charge émotive, leur cerveau réactive exactement les mêmes séquences et les mêmes schèmes qu'auparavant. Ils stimulent leur cerveau à se brancher sur le passé en renforçant ces circuits, qui forment alors des réseaux encore plus résistants. Ils reproduisent aussi les mêmes substances chimiques dans le cerveau et dans le corps (à divers degrés) comme s'ils revivaient l'expérience. Ces substances chimiques entraînent le corps à mémoriser davantage cette émotion. Les résultats chimiques de la pensée et de l'émotion, ainsi que l'action commune des neurones, conditionnent l'esprit et le corps à reproduire une série limitée de programmes automatiques.

Nous sommes capables de revivre encore et encore un événement passé, peut-être des milliers de fois en une seule vie. C'est cette répétition inconsciente qui entraîne le corps à se rappeler cet état émotionnel autant ou mieux que ne le fait l'esprit conscient. Quand le corps se souvient mieux que l'esprit, c'est-à-dire quand le corps *est* l'esprit, cela s'appelle une *habitude*.

Les psychologues affirment que notre identité ou personnalité est complètement formée à la mi-trentaine. Cela veut dire que ceux d'entre nous qui sont âgés de plus de 35 ans ont mémorisé une série de comportements, d'attitudes, de croyances, de réactions émotionnelles, d'habitudes, d'aptitudes, de souvenirs associés, de réactions conditionnées et de perceptions qui sont maintenant programmés en eux. Ces programmes nous régissent parce que notre corps est devenu notre esprit.

Cela signifie que nous entretenons les mêmes pensées, que nous éprouvons les mêmes émotions, que nous avons les mêmes réactions et les mêmes comportements, que nous adhérons aux mêmes dogmes et percevons la réalité de la même façon. Dans la quarantaine[1], environ 95 % de notre personnalité est constituée d'une série de programmes subconscients qui sont devenus automatiques : conduire notre voiture, nous brosser les dents, trop manger quand nous sommes stressés, nous inquiéter de l'avenir, juger nos amis, nous plaindre de notre existence, blâmer nos parents, ne pas croire en nous-mêmes, et insister pour être des malheureux chroniques, etc.

Souvent, nous avons seulement l'air d'être éveillés

Puisque le corps devient l'esprit *subconscient*, il est facile de voir que dans les situations où c'est le cas, l'esprit *conscient* n'a plus grand-chose à voir avec notre comportement. Dès que nous avons une pensée, une émotion ou une réaction, le corps fonctionne en pilote automatique. Nous devenons inconscients.

Prenons l'exemple d'une mère qui conduit une camionnette pour déposer ses enfants à l'école. Comment peut-elle réussir en même temps à naviguer dans la circulation, à apaiser une dispute, à boire son café, à changer de vitesse et à aider son fils à se moucher ? Un peu comme un programme informatique, ces actions sont devenues des fonctions automatiques très faciles à accomplir. Le corps de cette femme fait tout cela avec brio parce qu'il a mémorisé par la répétition *comment* effectuer tous ces actes. Cette mère n'a plus aucune pensée consciente de la façon de poser ces gestes, car ils sont devenus des habitudes.

Réfléchissez un peu à ceci : l'esprit est conscient à 5 % par rapport à 95 % de programmes subconscients automatiques. Nous avons tellement bien mémorisé une série de comportements que nous sommes devenus des corps/esprits automatiques. En fait, quand le corps a mémorisé une pensée, une action ou une émotion au point de devenir l'esprit – quand l'esprit et le corps ne font plus qu'un –, nous sommes notre propre mémoire. Tel est notre état d'être. Si 95 % de ce que nous sommes à 35 ans constituent une série de programmes involontaires, de comportements mémorisés et de réactions émotives coutumières, il s'ensuit que nous sommes inconscients pendant 95 % de la journée. Nous avons seulement l'air d'être éveillés. Quelle horreur !

Ainsi, un individu peut désirer consciemment être heureux, en santé ou libre, mais l'expérience d'avoir hébergé vingt années de souffrance, combinée au cycle répétitif des substances chimiques de la douleur et de l'apitoiement, a conditionné subconsciemment le corps à cet état d'être. Nous vivons par habitude quand nous ne sommes plus conscients de ce que nous pensons, faisons ou ressentons. Nous sommes devenus inconscients.

La plus grande habitude dont nous devons nous débarrasser, c'est celle d'être nous-mêmes.

Quand le corps dirige les opérations

Voici quelques exemples de situations où le corps est dans un état d'habitude. Vous est-il déjà arrivé d'être incapable de vous rappeler consciemment un numéro de téléphone ? Vous aviez beau essayer, vous ne pouviez même pas vous rappeler les trois premiers chiffres. Et pourtant vous avez décroché le combiné et regardé vos doigts composer le numéro. Votre cerveau pensant conscient ne pouvait se rappeler le numéro, mais vous aviez déjà exécuté cette action tellement de fois avec vos doigts que votre corps s'en souvient maintenant mieux que votre cerveau. (Cet exemple était pour ceux et celles qui ont grandi avant l'apparition des cellulaires et de la composition automatique. Peut-être avez-vous connu la même expérience en composant votre numéro d'identification personnel dans un guichet automatique ou en entrant un mot de passe sur Internet.)

De même, à une certaine époque, je m'exerçais dans un gymnase où j'avais un casier avec un cadenas à combinaison. J'étais tellement épuisé après l'entraînement que je n'arrivais pas à me souvenir de la combinaison. Je regardais le cadran en essayant de me rappeler la séquence de trois chiffres, mais elle ne faisait pas surface. Cependant, lorsque je commençais à faire tourner le cadran, la combinaison me revenait comme par magie. Encore une fois, cela se produit parce que nous avons répété un même geste tellement de fois que notre corps le connaît mieux que notre esprit conscient. Le corps est devenu subconsciemment l'esprit.

Souvenez-vous que 95 % de notre personnalité à l'âge de 35 ans se trouve dans ce même système mémoriel subconscient, où le corps exécute automatiquement une série programmée de comportements et de réactions émotionnelles. Autrement dit, le corps dirige les opérations.

Quand le serviteur devient le maître

En vérité, le corps est le serviteur de l'esprit. Il s'ensuit que si le corps est devenu l'esprit, le serviteur est devenu le maître. L'ancien maître (l'esprit conscient) s'est endormi. L'esprit peut *penser* qu'il est toujours chargé des opérations, mais le corps suscite des décisions correspondant aux émotions qu'il a mémorisées.

Supposons ici que l'esprit désire reprendre le contrôle. Que dira alors le corps ?

« Où étais-tu ? Rendors-toi. Je suffis à la tâche. Tu n'as ni la volonté, ni la persévérance, ni la conscience nécessaires pour faire ce que j'ai fait pendant tout ce temps où tu obéissais à mes ordres inconsciemment. J'ai même modifié mes récepteurs au cours des ans afin de mieux te servir. Tu pensais diriger les opérations tandis que je t'influençais sans cesse en t'incitant à prendre toutes tes décisions conformément à ce qui t'est familier. »

Quand les 5 % conscients s'opposent aux 95 % qui exécutent des programmes automatiques subconscients, les 95 % sont si réactifs qu'il suffit d'une seule pensée parasite ou d'un seul stimulus de l'environnement pour réamorcer le programme automatique. Nous revenons alors à la même vieille routine : les mêmes pensées, les mêmes actions, *tout en espérant que quelque chose de différent survienne dans notre vie.*

Quand nous essayons de reprendre le contrôle, le corps dit au cerveau de nous dissuader de nos objectifs conscients. Notre « jacasseur intérieur » fait surgir une série de raisons pour lesquelles nous ne devrions pas tenter de faire quoi que ce soit qui sorte de l'ordinaire et qui rompe avec l'état d'être auquel nous sommes habitués. Il énumère toutes nos faiblesses, qu'il connaît bien et qu'il entretient.

Nous créons alors mentalement les pires scénarios afin de ne pas nous élever au-dessus de nos émotions familières, car lorsque nous essayons de briser l'ordre chimique interne dont nous avons fait notre seconde nature, le corps se retrouve dans le chaos. Son harcèlement intérieur est presque irrésistible et nous y succombons très souvent.

Pénétrer dans le subconscient pour le changer

L'esprit subconscient connaît uniquement les fonctions pour lesquelles nous l'avons programmé. Vous est-il déjà arrivé, alors que vous écriviez sur le clavier de votre portable, de voir votre ordinateur exécuter des programmes automatiques sur lesquels vous n'aviez aucun contrôle ? Quand vous essayez d'utiliser l'esprit conscient pour arrêter les programmes subconscients automatiques stockés dans votre corps, c'est comme si vous vous mettiez à crier à un ordinateur fou qui exécute plusieurs programmes en même temps et dont l'écran fait surgir plus de fenêtres que vous ne pouvez en gérer : *Hé ! arrête !* L'ordinateur n'enregistrera même pas votre ordre. Il continuera ainsi jusqu'à ce que vous interveniez, c'est-à-dire jusqu'à ce que vous changiez certains paramètres du système d'exploitation.

Vous apprendrez dans ce livre comment entrer dans le subconscient et le reprogrammer avec une nouvelle série de stratégies. Vous devez en effet *désapprendre* ou débrancher votre vieille pensée et vos vieux schémas émotionnels, puis *réapprendre* ou rebrancher dans votre cerveau de nouveaux schémas de pensée et d'émotion fondés sur ce que vous désirez être. Quand nous conditionnons le corps à un nouvel esprit, tous deux ne peuvent plus travailler en opposition et doivent être en harmonie. Nous en sommes alors au stade du changement… ou de la création de soi.

Coupable jusqu'à preuve du contraire

Prenons comme exemple une situation réelle pour illustrer ce qui se passe lorsque nous décidons de rompre avec un état émotionnel mémorisé et de modifier notre esprit. Je pense que nous pouvons nous référer à un état d'être commun : la *culpabilité*. Je vais donc m'en servir pour illustrer en termes pratiques comment ce cycle de la pensée et de l'émotion travaille contre nous. J'indiquerai ensuite certains efforts que le système corps/cerveau accomplira pour conserver le contrôle et préserver cet état d'être négatif.

Imaginez que vous vous sentez fréquemment coupable de quelque chose. Quand un problème surgit dans une relation – un simple malentendu qui vous attire indûment la colère de l'autre personne –, vous assumez le blâme et vous en êtes malheureux. Représentez-vous ici comme quelqu'un qui dit ou pense constamment *que c'est de sa faute*.

Au bout de vingt ans d'une telle attitude, vous vous sentez coupable automatiquement et vous entretenez des pensées d'auto-accusation. Vous vous êtes créé un environnement de culpabilité. D'autres facteurs y ont contribué, mais, pour l'instant, restons-en à l'idée que vos pensées et vos émotions ont créé votre état d'être et votre environnement.

Chaque fois que vous avez une pensée d'auto-accusation, vous donnez à votre corps le signal de fabriquer des substances chimiques spécifiques qui créent le sentiment de culpabilité. Vous l'avez fait tellement souvent que vos cellules baignent dans une mer de substances chimiques culpabilisantes.

Vos récepteurs cellulaires s'adaptent afin de mieux traiter cette expression chimique particulière, celle de la culpabilité. Les cellules finissent par trouver normale l'énorme quantité de culpabilité dans laquelle elles baignent, et ce que le corps perçoit comme normal est interprété comme agréable. C'est comme de vivre plusieurs années près d'un aéroport. On s'habitue tellement au bruit qu'on ne l'entend plus consciemment, jusqu'au jour où un jet passe plus bas que d'habitude et que le mugissement de ses moteurs attire notre attention. Il en va de même pour vos cellules. Elles deviennent littéralement désensibilisées au sentiment chimique de la culpabilité et requièrent donc de vous une émotion plus forte – un seuil de stimulation plus élevé – pour s'activer la fois suivante. Quand cette « dose » plus intense de substances chimiques culpabilisantes obtient l'attention du corps, vos cellules s'animent sous cette stimulation, un peu comme avec la première tasse de java d'un buveur de café.

Quand chaque cellule se divise à la fin de sa vie et crée une cellule fille, les récepteurs à la surface de la nouvelle cellule requièrent un seuil de culpabilité plus élevé pour s'activer. Le corps demande désormais un plus grand apport émotionnel de culpabilité pour se sentir *vivant*. Vous êtes devenu par vous-même dépendant de la culpabilité.

Quand quelque chose ne va pas bien dans votre vie, vous présumez aussitôt que vous en êtes coupable. Cela vous semble désormais normal. Vous n'avez même pas besoin de penser à vous sentir coupable, car vous êtes tout simplement ainsi. Non seulement votre esprit n'est-il pas conscient de la façon dont vous exprimez votre état de culpabilité par vos paroles ou vos actes, mais votre corps veut ressentir sa culpabilité habituelle, car vous l'y avez entraîné. Vous êtes coupable inconsciemment la plupart du temps. Votre corps est devenu l'esprit de la culpabilité.

C'est seulement quand, par exemple, une amie vous fait remarquer que vous n'avez pas à vous excuser à la caissière d'un magasin qui ne vous a pas remis la monnaie exacte, que vous vous rendez compte à quel point cet aspect de votre personnalité est devenu envahissant. Cela déclenche un moment d'illumination et vous vous dites qu'elle a raison. Vous vous demandez alors pourquoi vous vous excusez sans arrêt et pourquoi vous assumez la responsabilité des erreurs de tout le monde. Après avoir réfléchi à cette attitude que vous avez de toujours plaider coupable, vous vous dites que vous allez cesser de vous blâmer et de vous excuser pour le mauvais comportement des autres, et que vous allez changer.

Étant donné votre décision, vous n'aurez plus les mêmes pensées qui engendrent les mêmes sentiments, et inversement. Vous avez pris envers vous-même l'engagement de faire une pause pour vous rappeler votre intention si jamais vous hésitez. Au bout de deux heures, vous êtes vraiment content de vous. Vous vous dites que *ça fonctionne vraiment*.

Malheureusement, vos cellules ne sont pas aussi contentes. Vous les avez entraînées durant des années à exiger davantage de molécules d'émotion (en l'occurrence la culpabilité) pour satisfaire leurs besoins chimiques. Vous avez entraîné votre corps à vivre dans une continuité chimique mémorisée, mais voici que vous interrompez le processus, lui refusant ses besoins chimiques et allant même à l'opposé de ses programmes subconscients.

Le corps devient dépendant de la culpabilité ou de toute autre émotion de la même façon qu'il peut devenir dépendant d'une drogue[2]. Au début, vous n'avez besoin que d'une petite quantité de l'émotion/drogue afin de la ressentir. Puis votre corps se désensibilise et vos cellules en requièrent une quantité de plus en plus grande pour ressentir la même chose qu'avant. Changer de schéma émotionnel ressemble au sevrage d'une drogue.

Une fois que vos cellules n'obtiennent plus du cerveau le signal de culpabilité habituel, elles commencent à exprimer de l'inquiétude. Avant, le corps et le cerveau travaillaient ensemble pour produire cet état d'être appelé culpabilité. Maintenant, vous ne pensez plus et ne ressentez plus comme avant. Vous avez l'intention d'avoir davantage de pensées positives, mais le corps est encore activé pour créer un sentiment de culpabilité fondé sur des pensées d'auto-accusation.

Voyons la chose comme une chaîne de montage très spécialisée. Votre cerveau a programmé le corps pour qu'il s'attende à recevoir une pièce qui aura sa place dans l'assemblage. Tout à coup, vous lui envoyez une autre pièce, qui ne convient pas à la place occupée par l'ancienne pièce « coupable ». Une alarme se déclenche et toute l'opération s'interrompt.

Vos cellules surveillent constamment ce qui se passe dans le cerveau et dans l'esprit ; le corps lit dans les pensées mieux que quiconque. Ces dernières interrompent donc leur action pour demander au cerveau :

« Mais que fais-tu ? Tu as insisté pour te sentir coupable et nous avons suivi loyalement tes ordres pendant des années ! Nous avons mémorisé subconsciemment un programme de culpabilité à partir de tes pensées et de tes émotions répétées. Nous avons modifié nos récepteurs de façon qu'ils reflètent ton esprit. Nous avons modifié nos réactions chimiques de façon que tu puisses te sentir automatiquement coupable. Nous avons maintenu notre ordre chimique interne, indépendamment de toutes circonstances extérieures. Nous sommes tellement habituées au même ordre chimique que ton nouvel état d'être ne nous est pas du tout familier. Nous voulons recevoir ce qui nous est bien connu, prévisible et naturel. Tu veux tout changer d'un coup ? C'est hors de question ! »

Les cellules se consultent et se disent : « Envoyons au cerveau un message de protestation. Nous devons le faire sournoisement, car nous voulons qu'il se pense responsable de ces pensées. Nous ne voulons pas qu'il sache qu'elles viennent de nous. » Les cellules envoient donc un message libellé « Urgent » dans la moelle épinière jusqu'à la surface du cerveau pensant. J'appelle cela « la voie rapide » parce que le message va directement au système nerveux en quelques secondes à peine.

Au même moment, le niveau de la chimie corporelle – celle de la culpabilité – s'est abaissé parce que vous ne pensez plus ni ne ressentez plus la même chose. Cette baisse ne passe cependant pas inaperçue. Dans le cerveau, un thermostat appelé hypothalamus envoie aussi une alarme signifiant ceci : « Les valeurs chimiques décroissent. Nous devons en fabriquer davantage ! »

L'hypothalamus donne au cerveau pensant le signal de reprendre ses vieilles habitudes. Ici, c'est la « voie lente », car il faut plus de temps aux substances chimiques pour circuler dans le système sanguin.

Comme le corps veut que vous reveniez à votre soi chimique mémorisé, il vous incite à penser d'une façon familière et routinière.

Ces réactions cellulaires par « voie rapide » et « voie lente » se produisent simultanément. Vous commencez soudain à entendre mentalement des pensées comme celles-ci : « Tu es trop fatigué aujourd'hui. Tu pourras commencer demain. Ce sera un meilleur jour. Vraiment, tu pourras le faire plus tard. » Et mon excuse préférée : « Je ne le *sens* pas. »

Si ça ne fonctionne pas, une deuxième attaque sournoise survient. Désireux de reprendre le contrôle, le corps/esprit se met donc à vous harceler : « C'est bien que tu te sentes coupable en ce moment. C'est la faute de ton père. Ne te sens-tu pas fautif pour ce que tu as fait dans le passé ? En fait, jetons un œil sur ton passé pour nous rappeler pourquoi c'est ainsi. Regarde-toi : tu as tout gâché, tu es un perdant. Tu es pathétiquement faible. Ta vie est un échec. Tu ne changeras jamais. Tu ressembles trop à ta mère. Pourquoi ne laisses-tu pas tomber tout simplement ? » En continuant ainsi, le corps tente l'esprit pour qu'il retourne à l'état qu'il a inconsciemment mémorisé. Sur le plan rationnel, c'est absurde. Pourtant, sur un autre plan, ça fait du bien de se sentir coupable.

Dès que nous entendons ces récriminations silencieuses, que nous croyons ces pensées et réagissons par les mêmes émotions familières, l'amnésie mentale s'installe et nous oublions notre objectif original. Le plus drôle, c'est que nous *croyons* ce que le corps demande au cerveau de nous dire. Nous nous immergeons dans ce programme automatique et nous retournons à notre ancienne personnalité.

La plupart d'entre nous connaissent ce petit scénario. Il n'est pas différent de toute habitude que nous avons tenté d'abandonner. Que nous soyons accros de la cigarette, du chocolat, de l'alcool, du shopping, du jeu ou de la mauvaise habitude de nous ronger les ongles, le chaos s'installe entre le corps et l'esprit dès que nous cessons cette activité habituelle. Nos pensées sont intimement identifiées à ce que nous ressentons quand nous cédons à notre activité coutumière. Si nous le faisons, nous continuerons à obtenir les mêmes résultats dans notre vie parce que l'esprit et le corps sont en opposition. La pensée et le ressenti sont mutuellement en conflit, et si le corps est devenu l'esprit, nous céderons toujours au ressenti.

Tant que nous utiliserons nos sentiments familiers comme baromètre, comme feedback de nos efforts de changement, nous nous couperons de la grandeur. Nous ne serons jamais capables de penser plus grand que notre environnement extérieur. Nous ne pourrons jamais voir un monde de possibilités autres que les résultats négatifs obtenus par le passé. Voilà quel pouvoir ont sur nous nos pensées et nos émotions.

L'aide est à la portée d'une seule pensée

L'étape suivante à franchir pour perdre l'habitude d'être soi-même consiste à comprendre à quel point il est important de faire travailler ensemble l'esprit et le corps, en brisant la continuité chimique de notre culpabilité, de notre colère ou de notre état dépressif. Il n'est pas facile de résister aux demandes du corps de restaurer cet ordre malsain, mais l'aide est à la portée d'une seule pensée.

Dans les pages suivantes, vous apprendrez qu'il est essentiel, pour effectuer un véritable changement, de « démémoriser » une émotion qui est devenue une partie de votre personnalité et de reconditionner ensuite le corps à la présence d'un nouvel esprit.

Il est facile de se sentir impuissant quand on réalise que la chimie de nos émotions a habitué nos corps à un état d'être qui est trop souvent un produit de la colère, de la jalousie, du ressentiment, de la tristesse, et ainsi de suite. Nous avons vu que ces programmes, ces propensions, sont enfouis dans le subconscient.

Heureusement, nous pouvons prendre conscience de ces tendances. Il en sera question davantage dans les pages qui suivent. Pour l'instant, j'espère que vous admettez qu'il faut, pour modifier votre personnalité, modifier d'abord votre état d'être, qui est intimement lié aux émotions que vous avez mémorisées. Les émotions négatives peuvent s'intégrer dans le système d'exploitation du subconscient, mais les émotions positives le peuvent aussi.

La pensée positive consciente ne peut pas vaincre par elle-même les sentiments négatifs subconscients

À un moment ou à un autre, nous avons tous déclaré consciemment que nous voulions être heureux. Toutefois, le corps continue à exprimer ses programmes de culpabilité, de tristesse ou d'anxiété tant qu'il ne reçoit pas d'instructions contraires. L'esprit intellectuel conscient peut se dire qu'il désire la joie, mais le corps a été programmé autrement pendant des années. Nous proclamons ouvertement que nous avons tout intérêt à changer, mais, au plus profond de nous-mêmes, impossible de trouver le bonheur. C'est que l'esprit et le corps ne travaillent pas de concert. L'esprit conscient désire une chose, mais le corps en désire une autre.

Si vous avez entretenu des émotions négatives pendant des années, elles ont créé un état d'être automatique. C'est comme si vous étiez subconsciemment malheureux. Votre corps est conditionné négativement et il sait mieux comment être malheureux que votre esprit conscient ne sait comment être heureux. Vous n'avez même pas besoin de penser à être négatif. Vous savez que c'est votre manière d'être. Comment l'esprit conscient peut-il contrôler cette attitude dans le corps/esprit subconscient ?

Certains soutiennent que la réponse réside dans la « pensée positive ». Je veux être clair à ce sujet : la pensée positive ne fonctionne jamais *par elle-même, toute seule*. Plusieurs soi-disant penseurs positifs ont éprouvé des sentiments négatifs toute leur vie et tentent maintenant de penser positivement. Ils sont dans un état polarisé où ils *essaient* de penser différemment afin de transcender leurs sentiments réels. Ils pensent consciemment d'une certaine façon, mais ce qu'ils sont réellement est à l'opposé. *Si l'esprit et le corps sont en opposition, le changement ne surviendra jamais.*

Les émotions mémorisées nous limitent à recréer le passé

Par définition, les émotions sont le produit final d'expériences passées.

Quand nous vivons une expérience, le cerveau reçoit des informations vitales de l'environnement extérieur par cinq voies sensorielles distinctes (la vue, l'odorat, l'ouïe, le goût et le toucher). Lorsque ces données sensorielles accumulées atteignent le cerveau et y sont traitées, les réseaux neuronaux s'organisent en schèmes spécifiques reflétant l'événement extérieur. Au moment où ces cellules nerveuses se mettent en place, le cerveau libère des substances chimiques appelées « émotions » ou « sentiments ». (Dans ce livre, j'emploie indifféremment les mots « sentiment » et « émotion » parce qu'ils sont suffisamment voisins pour notre compréhension.)

Lorsque ces émotions inondent chimiquement le corps, nous détectons un changement dans notre ordre interne (nous pensons et ressentons autre chose que quelques instants auparavant). Naturellement, quand nous remarquons ce changement survenu dans notre état intérieur, nous prêtons attention à ce qui se trouve dans notre environnement extérieur. Si nous pouvons identifier ce qui, dans notre monde extérieur, a causé un changement intérieur, cet événement s'appelle un *souvenir*. Neurologiquement et chimiquement, nous inscrivons cette information environnementale dans notre cerveau et dans notre corps. Nous pouvons ainsi nous rappeler mieux nos expériences parce que nous nous souvenons de ce que nous avons ressenti au moment où nous les avons vécues. Les sentiments et les émotions sont un enregistrement chimique des expériences passées.

Par exemple, votre patron arrive pour votre séance d'évaluation. Vous remarquez immédiatement qu'il semble mal à l'aise et même irrité. Lorsqu'il commence à parler, vous percevez une odeur d'ail dans son haleine. Il vous accuse de le dénigrer devant les autres employés et ajoute qu'il vous refuse une promotion. À ce moment-là, vous vous sentez nerveux, vos genoux flageolent et la nausée n'est pas loin. Votre cœur bat plus vite. Vous vous sentez trahi et vous en êtes fâché. Toute l'information sensorielle cumulée – tout ce que vous sentez, voyez, ressentez et entendez – modifie votre état intérieur. Vous associez cette expérience extérieure à un changement dans votre état intérieur et cela vous marque émotionnellement.

Vous rentrez à la maison et vous repensez plusieurs fois à cette expérience. Chaque fois, vous vous rappelez le regard accusateur et intimidant de votre employeur, le ton de sa voix quand il vous engueulait, ses paroles et même son odeur. De nouveau, vous vous sentez en colère. Votre cerveau et votre corps produisent les mêmes substances chimiques, comme si la scène se répétait réellement. Comme votre corps croit qu'il revit le même événement, vous le conditionnez à vivre dans le passé.

Allons encore plus loin. Considérez votre corps comme l'esprit inconscient ou comme le serviteur objectif qui reçoit ses ordres de votre conscience. Il est tellement objectif qu'il ne sait pas faire la différence entre les émotions créées par des expériences vécues dans votre monde extérieur et celles que vous créez dans votre monde intérieur par la seule pensée. Pour le corps, elles sont semblables.

Et si ce cycle de pensées et d'émotions associées au sentiment d'avoir été trahi se poursuit pendant des années? Si vous continuez à habiter cette expérience vécue avec votre employeur ou à revivre chaque jour ces émotions familières, vous indiquez sans arrêt à votre corps d'engendrer des émotions chimiques associées au passé. Cette continuité chimique leurre le corps en lui laissant croire qu'il revit le passé et il continue donc à revivre la même expérience émotionnelle. Quand vos pensées et vos émotions mémorisées forcent toujours votre corps à «être dans» le passé, c'est comme si le corps devenait le souvenir du passé.

Si ce sentiment de trahison mémorisé a gouverné vos pensées pendant des années, votre corps a alors vécu dans le passé 24 heures par jour, 7 jours par semaine, 52 semaines par année. Avec le temps, il s'est ancré dans le passé.

Vous savez que si vous recréez sans cesse les mêmes émotions jusqu'à ce que vous ne puissiez pas penser plus grand que ce que vous ressentez, vos émotions deviennent votre mode de pensée. Puisqu'elles constituent un enregistrement des expériences passées, vous pensez dans le passé. Selon la loi quantique, vous créez davantage de passé.

Résultat : la plupart d'entre nous vivent dans le passé et résistent à habiter un nouveau futur. Pourquoi ? Le corps est tellement habitué à mémoriser le registre chimique de nos expériences passées qu'il s'attache à ces émotions. En un sens très réel, nous devenons dépendants de ces sentiments familiers. Ainsi, quand nous voulons envisager le futur et rêvons de nouveaux paysages dans notre réalité immédiate, le corps, dont les émotions sont le langage, résiste à ce changement subit de direction.

Cette volte-face constitue le grand travail du changement personnel. Beaucoup de gens luttent pour se créer une nouvelle destinée, mais s'avèrent incapables de dépasser le souvenir de leur opinion d'eux-mêmes. Même si nous avons soif de nouvelles aventures et rêvons de possibilités futures, nous semblons contraints de revisiter le passé.

Les sentiments et les émotions n'ont rien de mauvais. Ils sont les produits de l'expérience. Cependant, si nous revivons sans cesse les mêmes, nous ne pourrons pas avoir de *nouvelles* expériences. Connaissez-vous des gens qui parlent continuellement du « bon vieux temps » ? Ce qu'ils disent en réalité, c'est ceci : « Il ne se passe rien de nouveau dans ma vie pour stimuler mes émotions. Par conséquent, je dois me réaffirmer à partir des moments glorieux du passé. » Si nous croyons que nos pensées ont quelque chose à voir avec notre destinée, la plupart d'entre nous ne font toutefois que tourner en rond comme créateurs.

Contrôler notre environnement intérieur : le mythe génétique

Jusqu'ici, en expliquant comment le modèle quantique de la réalité est lié au changement, j'ai parlé surtout des émotions, du cerveau et du corps. Nous avons vu que nous devons absolument dépasser les pensées et les émotions récurrentes mémorisées par le corps si nous voulons perdre l'habitude d'être nous-mêmes.

Un autre aspect majeur de la perte de cette habitude concerne notre santé physique. Dans la hiérarchie des changements que nous désirons apporter dans notre vie, les questions de santé viennent à coup sûr en tête de liste. À ce propos, nous devrons examiner un ensemble de dogmes à écarter : le mythe que les gènes créent la maladie, et la fausseté du déterminisme génétique. Il sera aussi question d'une discipline scientifique que vous ne connaissez peut-être pas : l'épigénétique, soit le contrôle des gènes depuis l'extérieur de la cellule ou, plus précisément, l'étude des changements qui s'opèrent dans la fonction génétique sans une seule modification de la séquence d'ADN[3].

Tout comme nous pouvons créer de nouvelles expériences pour nous-mêmes, ce qu'a fait ma fille, nous sommes aussi en mesure de prendre le contrôle d'une partie très importante de notre vie : ce que nous appelons communément notre destinée génétique. En poursuivant, nous verrons qu'il est crucial de savoir ce qui commande aux gènes de s'exprimer, et ce, afin de comprendre pourquoi nous devons d'abord changer intérieurement.

La science affirmait auparavant que les gènes étaient responsables de la plupart des maladies. Puis, il y a environ deux décennies, la communauté scientifique a mentionné avec désinvolture qu'elle s'était trompée et elle a annoncé que l'environnement, en activant ou désactivant certains gènes, était le facteur le plus important dans l'apparition de la maladie. Nous savons maintenant que moins de 5 % des maladies sont dues à des désordres génétiques (comme le Tay-Sachs et la chorée de Huntington), tandis qu'environ 95 % sont liées à des choix de mode de vie, au stress chronique et à des facteurs environnementaux toxiques[4].

Pourtant, les facteurs de l'environnement extérieur ne sont qu'une partie du problème. Comment expliquer que parfois un seul de deux individus exposés aux mêmes conditions environnementales toxiques tombe malade ? Comment se fait-il, dans le cas de personnalités multiples, qu'une seule personnalité soit allergique à quelque chose tandis qu'une autre, habitant le même corps, ne réagit pas au même stimulus ? Pourquoi les médecins et autres dispensateurs de soins de santé de la communauté médicale ne sont-ils pas constamment malades, étant donné leur exposition quotidienne à des agents pathogènes ?

Il existe aussi de nombreux cas documentés de jumeaux identiques (possédant les mêmes gènes) qui ont eu des expériences très différentes sur le plan de la santé et de la longévité. Par exemple, si les deux avaient le même historique familial d'une maladie particulière, celle-ci se manifestait souvent chez l'un des deux seulement. Mêmes gènes, mais résultats différents[5].

Dans tous ces cas, se pourrait-il que l'individu qui reste en santé ait un ordre interne tellement cohérent, équilibré et vital que même si son corps est exposé aux mêmes conditions environnementales dangereuses, cela n'aura aucun effet sur son expression génétique et ne donnera pas aux gènes le signal de créer la maladie ?

Il est vrai que l'environnement extérieur influence notre environnement intérieur. Cependant, pouvons-nous, en changeant notre état d'être intérieur, vaincre les effets d'un environnement toxique ou stressant, de sorte que certains gènes ne soient pas activés ? Nous ne pouvons peut-être pas contrôler toutes les conditions de notre environnement extérieur, mais nous avons certainement le choix de contrôler notre environnement *intérieur*.

Les gènes : des souvenirs d'un environnement antérieur

Pour expliquer comment il est possible de contrôler notre environnement intérieur, il me faut parler un peu de la nature des gènes, qui s'expriment dans le corps quand les cellules fabriquent des protéines spécifiques, les composantes primordiales de la vie.

Le corps est une usine de production de protéines. Les cellules musculaires fabriquent les protéines musculaires appelées actine et myosine, les cellules adipeuses fabriquent les protéines adipeuses appelées collagène et élastine, et les cellules stomacales fabriquent les protéines stomacales appelées enzymes. La plupart des cellules du corps créent des protéines au moyen des gènes. Nous exprimons des gènes spécifiques à partir de certaines cellules fabriquant des protéines particulières.

La plupart des organismes s'adaptent aux conditions de leur environnement par des modifications génétiques graduelles. Par exemple, quand un organisme se trouve dans des conditions environnementales difficiles, comme des températures extrêmes, la présence de prédateurs dangereux, des vents destructeurs, de forts courants, etc., il est obligé de vaincre cette adversité pour survivre. Lorsque les organismes enregistrent ces expériences dans leurs circuits cérébraux et par les émotions mémorisées dans leur corps, ils changent avec le temps. Si les lions chassent une proie plus rapide qu'eux, ils développent, en vivant cette même expérience sur plusieurs générations, des pattes plus longues, des dents plus pointues ou un cœur plus volumineux. Tous ces changements résultent de la fabrication, par les gènes, de protéines qui modifient le corps pour l'adapter à son environnement.

Restons dans le monde animal pour voir comment cela fonctionne sur le plan de l'adaptation ou de l'évolution. Supposons qu'un groupe de mammifères ait migré dans un environnement où la température passe de -26 à -40 degrés Celsius. Sur plusieurs générations de vie dans des conditions extrêmement froides, les gènes de ces mammifères finiraient par produire une nouvelle protéine, laquelle ferait augmenter la quantité et l'épaisseur de leur fourrure (le poil et la fourrure sont des protéines).

De nombreuses espèces d'insectes ont développé la capacité de se camoufler. Certains de ces insectes qui vivent dans les arbres ou dans d'autres feuillages se sont adaptés pour avoir l'air de brindilles ou d'épines, ce qui leur permet d'échapper à l'attention des oiseaux. Le caméléon est sans doute le plus connu de ces «camoufleurs» et il doit à l'expression génétique des protéines son aptitude à changer de couleur. Au cours de ce processus, les gènes encodent les conditions du monde extérieur. C'est l'évolution.

L'épigénétique indique que nous pouvons donner à nos gènes le signal de récrire notre futur

Nos gènes peuvent se modifier autant que notre cerveau. Les recherches les plus récentes en génétique démontrent que divers gènes sont activés à divers moments; ils sont toujours en flux et influencés. Il existe des gènes dépendants de l'expérience, qui sont activés quand il y a croissance, guérison ou apprentissage, et il existe des gènes dépendants de l'état comportemental, qui sont influencés en période de stress, d'excitation émotionnelle ou de rêve[6].

L'épigénétique (au sens littéral «au-dessus de la génétique») est l'un des domaines de recherche les plus actifs aujourd'hui. Cette discipline va à l'encontre du modèle génétique traditionnel, selon lequel l'ADN contrôle toute la vie et que toute expression génétique a lieu à l'intérieur de la cellule. Cette conception désuète nous imposait un futur prévisible où notre destinée était tributaire de notre héritage génétique et où toute vie cellulaire était prédéterminée, comme sous l'effet d'un «fantôme automatique» gouvernant la machine.

En fait, les changements épigénétiques dans l'expression de l'ADN peuvent se transmettre aux futures générations. Mais comment, si le code génétique demeure le même?

Bien que l'explication scientifique dépasse la portée de ce livre, nous pouvons établir une analogie. Comparons une séquence génétique à un plan. Imaginez que vous dressez le plan d'une maison et que vous le numérisez dans votre ordinateur. Puis, à l'aide de Photoshop, vous en modifiez l'apparence sur l'écran en changeant un certain nombre de caractéristiques. Par exemple, vous pourriez changer l'expression de variables telles que la couleur, la taille, l'échelle, les dimensions, les matériaux, et ainsi de suite. Des milliers de personnes (représentant les variables environnementales) pourraient fournir différentes images, mais celles-ci seraient toutes l'expression du même plan.

L'épigénétique nous aide à mieux réfléchir au changement. Le changement de paradigme créé par cette nouvelle science nous donne la liberté d'activer nos gènes et de modifier notre destinée génétique. À des fins d'exemple et de simplification, quand je parlerai d'activer un gène en l'exprimant différemment, j'emploierai le verbe « l'allumer ». En réalité, les gènes ne s'allument ni ne s'éteignent ; ils sont activés par des signaux chimiques et ils s'expriment de manière spécifique en fabriquant diverses protéines.

Simplement en changeant nos pensées, nos sentiments, nos réactions émotionnelles et nos comportements (par exemple en adoptant un mode de vie plus sain par une meilleure alimentation et des activités moins stressantes), nous envoyons de nouveaux signaux à nos cellules, qui expriment alors de nouvelles protéines sans changer de plan génétique. Ainsi, même si le code génétique demeure le même, une cellule peut créer des milliers de variantes du même gène une fois qu'elle a été activée différemment par une information nouvelle. Nous pouvons donner à nos gènes le signal de récrire notre futur.

La perpétuation d'un vieil état d'être nous assure une destinée génétique indésirable

Tout comme certaines parties du cerveau sont solidement fixées tandis que d'autres sont plus malléables (susceptibles de changer par l'apprentissage et l'expérience), il en est de même je crois pour les gènes. Certaines parties de notre bagage génétique sont plus faciles à allumer tandis que d'autres séquences génétiques sont plus fixées, ce qui veut dire qu'elles sont plus difficiles à activer parce qu'elles font partie de notre histoire génétique depuis plus longtemps. C'est en tout cas ce que dit la science aujourd'hui

Comment gardons-nous certains gènes allumés et d'autres éteints ? Si nous demeurons dans le même état toxique lié à la colère, le même état mélancolique associé à la dépression, le même état d'anxiété ou d'indignité, ces signaux chimiques redondants que nous avons évoqués plus haut continuent à appuyer sur les mêmes boutons génétiques, ce qui finit par causer l'activation de certaines maladies. Comme nous le verrons, les émotions stressantes appuient sur la gâchette génétique, déréglant les cellules (détériorant leur mécanisme régulatoire physiologique) et créant la maladie.

Lorsque nous avons constamment les mêmes pensées et les mêmes émotions, mémorisant ainsi le même état d'être familier, notre état chimique interne continue d'activer les mêmes gènes, ce qui veut dire que nous fabriquons toujours les mêmes protéines. Le corps ne peut toutefois pas s'adapter à ces demandes répétées et il commence à se dégrader. Si nous faisons cela pendant dix ou vingt ans, les gènes s'usent et fabriquent des protéines « de moindre qualité ». Ce que j'entends par là ? Voyez ce qui se passe lorsque nous prenons de l'âge. Notre peau s'affaisse parce que son collagène et son élastine sont composés de protéines de qualité moindre. Et nos muscles ? Ils s'atrophient. Pas étonnant, puisque l'actine et la myosine sont également des protéines.

Permettez-moi une autre analogie. Quand on manufacture les pièces de métal des voitures, elles sont produites dans une matrice ou un moule. Chaque fois que cette matrice ou ce moule sont utilisés, ils sont soumis à certaines forces, dont la chaleur et la friction, qui les usent peu à peu. Comme vous pouvez le deviner, les pièces de voiture sont construites pour une très étroite tolérance (soit la variation permise aux dimensions d'une pièce à usiner). Avec le temps, cette matrice ou ce moule deviennent usés au point de produire des pièces qui ne s'ajustent plus adéquatement aux autres pièces. C'est la même chose pour le corps. À cause du stress ou de l'habitude que nous avons d'être constamment fâchés, craintifs, tristes, etc., l'ADN utilisé par les peptides pour produire les protéines se met à mal fonctionner.

Quel est l'impact génétique si nous restons dans des conditions familières et routinières, créant toujours les mêmes réactions émotionnelles en faisant sans arrêt les mêmes choses, en entretenant des pensées identiques, en voyant les mêmes gens et en mémorisant notre existence dans un schème prévisible? Nous nous dirigeons vers une destinée génétique indésirable. Nous sommes enfermés dans les mêmes schèmes que plusieurs générations antérieures qui ont affronté les mêmes situations ou des situations semblables. Si nous ne faisons que revivre nos souvenirs émotionnels, nous nous dirigeons vers une fin prévisible : notre corps créera les conditions génétiques des générations précédentes.

Ainsi, le corps ne changera pas tant que nous éprouverons les mêmes émotions, jour après jour. Si la science affirme que l'environnement envoie un signal aux gènes impliqués dans l'évolution, qu'arrive-t-il si notre environnement ne change jamais? Si nous avons mémorisé les mêmes conditions extérieures et vivons avec les mêmes pensées, les mêmes comportements et les mêmes sentiments? Si tout ce qui constitue notre existence ne change jamais?

* * * * *

Vous venez tout juste d'apprendre que l'environnement extérieur envoie un signal chimique aux gènes par les émotions que suscite une expérience. Donc, si les expériences que vous vivez ne changent pas, les signaux chimiques reçus par vos gènes ne changent pas non plus. Aucune information nouvelle provenant du monde extérieur n'atteint vos cellules.

Selon le modèle quantique, nous sommes en mesure de donner un signal émotionnel au corps et d'entreprendre la modification d'une chaîne d'événements génétiques sans avoir d'abord vécu l'expérience physique réelle correspondant à cette émotion. Nous n'avons pas à remporter une course, à gagner à la loterie ou à obtenir une promotion pour en éprouver l'émotion. Nous avons vu qu'il est possible de créer une émotion seulement par la pensée. Nous pouvons ressentir de la joie ou de la gratitude avant que l'environnement ne la provoque, au point que le corps croit se trouver déjà « au cœur même » de cet événement. Par conséquent, nous pouvons donner à nos gènes le signal de fabriquer de nouvelles protéines pour modifier notre corps de façon qu'il soit en avance sur l'environnement.

Un état d'esprit élevé peut-il produire une expression génétique plus saine?

Voici un exemple de la manière dont nous pouvons donner un nouveau signal à d'autres gènes quand nous commençons à vivre émotionnellement un événement futur avant sa manifestation.

Au Japon, on a effectué une étude pour voir quel effet l'état d'esprit d'un individu pouvait exercer sur la maladie. Les sujets étaient répartis en deux groupes souffrant de diabète de type 2, tous dépendants de l'insuline. Gardez à l'esprit que la plupart des diabétiques se soignent à l'insuline pour éliminer le sucre (glucose) du sang et le déposer dans les cellules, où il sert à créer de l'énergie. À l'époque de cette étude, les participants étaient traités au moyen de pilules ou d'injections d'insuline pour contrôler leur taux trop élevé de sucre sanguin[7].

On a d'abord testé le taux de sucre sanguin de chaque groupe à jeun pour établir une base. Puis on a fait visionner un spectacle comique d'une heure à l'un des deux groupes tandis que le groupe témoin regardait une conférence ennuyeuse. Les sujets testés ont ensuite mangé un repas délicieux, après quoi on a vérifié de nouveau leur taux de glucose sanguin.

Il y avait une différence marquée entre les sujets qui avaient regardé la comédie et ceux qui avaient visionné la conférence. En moyenne, le taux de sucre sanguin de ceux qui avaient regardé la conférence s'était élevé de 123 mg/dl, soit suffisamment pour qu'ils doivent prendre de l'insuline afin de ne pas être en danger. Chez le groupe qui avait ri pendant une heure, le taux de sucre sanguin à la suite du repas délicieux s'était élevé de la moitié seulement de ce chiffre (en fait, il était à peine plus haut que la normale).

Les chercheurs ont d'abord pensé que les sujets joyeux avaient abaissé leur taux de sucre en contractant par le rire les muscles de leur abdomen et de leur diaphragme. Ils se disaient que la contraction d'un muscle utilise de l'énergie et que l'énergie circulante était celle du glucose.

Ils ont toutefois poussé leur recherche plus loin. En examinant la séquence génétique des participants joviaux, ils ont découvert que ces diabétiques avaient modifié 23 expressions génétiques simplement en riant devant le spectacle comique qu'ils regardaient. Leur état d'esprit élevé avait apparemment conduit leur cerveau à envoyer de nouveaux signaux aux cellules, ce qui avait déclenché ces variantes génétiques qui ont permis à leur corps de réguler naturellement les gènes responsables du traitement du sucre sanguin.

Cette étude démontre clairement que nos émotions peuvent allumer certaines séquences génétiques et en éteindre d'autres. Rien qu'en donnant au corps le signal d'une nouvelle émotion, les sujets rieurs ont altéré leur fonctionnement chimique interne et modifié l'expression de leurs gènes.

Un changement de l'expression génétique peut parfois être soudain et spectaculaire. Avez-vous déjà entendu parler d'individus dont les cheveux étaient devenus gris du jour au lendemain après qu'ils eurent été soumis à des conditions extrêmement stressantes ? Ils ont vécu une réaction émotionnelle tellement forte que l'altération de leur chimie corporelle a à la fois allumé le gène de l'expression des cheveux gris et éteint l'expression génétique de la couleur naturelle de leurs cheveux, et cela, en quelques heures seulement. Ils ont envoyé un nouveau signal à d'autres gènes en altérant émotionnellement, et donc chimiquement, leur environnement interne.

Comme je l'ai expliqué dans le chapitre précédent, quand nous avons «vécu» un événement plusieurs fois en répétant mentalement chacun de ses aspects, nous ressentons cet événement avant qu'il ne se déroule. En modifiant nos circuits cérébraux par des pensées nouvelles et en éprouvant les émotions d'un événement avant sa manifestation physique, il est possible de modifier notre corps génétiquement.

Pouvez-vous choisir une potentialité dans le champ quantique (toutes les potentialités y existent déjà) et envisager émotionnellement un événement futur avant qu'il ne se produise dans la réalité? Pouvez-vous le faire suffisamment de fois pour conditionner émotionnellement votre corps à un nouvel état d'esprit, envoyant ainsi un nouveau signal à d'autres gènes? Si vous le pouvez, il est fort possible que vous habituiez ainsi votre cerveau et votre corps à cette nouvelle expression, de sorte qu'ils se modifieront physiquement avant que la réalité potentielle désirée ne se manifeste.

Pour modifier le corps : pourquoi lever le petit doigt?

Nous croyons peut-être pouvoir modifier notre cerveau par la pensée, mais quels pourraient être alors les effets sur le corps? Par la simple répétition mentale d'une activité, nous pouvons en tirer de grands bénéfices sans même lever le petit doigt. Voici un exemple où cela s'est *vraiment* produit.

Selon un article publié dans le *Journal of Neurophysiology*[8] de 1992, des sujets furent répartis en trois groupes :

- On demanda à ceux du premier groupe de s'exercer en contractant et détendant un doigt de la main gauche pendant cinq séances d'une heure sur une période de quatre semaines.
- Le deuxième groupe fit le même exercice *mentalement*, sans activer physiquement aucun muscle des doigts.

- Les sujets du groupe témoin ne firent l'exercice ni physiquement ni mentalement.

À la fin de l'étude, les scientifiques ont comparé la force des doigts des participants du premier groupe à celle des doigts du groupe témoin. Un résultat facile à prévoir, n'est-ce pas? La force des doigts des sujets du groupe ayant effectué l'exercice physiquement était de 30 % supérieure à celle du groupe témoin. Nous savons tous que si nous imposons à répétition un poids à un muscle, nous augmentons la force de celui-ci. Ce qui est plus étonnant, par contre, c'est que la force des doigts des participants du groupe ayant effectué l'exercice mentalement s'était accrue de 22 %! L'esprit avait produit sur le corps un effet physique quantifiable. Autrement dit, le corps s'était modifié sans vivre une expérience physique réelle[9].

Si le corps se modifie physiquement/biologiquement comme si une expérience avait réellement eu lieu, mais qu'il le fait simplement par la pensée ou l'effort mental, c'est bien la preuve, du point de vue quantique, que l'événement s'est déjà manifesté dans notre réalité. Si le cerveau se réactualise pour prendre la forme qu'il aurait si l'expérience avait vraiment eu lieu et si le corps se modifie génétiquement ou biologiquement (on en a la preuve), et que les deux deviennent différents d'avant sans que nous «fassions» quoi que ce soit dans la réalité tridimensionnelle, c'est que l'événement s'est produit à la fois dans le monde quantique de la conscience *et* dans celui de la réalité physique.

Quand nous avons exercé en pensée une réalité future jusqu'à ce que le cerveau se modifie physiquement comme s'il avait vécu l'expérience, et que nous avons adopté émotionnellement une nouvelle intention assez de fois pour que le corps se modifie comme s'il avait vécu l'expérience, c'est que ce moment nous a rejoints! Et cela surviendra de la façon la moins prévisible, ce qui ne laissera planer aucun doute sur le fait que cela provient de notre relation avec une conscience supérieure. Voilà pourquoi nous voudrons récidiver.

Chapitre 4

TRANSCENDER LE TEMPS

Il s'est écrit tellement de choses sur l'importance de vivre le moment présent. Je pourrais citer des statistiques dans tous les domaines, allant de la conduite automobile distraite au divorce, pour démontrer que les gens ont vraiment de la difficulté à demeurer dans l'instant présent. Permettez-moi d'ajouter ma contribution à cet ensemble de données en exprimant cette idée en termes quantiques. Dans le moment présent, toutes les potentialités existent simultanément dans le champ quantique. Quand nous demeurons présents, quand nous sommes « dans l'instant », nous pouvons transcender l'espace et le temps pour concrétiser n'importe laquelle de ces potentialités. Par contre, quand nous sommes dans le passé, aucune de ces potentialités n'existe.

Vous savez maintenant que, quand nous essayons de changer, nous réagissons comme les dépendants que nous sommes devenus à partir de nos états d'être chimiques familiers. Quand nous avons une dépendance, c'est comme si notre corps fonctionnait d'une façon autonome. Comme les événements passés déclenchent la même réaction chimique que l'incident original, le corps réagit comme s'il expérimentait de nouveau le même événement. Une fois qu'il est conditionné à *être* l'esprit subconscient au cours de ce processus, il prend le dessus sur l'esprit. Il est devenu l'esprit et il peut donc penser, en un certain sens.

Je viens d'effleurer la question du corps qui remplace l'esprit par le cycle de la pensée et des émotions, et réciproquement. Cela se produit aussi d'une autre façon, fondée sur les souvenirs.

Voici comment cela fonctionne. Nous vivons une expérience qui comporte une charge émotive. Nous avons ensuite une pensée au sujet de cet événement particulier. Cette pensée devient un souvenir, qui ensuite reproduit rétrospectivement l'émotion de cet événement. Si nous repensons continuellement à ce souvenir, il fusionne avec l'émotion qui lui est associée, de sorte que nous la « mémorisons ». Vivre ainsi dans le passé constitue alors un processus *subconscient* plus qu'un processus conscient.

LA MÉMORISATION DES ÉMOTIONS

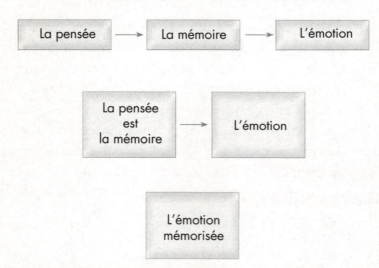

Figure 4A. La pensée produit un souvenir, qui crée une émotion. Avec le temps, la pensée devient le souvenir, et il s'ensuit une émotion. Si ce processus se répète suffisamment de fois, la pensée est le souvenir, lequel est l'émotion. Nous mémorisons l'émotion.

Le subconscient contient la plupart des processus physiques et mentaux qui ont lieu en dessous du niveau conscient. La plupart de ses activités sont liées au fonctionnement corporel. Les scientifiques appellent ce système régulateur «système nerveux autonome». Nous n'avons pas à penser consciemment à respirer, à faire battre notre cœur, à élever ou à abaisser notre température corporelle, ni à aucune des milliers de fonctions qui contribuent au maintien de l'ordre et de la santé du corps.

Vous voyez sans doute maintenant le danger potentiel de céder le contrôle de nos réactions émotionnelles quotidiennes au système automatique de nos souvenirs et de l'environnement. On a comparé cette série de réactions routinières à un système de pilotage automatique et aux programmes intégrés d'un ordinateur. Ces analogies visent à faire comprendre qu'il y a sous la surface de la conscience quelque chose qui contrôle notre comportement.

Voici un exemple qui l'illustre bien. Imaginez qu'un jour en rentrant à la maison, quand vous étiez jeune, vous avez découvert votre animal familier mort sur le plancher. Chaque impression sensorielle de cette expérience aurait pu, comme on dit, vous marquer le cerveau d'une cicatrice.

Avec de telles expériences traumatisantes, on comprend facilement que ces émotions peuvent devenir inconscientes, des réactions mémorisées à des rappels que vous avez perdu un être cher, issus de l'environnement. Vous savez désormais qu'en repensant à cette expérience vous recréez les mêmes émotions dans le cerveau et le corps, comme si l'événement se produisait de nouveau. Il suffit d'une seule pensée fortuite ou d'une réaction à un événement quelconque du monde extérieur pour activer ce programme et pour que vous éprouviez de nouveau votre chagrin passé. L'élément déclencheur pourrait être la vision d'un chien ressemblant au vôtre ou encore la visite d'un endroit semblable à celui où vous l'avez adopté. Quel que soit l'apport sensoriel, il active une émotion. Ces déclencheurs émotionnels peuvent être évidents ou subtils, mais ils nous affectent tous au niveau subconscient, de sorte que, avant même de pouvoir nous rendre compte de ce qui se produit, nous nous retrouvons dans le même état émotionnel/chimique de chagrin, de colère et de tristesse.

Dès lors, le corps gouverne l'esprit. Nous pouvons utiliser notre esprit conscient pour tenter d'échapper à cet état émotionnel, mais nous aurons invariablement l'impression d'avoir perdu le contrôle.

Pensez aux chiens de Pavlov. Au cours des années 1890, ce jeune scientifique russe a attaché quelques chiens à une table, leur a fait entendre le son d'une cloche, puis leur a servi un repas substantiel. Avec le temps, après les avoir exposés à répétition au même stimulus, il a simplement fait retentir la cloche et les chiens se sont aussitôt mis à saliver.

C'est ce que l'on appelle un *réflexe conditionné*, un processus qui se reproduit automatiquement. Pourquoi ? Parce que le corps réagit d'une manière autonome (pensez au système nerveux *autonome*). La cascade de réactions chimiques déclenchée en quelques instants modifie le corps physiologiquement et très inconsciemment, avec peu ou pas d'effort conscient.

C'est l'une des raisons pour lesquelles il est si difficile de changer. L'esprit conscient se trouve peut-être dans l'instant présent, mais le corps/esprit subconscient vit dans le passé. Si nous nous attendons à un futur prévisible associé à un souvenir, nous sommes exactement comme les chiens de Pavlov. Notre expérience concernant une personne ou une chose particulière à un moment précis et à un endroit spécifique nous fait automatiquement (ou d'une manière autonome) réagir physiologiquement.

Une fois que nous avons délogé les dépendances émotionnelles enracinées dans le passé, nous n'y sommes plus jamais attirés et nous ne subissons plus l'effet des programmes automatiques de notre vieille personnalité.

On comprend alors que, même si nous « pensons » ou « croyons » vivre dans le présent, il est fort possible que notre corps vive dans le passé.

Des émotions, aux humeurs, puis aux tempéraments et aux traits de personnalité : le conditionnement du corps à vivre dans le passé

Malheureusement pour la plupart d'entre nous, parce que le cerveau fonctionne toujours par répétitions et associations, nul besoin d'un traumatisme majeur pour que le corps devienne l'esprit[1]. Le plus léger déclencheur peut produire des réactions émotionnelles qui nous donnent l'impression d'échapper à notre contrôle.

Par exemple, supposons qu'en vous rendant au travail vous vous arrêtiez dans un restaurant pour y déguster un café noisette, votre préféré, et qu'il n'y en ait plus ce jour-là. Déçu, vous vous demandez avec colère pourquoi un établissement aussi important n'a pas toujours en stock un produit aussi populaire. Arrivant ensuite au travail, vous vous irritez de voir une autre voiture occuper votre espace de stationnement habituel. Quelques minutes plus tard, en pénétrant dans un ascenseur vide, vous constatez avec exaspération que la personne qui l'a utilisé avant vous a appuyé sur les boutons de tous les étages.

Quand vous entrez enfin dans le bureau, un collègue vous demande ce qui se passe, en ajoutant que vous avez l'air un peu déconfit.

Vous lui racontez tout et ce collègue sympathise avec vous. Vous résumez ainsi la situation : « Je suis de mauvaise humeur, mais ça va passer. »

Le problème, c'est que ça ne passe pas.

Une humeur est un état d'être chimique, généralement de courte durée, qui constitue l'expression d'une réaction émotionnelle prolongée. Un facteur de votre environnement, en l'occurrence le manquement d'une serveuse à satisfaire vos besoins, suivi de quelques contrariétés mineures, a déclenché une réaction émotionnelle. Les substances chimiques associées à cette émotion ne s'épuisent pas instantanément et leur effet dure donc un certain temps. C'est ce que j'appelle la *période réfractaire*, soit le temps qui s'écoule entre leur production et la diminution de leur effet[2]. Évidemment, plus cette période est longue, plus vous en éprouverez longtemps l'émotion. Lorsque la période chimique réfractaire d'une réaction émotionnelle dure des heures ou même des jours, il s'agit d'une humeur.

Qu'arrive-t-il quand cette humeur récemment déclenchée perdure ? Vous êtes déprimé depuis son déclenchement, et voici que, vous retrouvant dans la salle de conférences avec tous vos collègues, vous trouvez horriblement laide la cravate de l'un, tandis que la voix nasillarde de votre patron vous irrite davantage qu'un crissement d'ongles sur une ardoise.

À ce stade, il ne s'agit plus d'une humeur. Vous exprimez un *tempérament*, une tendance à exprimer une émotion par certains comportements. Un tempérament est une réaction émotionnelle dont la période réfractaire peut durer des semaines et même des mois.

CRÉER DIVERS ÉTATS D'ÊTRE

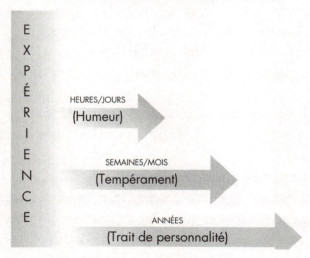

Figure 4B. La progression de diverses périodes réfractaires. Une expérience crée une réaction émotionnelle, laquelle peut se transformer en humeur, puis en tempérament et enfin en trait de personnalité. En tant que personnalités, nous mémorisons nos réactions émotionnelles et nous vivons ainsi dans le passé.

Finalement, si vous la laissez perdurer ainsi pendant des mois ou des années, cette tendance devient un *trait de personnalité*. À ce stade, les autres diront que vous êtes «amer» ou «rancunier», «fâché» ou «critique».

Nos traits de personnalité sont donc fréquemment fondés sur nos émotions passées. La plupart du temps, la personnalité (notre façon de penser, d'agir et de ressentir) est ancrée dans le passé. Pour la modifier, nous devons changer les émotions que nous avons mémorisées. Il faut nous libérer du passé.

Nous ne pouvons pas changer si nous vivons dans un avenir prévisible

Il y a une autre façon dont nous pouvons nous enliser et nous empêcher de changer. Il suffit d'entraîner notre corps et notre esprit à vivre dans un avenir prévisible fondé sur le souvenir du passé, de sorte que nous ratons ainsi le précieux «moment présent».

Comme vous le savez, nous pouvons conditionner le corps à vivre dans le futur. Évidemment, il peut s'agir d'un moyen d'améliorer notre existence, comme l'a fait ma fille quand elle a créé son emploi d'été en Italie. Comme le démontre son histoire, si nous nous concentrons sur un événement futur que nous désirons vivre, en déterminant comment nous y préparer et nous comporter, viendra un moment où nous serons tellement bien focalisés sur cet événement que nos pensées en deviendront l'expérience même. Lorsque c'est le cas, il en résulte une émotion. Lorsque nous éprouvons l'émotion associée à un événement avant son éventuelle réalisation, le corps (comme l'esprit inconscient) réagit comme si l'événement avait réellement lieu.

En revanche, que se passe-t-il si nous anticipons un événement futur indésirable ou que nous sommes obsédés par le pire des scénarios possibles, en fonction d'une expérience passée? Là aussi, nous programmons le corps pour un événement futur avant sa réalisation. Le corps ne vit plus alors dans le présent ni dans le passé, mais dans l'avenir, un avenir fondé sur une construction du passé.

Quand cela se produit, le corps ne fait pas la différence entre l'événement se manifestant dans la réalité et celui que nous entretenons mentalement. Parce que nous le préparons à un événement dont nous croyons qu'il se produira, le corps s'apprête à le vivre et il se trouve donc alors réellement à l'intérieur de cet événement.

Voici un exemple. Imaginez que l'on vous a demandé de donner une conférence devant 350 personnes, mais que vous avez le trac à cause de mauvaises expériences antérieures dans une telle situation. Chaque fois que vous y pensez, vous vous revoyez encore une fois perdre le fil de vos pensées et bafouiller. Votre corps réagit alors comme si cet événement futur se déroulait dans le présent : vous devenez tendu, votre pouls s'accélère et vous transpirez abondamment. En anticipant ce jour fatidique, vous amenez votre corps à vivre déjà dans cette réalité stressante.

Obsédé par l'éventualité d'échouer encore une fois, vous y pensez tellement intensément que vous ne pouvez vous concentrer sur autre chose. Votre esprit et votre corps sont polarisés, faisant la navette entre le passé et le futur. Il en résulte que vous niez la possibilité d'une éclatante réussite.

Voici un autre exemple plus général. Supposons que vous vous réveilliez tous les matins depuis plusieurs années en retombant automatiquement dans la même vieille série d'actions inconscientes. Le corps est tellement habitué à anticiper vos actes quotidiens qu'il passe presque mécaniquement d'une tâche à la suivante : nourrir le chien, vous brosser les dents, vous habiller, faire du thé, sortir les ordures ménagères, cueillir le courrier... Vous voyez ? Même si vous vous réveillez avec l'intention de faire autre chose, vous posez toujours tous les mêmes gestes, comme par un élan irrésistible.

Après avoir mémorisé ce genre d'actions pendant une ou deux décennies, votre corps est entraîné à « avoir hâte » continuellement de les accomplir. En fait, il a été programmé inconsciemment pour vivre dans le futur et il vous permet donc, pour ainsi dire, de « dormir au volant ». On pourrait même affirmer que ce n'est plus vous qui conduisez la voiture. Votre corps ne peut plus vivre dans l'instant présent. Il est préparé à vous contrôler en exécutant une série de programmes inconscients pendant que vous le laissez vous mener vers un destin connu et monotone.

Pour dépasser vos habitudes presque automatiques et pour ne plus anticiper le futur, il vous faut acquérir l'aptitude à vivre en transcendant le temps. (Nous y reviendrons.)

Vivre dans le passé qui est votre avenir

Voici un autre exemple démontrant que nos émotions familières créent un futur qui leur correspond. Supposons que vous soyez invité à un barbecue de la fête nationale entre collègues. Tous les employés de votre service sont censés y assister, mais vous n'aimez pas celui qui en est l'hôte car il est toujours le numéro un aux yeux de tous et il ne se prive pas de le faire savoir.

Chaque fois que ce type a été l'hôte d'un événement, vous vous êtes mortellement ennuyé car il n'a pas cessé de vous provoquer sans même s'en rendre compte. En vous rendant chez lui aujourd'hui, vous ne pouvez donc pas vous empêcher de penser à la dernière fois, alors qu'il avait interrompu le repas de tout le monde pour offrir à son épouse une nouvelle BMW. Vous êtes convaincu que vous allez passer une journée atroce, comme vous l'avez prédit à votre partenaire il y a une semaine, et c'est exactement ce qui se produit. Vous ratez un stop et vous récoltez une contravention. L'un de vos collègues renverse une bière sur votre chemise et sur vos pantalons. Le hamburger que vous avez demandé à point vous arrive saignant.

Compte tenu de votre attitude (votre état d'être) de départ, comment aurait-il pu en être autrement ? Vous vous êtes levé ce matin avec la certitude que vous alliez vivre une journée horrible et c'est donc ce qui est arrivé. Vous avez alterné entre l'obsession d'un futur indésirable (l'anticipation de ce que vous alliez vivre) et la vie dans le passé (la comparaison entre le stimuli que vous receviez et celui que vous avez reçu antérieurement), et vous avez donc créé la même situation de nouveau.

Si vous consignez vos pensées par écrit, vous vous rendrez compte que vous pensez la plupart du temps à l'avenir ou au passé.

Vivez dans le précieux présent le futur que vous désirez

Voici donc une autre grande question : si vous savez que vous pouvez accéder à toutes les possibilités contenues dans le champ quantique en restant présent et en éliminant vos liens avec le passé, pourquoi choisiriez-vous de vivre dans le passé et de continuer à créer toujours le même avenir ? Pourquoi ne feriez-vous pas ce dont vous avez déjà le pouvoir, c'est-à-dire modifier mentalement les composantes physiques de votre cerveau et de votre corps avant l'expérience que vous désirez vivre ? Pourquoi n'opteriez-vous pas pour vivre dans le futur de votre choix, maintenant, en avance sur sa réalisation dans le temps ?

Au lieu d'être obsédé par un événement traumatique ou stressant que vous craignez de revivre dans l'avenir, soyez-le plutôt par une nouvelle expérience désirée que vous n'avez pas encore adoptée émotionnellement. Permettez-vous de vivre dès maintenant dans cet avenir potentiel, au point que votre corps croira que vous vivez présentement les émotions positives associées à ce futur. (Vous allez apprendre comment le faire.)

Souvenez-vous de ce que j'ai dit à ma fille : il lui fallait vivre sa vie présente comme si elle avait déjà vécu les expériences de ce bel été italien qu'elle désirait tant. Ce faisant, elle diffusait dans le champ quantique l'information selon laquelle l'événement s'était déjà produit concrètement.

Les plus grands personnages de l'histoire du monde l'ont démontré, des milliers de gens dits ordinaires l'ont fait aussi, et vous pouvez donc le faire également. Vous possédez toute la machine neurologique nécessaire pour transcender le temps et pour en développer l'aptitude.

Ce que certains appelleraient des miracles, je dis qu'il s'agit simplement du résultat naturel obtenu par des individus qui se sont efforcés de modifier leur état d'être de façon que leur corps et leur esprit ne soient plus un simple enregistrement de leur passé, mais plutôt des partenaires actifs en vue d'un avenir meilleur.

Transcender l'environnement, le corps et le temps : des expériences intenses et des états de conscience ordinaires modifiés

À ce stade-ci, vous comprenez que le principal obstacle vous empêchant de rompre avec vous-même, c'est le fait que vos pensées et vos émotions se situent au même niveau que l'environnement, le corps et le temps. De toute évidence, il vous faut penser et ressentir (être) en transcendant les trois grands facteurs, ce qui vous préparera au processus de méditation que vous apprendrez plus loin dans ce livre.

Je parie qu'il vous est déjà arrivé, à un certain moment de votre vie, de penser en transcendant l'environnement, le corps et le temps. Lorsque cela se produit, on dit que l'on est «dans le flux». On peut décrire de plusieurs façons ce qui se passe quand l'environnement, le corps et la notion du temps disparaissent, et que nous sommes «perdus» pour le monde extérieur. M'adressant à des groupes, un peu partout sur le globe, j'ai demandé à des membres de l'auditoire de décrire des moments *créatifs* où ils avaient été tellement impliqués dans ce qu'ils faisaient, ou tellement détendus et à l'aise, qu'ils avaient eu l'impression d'être dans un état de conscience modifié.

Ces expériences entrent généralement dans deux catégories. La première : les expériences dites «intenses», que nous considérons comme des moments transcendants où nous atteignons un état d'être que nous associons aux moines et aux mystiques. Comparativement à ces événements hautement spirituels, les autres peuvent sembler plus banals, ordinaires et terre à terre, mais cela ne veut pas dire qu'ils soient moins importants.

J'ai vécu plusieurs de ces moments ordinaires (quoique moins souvent que je ne l'aurais aimé) en rédigeant ce livre. Lorsque je m'assois pour écrire, j'ai souvent plusieurs autres choses à l'esprit : mon lourd horaire de voyage, mes patients, mes enfants, mon personnel, ainsi que la qualité de mon sommeil, de mon alimentation et de mon bonheur. Les bons jours, quand l'écriture vient facilement, c'est comme si mes mains et mon clavier étaient une extension de mon esprit. Je ne suis pas conscient du mouvement de mes doigts ni de la chaise sur laquelle je suis assis. Les arbres derrière ma fenêtre disparaissent, je ne suis plus conscient de la tension de mon cou et je suis complètement absorbé dans les mots que je fais apparaître sur l'écran de mon ordinateur. Parfois, je me rends compte qu'il s'est écoulé une heure alors que j'avais l'impression qu'il ne s'était passé qu'un instant.

La même chose vous est sûrement arrivée en conduisant votre voiture, en regardant un film, en mangeant avec des amis, en lisant, en tricotant, en jouant du piano ou simplement en flânant dans la nature.

Personnellement, je me sens souvent ragaillardi après de tels moments où mon environnement, mon corps et le temps ont semblé disparaître. Il n'en est pas toujours ainsi lorsque j'écris, mais, après avoir terminé mon deuxième livre, je m'aperçois que ces moments sont plus fréquents qu'auparavant. Avec un peu d'entraînement, j'ai pu faire en sorte qu'ils ne soient plus aussi accidentels ou fortuits qu'auparavant.

Pour se créer une nouvelle personnalité, il est essentiel de transcender l'environnement, le corps et le temps afin de faciliter l'apparition de ces moments privilégiés.

CHAPITRE 5

LA SURVIE VERSUS LA CRÉATION

Si, dans, le chapitre précédent, j'ai utilisé l'exemple de mes séances d'écriture pour illustrer l'importance de transcender l'environnement, le corps et le temps, c'est parce que, quand on écrit, on *crée* des phrases (sur la page concrète ou dans un document numérique). La même créativité opère quand on peint, quand on joue d'un instrument de musique, quand on transforme du bois sur un tour ou qu'on s'engage dans toute autre activité ayant pour effet de rompre les liens avec l'environnement, le corps et le temps.

Pourquoi est-il si difficile de vivre de tels moments créatifs? Si nous sommes concentrés sur un passé dont nous ne voulions pas ou sur un avenir que nous craignons, il s'ensuit que nous vivons surtout stressés, en mode survie. Que nous soyons obsédés par notre santé (la survie du *corps*), par une hypothèque (le besoin de survivre en s'abritant contre notre *environnement* extérieur), ou que nous n'ayons pas assez de *temps* pour faire ce qu'il faut pour survivre, nous sommes, pour la plupart, familiarisés davantage avec l'état d'esprit dépendant que nous appelons «survie» qu'avec la vie de créateur.

Dans les chapitres 8 à 11 de mon premier livre, j'ai expliqué en détail la différence entre le mode création et le mode survie. Dans les pages qui suivent, je vais résumer brièvement la différence entre les deux.

Pour illustrer le mode survie, imaginons un cerf broutant tranquillement dans la forêt. Présumons qu'il est en homéostasie, c'est-à-dire en parfait équilibre physiologique. Soudain, il perçoit un danger, peut-être la présence d'un prédateur, et son système nerveux se met en état d'alerte. Ce *système nerveux sympathique* fait partie du système nerveux autonome qui maintient les fonctions automatiques du corps, telles que la digestion, la régulation thermique, le taux de sucre sanguin, etc. Pour préparer l'animal à composer avec le danger qu'il a détecté, le corps subit une altération chimique. Le système nerveux sympathique active automatiquement les glandes surrénales pour mobiliser d'énormes quantités d'énergie. Si le cerf se fait pourchasser par une meute de coyotes, il utilise cette énergie pour fuir. S'il est suffisamment agile pour leur échapper, il recommencera à brouter au bout de 15 à 20 minutes, lorsque le danger aura disparu et que son équilibre interne sera rétabli.

Les humains possèdent le même système. Quand nous percevons un danger, notre système nerveux sympathique s'active et l'énergie est mobilisée, comme chez le cerf. Au début de l'histoire de l'humanité, cette merveilleuse réaction d'adaptation aidait à affronter la présence des prédateurs et des autres dangers menaçant la survie. Ces caractéristiques animales ont bien servi l'espèce dans son évolution.

La pensée peut déclencher à elle seule la réaction au stress et la maintenir active

Il existe malheureusement entre l'*Homo sapiens* et nos cohabitants planétaires du règne animal des différences qui ne nous servent pas aussi bien. Chaque fois que nous détruisons l'équilibre chimique du corps, nous créons ce qui s'appelle le « stress ». La *réaction au stress* est le moyen pris par le corps pour rétablir naturellement son équilibre. Que ce soit en voyant un lion en liberté au parc animalier, en arrivant face à face avec notre ex-conjoint rancunier au supermarché ou en nous énervant en pleine circulation parce que nous serons en retard à une réunion, nous déclenchons la réaction au stress parce que nous réagissons à notre environnement extérieur.

Contrairement aux animaux, nous avons la capacité de déclencher cette réaction par la seule pensée. De plus, cette pensée n'a pas besoin d'être liée à notre situation présente. Nous pouvons déclencher la réaction au stress en anticipant un événement futur. Ce qui est encore plus désavantageux, c'est que nous pouvons la produire par un souvenir malheureux imbriqué dans notre matière grise.

Donc, que nous nous souvenions d'une expérience stressante ou que nous l'anticipions, notre corps existe dans le passé ou dans le futur. À notre détriment, nous transformons des situations stressantes à court terme en situations stressantes à long terme.

En revanche, les animaux n'ont pas la capacité (devrais-je dire *le désavantage*) d'activer la réaction au stress fréquemment et facilement au point de ne plus pouvoir la désactiver. Le cerf qui se remet à brouter ne pense plus à ce qui s'est passé quelques minutes auparavant et encore moins au coyote qui l'a pourchassé deux mois plus tôt. Ce stress répétitif nous est dommageable car aucun organisme ne possède un mécanisme permettant de contrer les effets négatifs subis par le corps quand la réaction au stress est activée avec une grande fréquence et pour une longue période. Autrement dit, aucune créature ne peut éviter les conséquences d'avoir vécu des situations d'urgence prolongées. Quand nous déclenchons la réaction au stress et que nous ne pouvons la désactiver, nous nous dirigeons vers une certaine détérioration corporelle.

Supposons que vous activiez constamment la réaction au stress en raison de circonstances menaçantes (réelles ou imaginaires). Tandis que votre cœur pompe d'énormes quantités de sang vers vos extrémités et que votre corps n'est plus en homéostasie, votre système nerveux vous prépare à fuir ou à vous défendre. Soyons réalistes : vous ne pouvez pas fuir jusqu'aux Bahamas ni étrangler votre collègue de travail. Ce serait trop primitif. Conséquemment, vous conditionnez votre cœur à vivre constamment à cent à l'heure, ce qui risque d'entraîner de l'hypertension, de l'arythmie, etc.

Qu'arrive-t-il lorsque vous mobilisez autant d'énergie dans une situation d'urgence? Si vous investissez la plus grande partie de votre énergie dans votre environnement extérieur, il en restera trop peu pour votre environnement interne. Votre système immunitaire, qui surveille votre monde intérieur, ne peut pas compenser le manque d'énergie nécessaire à la croissance et la réparation. Par conséquent, vous tombez malade, par un rhume ou le cancer ou l'arthrite rhumatoïde. (Ce sont toutes des conditions à médiation immunitaire.)

Quand on y pense bien, la véritable différence entre les animaux et nous-mêmes, c'est que, même si nous faisons les uns comme les autres l'expérience du stress, les humains la répètent et « préexpérimentent » les situations traumatiques. En quoi est nuisible la réaction au stress déclenchée par une pression provenant du passé, du présent ou du futur? Quand nous sommes aussi souvent déséquilibrés chimiquement, ce déséquilibre finit par devenir la norme. Il en résulte que nous sommes condamnés à vivre notre destinée génétique et donc, dans la plupart des cas, souffrir d'une maladie quelconque.

La raison en est claire : l'effet domino issu de la cascade hormonale et chimique déclenchée en réaction au stress peut dérégler certains gènes, ce qui peut créer la maladie. Autrement dit, la répétition d'un stress active les gènes qui nous poussent vers notre destinée génétique. Ainsi, un comportement qui auparavant était très adapté et constituait une réaction biochimique appropriée et bénéfique (fuir ou se battre) est devenu un ensemble de circonstances inadéquates et dommageables.

Par exemple, quand nos ancêtres se faisaient pourchasser par un lion, la réaction au stress consistait pour eux à faire ce qu'ils devaient faire : se protéger contre l'environnement extérieur. C'est de l'adaptation. Par contre, si vous vous inquiétez pendant des jours au sujet d'une promotion, d'une présentation à faire devant vos patrons ou de l'hospitalisation de votre mère, ces situations peuvent créer les mêmes substances chimiques que si vous étiez pourchassé par un lion.

La survie versus la création

Ce n'est pas de l'adaptation. Vous restez trop longtemps en état d'urgence. Cette réaction utilise une énergie dont votre environnement interne a besoin. Votre corps vole cette précieuse énergie à vos systèmes immunitaire, digestif et endocrinien, entre autres, et la dirige vers les muscles que vous utiliseriez pour vous défendre contre un prédateur ou pour fuir un danger. Dans votre situation, cela ne fait que vous desservir.

D'un point de vue psychologique, la surproduction des hormones du stress crée des émotions comme la colère, la peur, l'envie et la haine, génère de l'agressivité, de la frustration, de l'anxiété et de l'insécurité, et nous fait vivre de la souffrance, de la tristesse, du désespoir et de la dépression. La plupart des gens passent la plus grande partie de leur temps à entretenir des pensées et des sentiments négatifs. Se pourrait-il que la plupart des choses qui surviennent dans notre existence soient négatives ? Sûrement pas. La négativité est aussi élevée parce que nous vivons dans l'anticipation d'un stress ou le revivons par un souvenir, de sorte que la plupart de nos pensées et de nos émotions sont gouvernées par ces puissantes hormones liées au stress et à la survie.

Quand notre réaction au stress est déclenchée, nous nous concentrons sur trois choses qui sont extrêmement importantes :

- Le corps. (*Il faut en prendre soin.*)
- L'environnement. (*Où aller pour échapper à cette menace ?*)
- Le temps. (*Combien m'en faudra-t-il pour me retrouver hors de danger ?*)

C'est à cause de l'existence en mode survie que les humains sont dominés par ces trois grands facteurs. La réaction au stress et les hormones qu'elle déclenche nous forcent à nous concentrer (au point d'en être obsédés) sur le corps, sur l'environnement et sur le temps. Il en résulte que nous définissons notre « soi » à l'intérieur des limites du monde physique. Nous en devenons moins spirituels, moins conscients et moins vigilants.

Pour le dire autrement, nous devenons « matérialistes », c'est-à-dire sous l'emprise habituelle de pensées associées aux *choses* qui peuplent l'environnement extérieur. Notre identité devient inséparable de notre corps. Nous sommes absorbés dans le monde extérieur parce que les substances chimiques nous forcent à nous préoccuper de nos possessions, des gens que nous connaissons, des endroits où nous devons aller, des problèmes que nous affrontons, des coiffures que nous détestons, des parties de notre corps, de notre poids, de notre apparence comparativement à celle des autres, du temps dont nous disposons ou non… Vous voyez un peu le tableau. Nous fondons notre personnalité principalement sur ce que nous savons et faisons.

Le mode survie nous fait nous concentrer sur 0,00001 pour cent de la réalité plutôt que sur 99,99999 pour cent.

La survie : vivre en étant « quelqu'un »

Nous acceptons presque tous l'idée traditionnelle que nous sommes « quelqu'un ». Pourtant, ce que nous sommes réellement n'a rien à voir avec les trois grands facteurs. Ce que nous sommes réellement, c'est une conscience connectée à un champ d'intelligence quantique.

Quand nous devenons ce quelqu'un, cet être physique matérialiste en mode survie, nous oublions qui nous sommes vraiment. Nous sommes déconnectés et séparés du champ d'intelligence universel. Plus nous vivons sous l'emprise des hormones du stress, plus leur poussée chimique devient notre identité.

Si nous nous concevons uniquement comme des êtres physiques, nous nous limitons à nos perceptions sensorielles. Plus nous définissons notre réalité à partir de nos sens, plus nous laissons ceux-ci la *déterminer*. Nous glissons ainsi dans le mode de pensée newtonien, qui nous enferme dans une prédiction du futur fondée sur une expérience passée. Rappelons-nous que le modèle newtonien de la réalité prédit un résultat. Nous tentons de contrôler notre réalité au lieu de nous abandonner à quelque chose de plus grand. Nous tentons de survivre, sans plus.

Si, comme le veut le modèle quantique de la réalité, tout est énergie, pourquoi nous considérons-nous comme des êtres physiques plutôt que des êtres énergétiques ? On pourrait dire que les émotions liées à la survie (les émotions sont de l'*énergie en mouvement*) sont de basse fréquence ou de faible énergie. Vibrant à une longueur d'onde moindre, elles nous enracinent dans le monde physique. Nous devenons plus denses et plus lourds parce que cette énergie nous fait vibrer plus lentement. Le corps devient littéralement composé de davantage de masse et de moins d'énergie. Davantage de matière et moins d'esprit[1].

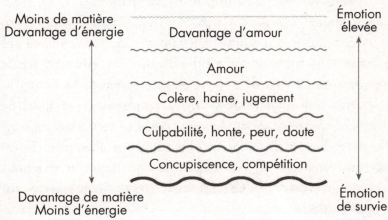

Figure 5A. Les ondes de haute fréquence (au sommet) vibrent plus rapidement et sont donc plus proches du taux vibratoire de l'énergie que de celui de la matière. En descendant dans l'échelle, on voit que plus la longueur d'onde est lente, plus l'énergie devient « matérielle ». Ainsi, les émotions de survie nous rapprochent de la matière et nous éloignent de l'énergie. Les émotions comme la colère, la haine, la souffrance, la honte, la culpabilité, le jugement et la concupiscence nous rendent davantage physiques parce que leur fréquence vibratoire est plus lente et donc plus proche de celle des objets physiques. Cependant, les émotions élevées, comme l'amour, la joie et la gratitude, sont d'une fréquence plus haute. Elles sont donc plus proches de l'énergie que de la matière.

Il est donc logique que, si nous inhibons nos émotions primitives de survie et si nous nous libérons de leur emprise, notre énergie, alors d'une plus haute fréquence vibratoire, sera moins susceptible de nous enraciner dans le corps. D'une certaine façon, quand le corps est « devenu » l'esprit, nous pouvons libérer son énergie dans le champ quantique. Comme nos émotions sont plus élevées, nous atteignons naturellement un niveau de conscience supérieur et plus proche de la Source. Nous sommes mieux connectés à l'intelligence universelle.

La dépendance au « quelqu'un »

Quand la réaction au stress est activée, que la menace soit réelle ou imaginaire, une intense cascade de substances chimiques déferle dans notre système et nous procure un puissant élan d'énergie, « réveillant » momentanément notre corps et certaines parties du cerveau pour diriger toute notre attention sur les trois grands facteurs, ce qui crée une forte dépendance car c'est comme de boire un triple espresso : nous sommes « allumés » pendant un bon moment.

Avec le temps, nous devenons inconsciemment dépendants de nos problèmes, de notre situation défavorable ou de nos relations malsaines. Nous les conservons dans notre vie pour alimenter notre dépendance aux émotions de survie, afin de nous rappeler que nous sommes quelqu'un. Nous aimons la poussée d'énergie que nous procurent nos problèmes !

De plus, nous associons cette euphorie émotionnelle à toutes les personnes, à toutes les expériences et à tous les endroits qui nous sont familiers. Nous devenons dépendants de ces éléments de notre environnement, que nous adoptons comme identité.

Si nous pouvons déclencher la réaction au stress par la pensée, il tombe sous le sens que nous pouvons obtenir ainsi la même poussée de substances chimiques du stress que si nous étions pourchassés par un prédateur. Conséquemment, nous devenons dépendants de nos pensées. Elles commencent par nous procurer une euphorie inconsciente d'adrénaline et il nous est très difficile de les remplacer par d'autres. Il est trop désagréable de penser plus grand que nos émotions ou en dehors des normes habituelles. Dès que nous nous refusons la substance dont nous sommes dépendants, en l'occurrence les pensées et l'émotion familières associées à notre dépendance émotionnelle, il se produit un manque, une souffrance de sevrage et une série de suggestions intérieures nous incitant à ne pas changer. Nous demeurons donc enchaînés à notre réalité familière.

Ainsi, nos pensées et nos émotions, qui sont surtout limitatives, nous raccrochent à tous les problèmes, à toutes les conditions, à tous les facteurs de stress et à tous les mauvais choix qui ont produit au départ l'état d'alerte. Nous gardons tous ces stimuli négatifs autour de nous afin de pouvoir produire la réaction au stress, parce que cette dépendance renforce notre idée de qui nous sommes, ce qui ne sert qu'à réaffirmer notre identité personnelle. Pour le dire simplement, nous sommes, pour la plupart, dépendants des problèmes et des conditions de notre vie qui produisent du stress. Qu'il s'agisse d'un mauvais emploi ou d'une mauvaise relation amoureuse, nous entretenons nos problèmes parce qu'ils renforcent le « quelqu'un » que nous sommes. Ils nourrissent notre dépendance aux émotions de basse fréquence.

Le plus dommageable, c'est que nous vivons dans la crainte que si jamais ces problèmes n'existent plus, nous ne saurons pas quoi penser et ressentir, et nous n'obtiendrons plus la poussée d'énergie qui nous rappelle qui nous sommes. La plupart d'entre nous désirent absolument être quelqu'un. Ce serait tellement affreux de n'être « personne », de ne pas avoir d'identité !

Le soi égoïste

Comme vous le voyez, le soi auquel nous nous identifions existe dans le contexte de notre association émotionnelle collective avec nos pensées et nos émotions, nos problèmes et tous les éléments des trois grands facteurs. Il n'est donc guère étonnant qu'il nous soit très difficile d'abandonner cette réalité pour entrer en nous-mêmes. Comment saurions-nous qui nous sommes s'il n'y avait pas l'environnement, le corps et le temps ? C'est pourquoi nous sommes si dépendants du monde extérieur. Nous nous limitons à nos sens pour définir et cultiver les émotions afin de recevoir le feedback physiologique qui réaffirme nos dépendances personnelles. Nous faisons tout cela pour nous sentir humains.

Quand notre réaction de survie est hors de proportion avec ce qui se passe dans le monde extérieur, cet excès d'hormones du stress nous fixe à l'intérieur des paramètres du soi. Nous devenons alors excessivement égoïstes. Nous sommes obsédés par notre corps ou par un aspect particulier de notre environnement et nous vivons asservis au temps. Nous sommes piégés dans cette réalité particulière et nous nous sentons impuissants à changer, à rompre avec nous-mêmes.

Ces émotions de survie excessives font pencher la balance d'un *ego* sain (le soi auquel nous faisons consciemment référence quand nous disons « je »). Lorsque l'ego est sous contrôle, sa tâche naturelle consiste à s'assurer que nous sommes protégés et en sécurité dans le monde extérieur. Par exemple, il fait en sorte que nous restions loin d'un feu ou du bord d'une falaise. Quand l'ego est équilibré, son instinct naturel est la conservation de soi. Il existe un sain équilibre entre ses propres besoins et ceux des autres, l'attention à porter à lui-même ou aux autres.

Lorsque nous sommes en mode survie dans une situation d'urgence, il est logique que le soi ait la priorité. En revanche, quand les substances chimiques du stress chronique déséquilibrent le corps et le cerveau, l'ego devient exagérément concentré sur la survie et il fait passer le soi en premier en toute situation, à l'exclusion de tout le reste. Nous sommes égoïstes à temps plein. Ainsi, nous devenons sybarites, égocentriques et suffisants, apitoyés sur nous-mêmes. Quand l'ego subit un stress constant, sa priorité est le « moi d'abord ».

Dans ces conditions, l'ego est surtout préoccupé par l'issue de toute situation car il est trop concentré sur le monde extérieur et il est complètement séparé de 99,99999 pour cent de la réalité. En fait, plus nous définissons la réalité par nos sens, plus cette réalité devient notre loi. La réalité matérielle faite loi est tout le contraire de la loi quantique. Ce sur quoi nous plaçons notre conscience constitue notre réalité. Conséquemment, si notre attention est focalisée sur le corps et sur le monde physique, et si nous sommes emprisonnés dans une séquence de temps linéaire particulière, cela devient notre réalité.

Oublier les gens que nous connaissons, nos problèmes, nos biens matériels, les endroits où nous allons régulièrement; perdre de vue le temps; transcender le corps et son besoin d'alimenter ses habitudes; renoncer à l'euphorie des expériences émotionnelles familières qui réaffirment l'identité; ne plus tenter de prédire une condition future ou de revivre un situation passée; délaisser l'ego égoïste qui ne se soucie que de ses propres besoins; penser ou rêver en dépassant nos émotions et désirer ardemment l'inconnu : voilà comment nous commencerons à nous libérer de notre vie présente.

Si nos pensées peuvent nous rendre malades, peuvent-elles aussi nous guérir?

Allons un peu plus loin. J'ai expliqué plus haut que nous pouvions activer la réaction au stress uniquement par la pensée. J'ai mentionné également le fait scientifique que les substances chimiques liées au stress affectent les gènes en créant pour les cellules un environnement très difficile et en provoquant ainsi la maladie. Nos pensées peuvent donc vraiment nous rendre malades. S'il en est ainsi, pourraient-elles aussi nous guérir?

Supposons qu'un individu ait vécu en peu de temps quelques expériences qui l'ont rendu amer. Ses réactions inconscientes à ces expériences ont eu pour résultat qu'il s'est attaché à son amertume. Les substances chimiques correspondant à cette émotion ont envahi ses cellules. En quelques semaines, cette émotion est devenue une humeur qui, en quelques mois, est devenue un tempérament, lequel, avec les années, a formé un fort trait de personnalité que l'on appelle ressentiment. En fait, il a si bien mémorisé cette émotion que le corps connaît son amertume mieux que son esprit conscient car il est resté dans un même cycle de pensées et d'émotions et vice-versa pendant des années.

Maintenant que vous savez que les émotions sont la signature chimique d'une expérience, ne seriez-vous pas d'accord pour dire que tant que cet individu s'accrochera à son amertume, son corps réagira comme s'il vivait encore les événements lointains qui lui ont fait éprouver cette émotion au départ? De plus, si la réaction de son corps aux substances chimiques de l'amertume a troublé le fonctionnement de certains gènes et a continué à leur signaler de réagir de la même façon, se pourrait-il que le corps finisse par développer une maladie physique comme le cancer?

Si c'est le cas, est-il possible qu'une fois qu'il aura désappris l'émotion de l'amertume constante en n'entretenant plus les pensées qui l'ont créée, son corps (en tant qu'esprit inconscient) soit libre de cet esclavage émotionnel? Avec le temps, cessera-t-il d'envoyer le même signal aux gènes?

Finalement, supposons qu'il ait commencé à entretenir d'autres pensées et d'autres émotions, au point de s'inventer un nouvel idéal de lui-même, avec une nouvelle personnalité. En s'installant dans ce nouvel état d'être, se pourrait-il qu'il donne à ses gènes un signal bénéfique et qu'il conditionne son corps à une émotion supérieure se situant au-delà de la bonne santé normale? Se pourrait-il qu'il le fasse au point que son corps commence à changer seulement par la pensée?

Ce que je viens de décrire en termes simples, c'est ce qui est arrivé à un participant de l'un de mes séminaires quand il a vaincu le cancer.

* * * * *

Âgé de 57 ans, Bill était couvreur. Quand une lésion est apparue sur son visage, il a consulté un dermatologue, qui a diagnostiqué un mélanome malin. Malgré la chirurgie, la radiothérapie et la chimiothérapie, le cancer est réapparu dans son cou, puis sur le côté et finalement sur son mollet. Chaque fois, il a subi les mêmes traitements médicaux.

Naturellement, il se demandait pourquoi cela lui arrivait. Il savait que l'exposition excessive au soleil qu'il subissait était un facteur de risque, mais il connaissait d'autres personnes dans le même cas qui n'avaient jamais développé de cancer. Il devint même obnubilé par l'injustice de cette situation. Après qu'un même cancer soit apparu sur son flanc gauche, Bill se mit à réfléchir. Est-ce que ses pensées, ses émotions ou ses comportements avaient contribué à sa condition? Dans un moment d'introspection, il s'est rendu compte qu'il vivait dans l'amertume depuis plus de trente ans, pensant et ressentant qu'il devait toujours abandonner ce qu'il voulait au bénéfice des autres.

Par exemple, lorsqu'il avait voulu devenir musicien professionnel après ses études, il avait dû travailler plutôt pour l'entreprise de son père parce que celui-ci était devenu impotent à la suite d'une blessure. Il revivait toujours l'amertume qu'il avait ressentie quand on lui avait dit qu'il devait renoncer à ses aspirations artistiques, au point que son corps vivait toujours dans le passé. S'y était ajouté un schème de rêve différé. À chaque contrariété qu'il subissait, comme l'effondrement du marché immobilier juste après qu'il eut fait prendre de l'expansion à son entreprise, il trouvait toujours quelqu'un ou quelque chose à blâmer.

Bill avait tellement bien mémorisé sa réaction d'amertume qu'elle dominait sa personnalité et qu'elle était devenue un programme inconscient. Son état d'être avait envoyé le même signal à ses gènes pendant si longtemps qu'ils avaient créé la maladie qui maintenant l'affligeait.

Il ne pouvait plus laisser son environnement le contrôler : les gens, les lieux et les influences avaient toujours dicté ses pensées, ses émotions et son comportement. Il sentait qu'il devait quitter son environnement familier pour rompre avec sa vieille personnalité et s'en inventer une nouvelle. Il alla donc séjourner pendant deux semaines à Baja, au Mexique.

Les cinq premiers jours, il surveilla les pensées qu'il avait quand il éprouvait de l'amertume. Il devint ainsi un observateur quantique de ses pensées et de ses sentiments; il devint conscient de son esprit inconscient. Ensuite, il prêta attention à ses actions et à ses comportements antérieurement inconscients. Il décida d'interrompre toute pensée, tout comportement ou toute émotion qui ne manifestait pas d'amour pour lui-même.

Après avoir exercé cette vigilance pendant une semaine, Bill s'est senti libre parce qu'il avait libéré son corps de sa dépendance émotionnelle à l'amertume. En inhibant les pensées et les émotions familières qui avaient régi ses comportements, il empêchait les signaux de l'émotion de survie de conditionner son corps au même état d'esprit. Son corps a alors libéré de l'énergie, laquelle lui fut disponible pour concevoir une nouvelle destinée.

La semaine suivante, il devint si enthousiaste qu'il se mit à penser à la nouvelle personnalité qu'il désirait avoir et à la façon dont il réagirait aux gens, aux lieux et aux influences qui l'avaient contrôlé jusque-là. Par exemple, il décida qu'il réagirait avec gentillesse et générosité chaque fois que son épouse et ses enfants exprimeraient un désir ou un besoin quelconque, au lieu de les faire se sentir comme un fardeau. Bref, il se concentra sur la façon dont il voulait penser, agir et se sentir quand se présenterait une situation qui auparavant le contrariait. Il se créait ainsi une nouvelle personnalité, un nouvel esprit et un nouvel état d'être.

Bill commença à mettre en pratique ce qu'il avait inséré dans son esprit pendant qu'il était assis sur la plage de Baja. Peu après son retour, il remarqua que sa tumeur au mollet avait diminué. Au bout d'une semaine, son médecin lui annonça qu'il n'avait plus de cancer. Celui-ci n'est pas réapparu.

En reconfigurant son cerveau, Bill changea sa personnalité biologiquement et chimiquement. Il en résulta un nouveau signal envoyé à ses gènes. Les cellules cancéreuses ne pouvaient pas coexister avec son nouvel état d'esprit, sa nouvelle chimie interne et son nouveau soi.

Après avoir été piégé dans ses émotions du passé, il vivait désormais dans un nouveau futur. Dans le cas de Bill, le cancer avait appartenu à son ancienne persona. Et il était littéralement devenu quelqu'un d'autre

La création : vivre en n'étant « personne »

À la fin du chapitre précédent, j'ai décrit brièvement ce qu'est la vie en mode créatif. Ce sont les moments où l'on est tellement occupé à créer que l'environnement, le corps et le temps nous paraissent irréels et n'envahissent pas nos pensées conscientes.

Vivre en état de création, c'est vivre en n'étant personne. Avez-vous déjà remarqué que quand vous êtes vraiment en train de créer quelque chose, vous oubliez tout ce qui vous concerne ? Vous êtes dissocié du monde que vous connaissez. Vous n'associez plus votre identité aux biens que vous possédez, aux personnes que vous connaissez, aux tâches que vous effectuez et aux endroits où vous avez vécu à tel ou tel moment. On pourrait dire que quand vous êtes dans un état créatif, vous oubliez votre habitude d'être qui *vous* êtes. Vous mettez de côté votre soi égocentrique.

Vous avez transcendé le temps et l'espace pour devenir conscience pure et immatérielle. Dès que vous n'êtes plus connecté à un corps, que vous n'êtes plus concentré sur des gens, des lieux ou des objets de votre environnement et que vous êtes au-delà du temps linéaire, vous franchissez le seuil du champ quantique. Vous ne pouvez pas y entrer si vous êtes quelqu'un car il faut n'être personne pour pouvoir le faire. Vous devez laisser votre ego à la porte et entrer dans le domaine de la conscience en tant que conscience pure. Comme je l'ai précisé au chapitre un, pour modifier votre corps (favoriser une meilleure santé), changer votre situation (obtenir un nouvel emploi ou peut-être entreprendre une nouvelle relation) ou votre calendrier (vers une future réalité possible), vous devez les transcender. Il vous faut abandonner les trois grands facteurs pour pouvoir les contrôler.

Le lobe frontal, domaine de la création et du changement

Quand nous sommes en mode création, nous activons le centre créatif du cerveau, le lobe frontal (une partie du prosencéphale, comprenant le cortex préfrontal). Il s'agit de la partie la plus récente et la plus évoluée du système nerveux humain, et c'est aussi la partie la plus adaptable du cerveau. C'est le centre créatif de notre personnalité, où se prennent toutes les décisions. Le lobe frontal est le siège de l'attention, de la concentration, de l'observation et de la conscience. C'est là que nous évaluons les possibilités, que nous démontrons une intention ferme, que nous prenons des décisions conscientes, que nous contrôlons les comportements impulsifs et émotionnels, et que nous intégrons de nouvelles connaissances.

Le lobe frontal remplit trois fonctions essentielles qui entreront en jeu lorsque vous pratiquerez les étapes de la méditation décrites dans la troisième partie de ce livre et qui vous feront rompre avec vous-même.

1. La métacognition : devenir conscient de soi pour inhiber les états indésirables de l'esprit et du corps

Si vous désirez créer un nouveau soi, une nouvelle personnalité, il vous faut d'abord mettre fin à l'ancienne. Dans le processus de création, la première fonction du lobe frontal est de faire prendre conscience de soi.

Parce que nous avons des capacités *métacognitives*, c'est-à-dire le pouvoir d'observer nos pensées et notre soi, nous pouvons décider que nous ne voulons plus être sur le plan des pensées, des actes et des émotions. Cette aptitude à l'autoréflexion nous permet de nous examiner minutieusement et de concevoir un plan pour modifier notre comportement de façon à produire des résultats plus désirables[2].

Nous plaçons notre énergie dans notre attention. Pour vous servir de cette dernière afin d'améliorer votre vie, vous devrez examiner ce que vous avez déjà créé. C'est ainsi que vous commencerez à vous connaître vous-même. Examinez vos croyances sur la vie, sur vous-même et sur les autres. Vous êtes *ce que* vous êtes, *où* vous êtes et *qui* vous êtes à cause de ce que vous croyez à votre sujet. Vos croyances sont les pensées que vous continuez à accepter consciemment ou inconsciemment comme étant la loi de votre vie. Que vous en soyez conscient ou non, elles affectent toujours votre réalité.

Donc, si vous désirez vraiment une nouvelle réalité personnelle, commencez par observer tous les aspects de votre personnalité présente. Puisqu'ils opèrent principalement sous le niveau de la conscience, fonctionnant automatiquement comme des logiciels, vous devez regarder à l'intérieur de vous et observer des éléments dont vous n'étiez sans doute pas conscient auparavant. Étant donné que votre personnalité comporte votre mode de penser, d'agir et de ressentir, vous devez prêter attention à vos pensées inconscientes, à vos réflexes comportementaux et à vos réactions émotionnelles automatiques en les mettant sous observation pour déterminer s'ils sont vrais et si vous désirez continuer à leur fournir de l'énergie.

Il faut un acte de volonté, de l'intention et une conscience éveillée pour se familiariser avec les états inconscients de l'esprit et du corps. En vous éveillant davantage, vous deviendrez plus attentif. En devenant plus attentif, vous serez davantage conscient. En devenant davantage conscient, vous remarquerez davantage. En remarquant davantage, vous serez plus en mesure de vous observer et d'observer les autres, autant les éléments intérieurs de votre réalité que ses éléments extérieurs. Finalement, plus vous observerez, plus votre esprit s'éveillera.

Quand on est conscient de soi-même, on ne laisse plus aucune pensée, action ou émotion indésirable franchir le seuil de la conscience. Ainsi, avec le temps, la capacité d'inhiber consciemment ces états d'être fera cesser la stimulation et la création des circuits neuronaux liés à la vieille personnalité. Quand on ne reproduit plus le même état d'esprit quotidiennement, on élague ce qui est associé à l'ancien soi. De plus, en interrompant les sentiments associés à ces pensées, on n'envoie plus le même signal aux gènes. On empêche le corps de se réaffirmer plus comme étant le même esprit. Voilà où l'on commence à « se débarrasser de son ancien esprit pour devenir autre ».

En se familiarisant ainsi avec tous les aspects de la vieille personnalité, on finit par devenir davantage conscient. Il s'agit ici de désapprendre son vieux soi afin de pouvoir libérer de l'énergie pour se créer une nouvelle vie et une nouvelle personnalité. On ne peut pas créer une nouvelle réalité personnelle si l'on conserve la même personnalité. Il faut devenir quelqu'un d'autre. La métacognition est la première tâche à accomplir pour se libérer du passé et créer un nouveau futur.

2. Créer un nouvel esprit pour penser à de nouveaux modes d'être

La deuxième fonction du lobe frontal consiste à créer un nouvel esprit : rompre avec les circuits neuronaux produits depuis des années par les stimulations cérébrales et influencer le cerveau pour créer une nouvelle configuration.

Quand nous prenons le temps de réfléchir à un nouvel état d'être, le lobe frontal s'engage dans la création. Nous pouvons imaginer de nouvelles possibilités et nous interroger sérieusement sur ce que nous désirons réellement être, sur ce que nous voulons changer en nous et dans notre situation.

Parce que le lobe frontal est relié à toutes les autres parties du cerveau, il peut balayer tous les circuits neuronaux pour reconstituer parfaitement sous la forme de circuits de connaissances et d'expériences les éléments d'information emmagasinés. Il choisit ensuite parmi ces circuits neuronaux, en les combinant de diverses façons pour créer un nouvel esprit. Ce faisant, il conçoit un modèle ou une représentation intérieure que nous voyons comme une image du résultat souhaité. Logiquement, plus nous possédons de connaissances, plus la diversité des circuits neuronaux est grande et plus nous sommes capables de rêver des modèles plus complexes et plus détaillés.

Pour amorcer cette étape créative, il est toujours bon de se mettre dans un état d'émerveillement, de contemplation, de réflexion ou de spéculation en se posant quelques questions sérieuses. C'est l'approche la plus féconde pour produire un bon courant de conscience.

- Comment je me sentirais si j'étais… ?
- Quelle est la meilleure façon d'être… ?
- Et si j'étais telle personne vivant dans cette réalité ?
- Pour quel personnage historique ai-je de l'admiration et quels sont ses traits les plus admirables ?

Les réponses qui surgiront formeront naturellement un esprit nouveau parce que vous réagirez sincèrement et que votre cerveau

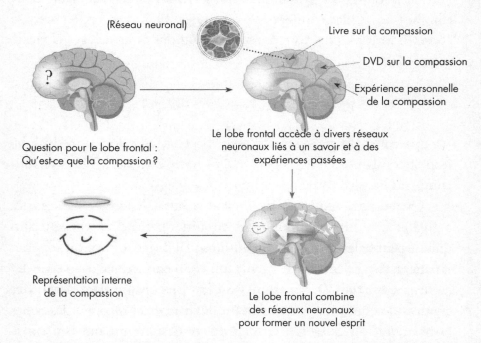

Figure 5B. Quand le lobe frontal est en mode création, il balaie tout le cerveau pour recueillir de l'information nécessaire au renouvellement de l'esprit. Si le nouvel état d'être que vous voulez créer est la compassion, alors, après que vous vous serez demandé comment vous vous sentiriez si vous étiez compatissant, le lobe frontal combinera naturellement divers réseaux neuronaux pour créer un nouveau modèle ou une nouvelle vision. Il peut s'agir d'informations emmagasinées à partir d'un livre que vous avez lu, d'un DVD que vous avez visionné, d'une expérience personnelle, etc. Une fois que le nouvel esprit sera installé, vous verrez une image ou un hologramme de ce qu'est pour vous la compassion.

commencera à travailler différemment. En exerçant mentalement ce nouvel état d'être, vous vous reconfigurerez neurologiquement. Plus vous renouvellerez ainsi votre esprit, plus votre cerveau et votre vie se modifieront.

Que vous désiriez être plus fortuné ou être un meilleur parent, ce ne serait peut-être pas une mauvaise idée de remplir votre cerveau de connaissances sur un sujet choisi, afin d'avoir plus d'éléments pour créer un modèle de la nouvelle réalité dans laquelle vous voulez vivre. Chaque fois que vous acquerrez de l'information, vous ajouterez de nouvelles connexions synaptiques qui serviront de matière brute pour éliminer les vieilles stimulations cérébrales. Plus vous apprendrez de choses nouvelles, plus vous aurez de munitions pour déloger la vieille personnalité.

3. Rendre la pensée plus réelle que tout

Au cours du processus créateur, la troisième fonction du lobe frontal consiste à rendre la pensée plus réelle que tout. (Nous verrons comment dans la troisième partie.)

Quand nous sommes dans un état créateur, le lobe frontal est très activé et il réduit le volume des circuits du reste du cerveau afin qu'une pensée unique soit traitée[3]. Puisqu'il dirige le reste du cerveau, il peut en surveiller toute la « géographie ». Il baisse donc le volume des centres sensoriels (responsables de la « perception du corps), des centres moteurs (responsables des mouvements corporels), des zones associatives (où existe notre identité) et des circuits qui traitent le temps. En présence de très peu d'activité neuronale, on pourrait dire qu'il n'y a pas d'esprit pour traiter l'apport sensoriel (rappelons-nous que *l'esprit* est le cerveau en action), pour activer les mouvements dans l'environnement ni pour associer les activités au temps ; alors, nous n'avons pas de corps, nous sommes devenus « rien », il n'y a plus de temps. Nous sommes à cet instant pure conscience. Tout bruit ayant cessé dans ces régions cérébrales, l'état créateur est exempt de l'ego.

Quand nous sommes en mode création, le lobe frontal contrôle tout. Il est tellement occupé que nos pensées deviennent notre réalité et notre expérience. Quelles que soient vos pensées à ce moment-là, le lobe frontal n'a qu'elles à traiter. En «abaissant le volume» des autres régions du cerveau, il bloque les distractions. Le monde de la pensée devient aussi réel que le monde extérieur. Nos pensées sont captées neurologiquement et intégrées dans la structure cérébrale comme une expérience.

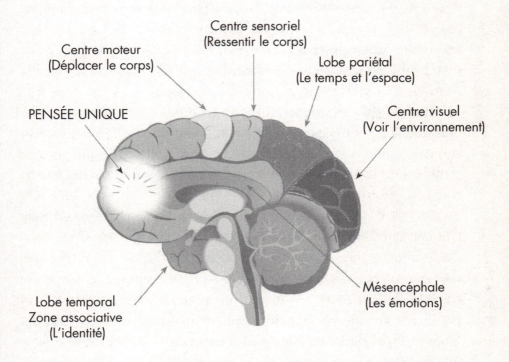

Figure 5C. Quand la pensée qui nous occupe devient l'expérience, le lobe frontal fait taire le reste du cerveau, de sorte que rien d'autre n'est traité que cette pensée. Nous devenons immobiles, nous ne ressentons plus notre corps, nous ne percevons plus le temps ni l'espace et nous nous oublions.

Si nous exécutons efficacement le processus créateur, cette expérience produit une émotion et nous commençons à ressentir l'événement comme s'il se produisait déjà dans le présent. Nous ne faisons qu'un avec les pensées et les émotions associées à la réalité désirée. Nous sommes alors dans un nouvel état d'être. On pourrait dire que nous réécrivons les programmes subconscients en reconditionnant le corps à un nouvel esprit.

Changer d'identité, libérer notre énergie

Quand, dans l'acte créateur, nous ne sommes plus personne ni rien dans aucun temps, nous ne produisons plus notre signature chimique coutumière car nous n'avons plus la même identité. Nous pensons et ressentons autrement. Les circuits neuronaux créés par les pensées de survie sont désactivés et la personnalité qui était habituée à signaler continuellement au corps de produire les hormones du stress a disparu.

Bref, le soi émotionnel qui était en mode survie ne fonctionne plus. Dès lors, notre ancienne identité, l'« état d'être » lié à des pensées et à des émotions fondées sur la survie, n'existe plus. Puisque nous ne sommes plus le même être, l'énergie émotionnelle qui était attachée au corps est désormais libre de circuler.

Où va donc cette énergie qui alimentait le soi émotionnel ? Comme elle doit aller quelque part, elle se déplace ailleurs. Cette énergie sous forme d'émotion monte dans le corps depuis les centres hormonaux inférieurs (sexuel, digestif et surrénal) jusqu'à la région du cœur (en faisant route vers le cerveau) et soudain nous nous sentons joyeux et en pleine forme. Nous tombons amoureux de notre création. Nous sommes alors dans notre état d'être naturel. Ayant cessé de fournir en énergie le soi émotionnel alimenté par la réaction au stress, l'égotisme disparaît[4].

Comme cette vieille énergie est transmutée en une émotion d'une plus haute fréquence vibratoire, le corps est libéré de son esclavage émotionnel. Nous nous élevons au-dessus de l'horizon pour apercevoir un tout nouveau paysage. Ne percevant plus la réalité à travers les émotions de survie, nous voyons de nouvelles possibilités. Nous sommes maintenant les observateurs quantiques d'une nouvelle destinée. Cette libération guérit le corps et libère l'esprit.

*****

Revoyons le tableau de l'énergie et des fréquences vibratoires des émotions de survie jusqu'aux émotions élevées (voir figure 5A). Lorsque le corps se libère de la colère, de la honte ou de la convoitise, celles-ci se transmutent en joie, en amour ou en gratitude. Dans ce processus qui le conduit à diffuser une énergie plus élevée, le corps (que nous avons conditionné à être l'esprit) devient moins l'esprit et plus une énergie cohérente. La matière qui le compose a un taux vibratoire plus élevé et nous nous sentons davantage connectés à une réalité supérieure. Bref, nous démontrons davantage notre nature divine.

Quand nous sommes en mode survie, nous tentons de contrôler ou de forcer un résultat ; c'est l'œuvre de l'ego. Quand nous vivons dans l'émotion de la création, nous sommes trop transportés pour essayer d'analyser comment ou quand surviendra le destin choisi. Nous avons confiance qu'il se produira car nous l'avons déjà vécu dans l'esprit et dans le corps, en pensée et en émotion. Nous savons qu'il surviendra car nous nous sentons connectés à une réalité supérieure. Nous sommes dans un état de gratitude parce que nous sentons qu'il est déjà survenu.

Nous n'en connaissons peut-être pas tous les détails, mais, quand il surviendra et quelles que soient les circonstances, nous aurons confiance en cet avenir que nous ne pouvons ni voir ni percevoir par nos sens. Pour nous, il s'est déjà produit, dans aucun espace, aucun temps, aucun endroit d'où proviennent toutes choses matérielles. Nous sommes dans un état de certitude ; nous pouvons nous détendre dans le présent et ne plus vivre en mode survie.

Le fait d'anticiper le lieu ou le moment où l'événement se produira ne pourrait que nous ramener à notre ancienne identité. Nous éprouvons une telle joie qu'il est impossible de tenter de savoir ; c'est une chose que l'on ne fait que lorsqu'on existe en état de survie.

Alors que persiste cet état créatif où notre identité n'existe plus, les cellules nerveuses qui auparavant s'activaient ensemble pour former l'ancienne personnalité ne fonctionnent plus de concert. C'est à ce moment que l'ancienne personnalité est détruite biologiquement. Les émotions qui lui sont associées et qui conditionnaient le corps au

LES DEUX ÉTATS de l'ESPRIT et du CORPS

LA SURVIE	LA CRÉATION
Le stress	L'homéostasie
La contraction	L'expansion
Le catabolisme	L'anabolisme
La maladie	La santé
Le déséquilibre	L'ordre
La panne	La réparation
La dégénération	L'amour / la joie / la confiance
La peur / la colère / la tristesse	L'oubli de soi
L'égoïsme	Pas d'objet / pas de corps / pas de temps
L'environnement / le corps / le temps	La création d'énergie
La perte d'énergie	La croissance / la réparation
L'urgence	L'ouverture d'esprit
L'étroitesse d'esprit	La connexion
La séparation	La réalité au-delà des sens
La réalité déterminée par les sens	Causer un effet
La cause et l'effet	Toutes les possibilités
Les possibilités limitées	La cohérence
L'incohérence	Le connu
Le connu	

Figure 5D. Le mode survie versus le mode créatif.

même esprit ne donnent plus le même signal aux mêmes gènes. Plus nous transcendons l'ego, plus la preuve physique de l'ancienne personnalité se modifie. L'ancien soi a disparu.

Alors que vous achevez de lire la première partie de ce livre, vous avez acquis intentionnellement un savoir fondamental qui vous aidera à créer votre nouvelle personnalité. Construisons maintenant sur cette base.

Nous avons survolé plusieurs possibilités : l'esprit subjectif peut affecter le monde subjectif ; on peut modifier le cerveau et le corps en transcendant l'environnement, le corps et le temps ; on peut se soustraire au mode survie fondé sur le stress, cesser de faire comme si le monde extérieur était le seul monde réel, et entrer dans le monde intérieur du créateur. J'espère que vous voyez maintenant ces possibilités comme des réalités.

Si c'est le cas, je vous invite à lire la deuxième partie, où vous trouverez de l'information spécifique sur le rôle du cerveau et sur le processus de la méditation, qui vous préparera à créer des changements réels et durables dans votre existence.

DEUXIÈME PARTIE

LE CERVEAU MÉDITANT

Chapitre 6

TROIS CERVEAUX : DE LA PENSÉE À L'ACTION, PUIS À L'ÊTRE

Il est souvent utile de comparer un cerveau à un ordinateur et il est vrai que le nôtre possède déjà tout le matériel nécessaire pour modifier notre personnalité et notre existence. Cependant, savez-vous comment utiliser ce matériel pour y installer de nouveaux logiciels ?

Imaginez deux ordinateurs pourvus d'un matériel identique et des mêmes logiciels, l'un entre les mains d'un technicien débutant et l'autre entre celles d'un informaticien expérimenté. Le débutant ne connaît pas grand-chose aux possibilités d'un ordinateur ; il sait encore moins comment les utiliser.

Cette deuxième partie vise à vous fournir des informations pertinentes sur le cerveau, de sorte que, lorsque vous utiliserez en tant qu'opérateur de cet ordinateur le processus de méditation destiné à modifier votre vie, vous saurez ce qui doit se produire dans votre cerveau pendant vos méditations, et pourquoi.

Le changement entraîne de nouvelles façons de penser, d'agir et d'être

Si vous savez conduire une voiture, vous avez alors sans doute déjà fait l'expérience de l'enchaînement le plus élémentaire de la pensée, du faire et de l'être. Au début, il vous fallait *penser* à chaque action que vous accomplissiez et à toutes les règles du code de la route. Plus tard, vous êtes devenu habile, tant que vous prêtiez attention à ce que vous *faisiez*. Finalement, vous avez réellement *été* un conducteur ; votre esprit conscient est devenu un passager et, depuis, votre esprit subconscient a probablement occupé le siège du conducteur la plupart du temps ; conduire votre véhicule est devenu une activité automatique et une seconde nature. Une grande partie de ce que l'on apprend se fait par cette progression de la pensée à l'action à l'être, et trois régions du cerveau facilitent ce mode d'apprentissage.

Saviez-vous que l'on peut passer directement de la pensée à l'être ? Il est très probable que vous l'ayez déjà fait au cours de votre vie. Au moyen de la méditation, qui est au cœur de ce livre (ce chapitre lui sert de prélude), vous pourrez passer directement du stade où vous pensez à la personne idéale que vous désirez devenir au stade où vous le deviendrez réellement. C'est le secret de la création quantique.

Tout changement commence par la pensée : nous pouvons former immédiatement de nouveaux circuits neuronaux reflétant nos nouvelles pensées. Rien n'excite davantage le cerveau que l'apprentissage et l'assimilation de nouvelles connaissances et expériences. Ce sont pour lui des aphrodisiaques. Il « cajole » tout signal qu'il reçoit des cinq sens. Chaque seconde, il traite des milliards de bits d'information qu'il analyse, examine, identifie, classifie, afin de pouvoir nous les fournir au besoin. Le cerveau humain est vraiment le superordinateur ultime existant sur cette planète.

Comme nous l'avons vu, nous pouvons modifier notre cerveau selon le principe du câblage, les neurones s'engageant dans des relations habituelles à long terme. J'ai mentionné la loi de Hebb : « Les cellules nerveuses qui sont stimulées ensemble se relient entre elles. » (Les neuroscientifiques pensaient auparavant que la structure cérébrale était relativement immuable après l'enfance, mais de nouvelles découvertes révèlent que plusieurs aspects du cerveau et du système nerveux peuvent se modifier structurellement et fonctionnellement à l'âge adulte, y compris l'apprentissage, la mémoire et la récupération après une lésion cérébrale.)

Le contraire est également vrai : « Les cellules nerveuses qui ne sont plus stimulées ensemble ne se relient plus entre elles. » Ce que nous n'utilisons plus se perd. Nous pouvons même focaliser consciemment la pensée de débrancher les connexions indésirables. Ainsi, il est possible de se débarrasser d'une partie du « fatras » qui teinte nos pensées, nos actes et nos émotions. Le cerveau rénové ne se stimulera plus selon les circuits antérieurs.

L'avantage de la *neuroplasticité* (l'aptitude du cerveau à refaire ses circuits à tout âge en fonction de l'apport environnemental et de nos intentions conscientes) est qu'elle permet de créer un nouveau niveau de l'esprit. Les neuroscientifiques appellent *élagage* et *repousse* ce processus de « rénovation » tandis que je l'appelle « désapprentissage » et « apprentissage ». Il nous donne l'occasion de dépasser nos limitations et de transcender nos conditionnements ou les circonstances.

En nous créant une nouvelle personnalité, nous prenons essentiellement le contrôle conscient de ce qui était auparavant un processus inconscient. Au lieu que l'esprit poursuive un but (« Je ne veux pas être en colère ») tandis que le corps en poursuit un autre (« Je veux rester en colère pour continuer à baigner dans les substances chimiques qui me sont familières »), nous voulons unifier l'intention de l'esprit et les réactions du corps. Pour ce faire, nous devons créer un nouveau mode de penser, de faire et d'être.

Étant donné que nous devons d'abord, pour changer notre vie, modifier nos pensées et nos émotions, puis *faire* quelque chose (changer nos actions ou nos comportements) afin de vivre une nouvelle expérience, ce qui en retour produit une nouvelle émotion, et ensuite mémoriser celle-ci jusqu'à ce que nous entrions dans un nouvel état d'être (lorsque l'esprit et le corps ne font qu'un), nous avons au moins quelques atouts. En plus de la neuroplastie cérébrale, on pourrait dire que nous avons plus d'un cerveau pour œuvrer. En effet, nous en avons trois.

(Pour les besoins de ce livre, ce chapitre se limitera aux fonctions des « trois cerveaux » liées spécifiquement à l'acquisition d'une nouvelle personnalité. Personnellement, je trouve que l'étude des fonctions du cerveau et des autres composantes du système nerveux est extrêmement fascinante. Dans mon premier livre, *Evolve Your Brain*, j'ai étudié la question de plus près qu'il n'est nécessaire de le faire ici. On trouvera davantage de ressources sur mon site Internet, à **www.drjoedispenza.com**. Bien sûr, il existe plusieurs autres excellentes publica-

LES TROIS CERVEAUX

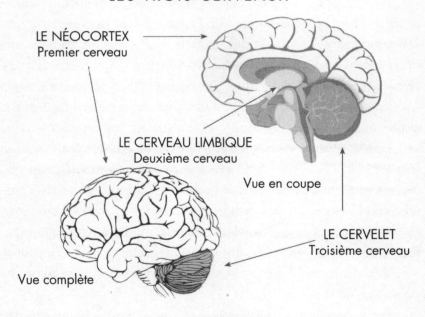

Figure 6A. Le « premier cerveau » est le néocortex ou cerveau pensant (en blanc). Le « deuxième cerveau » est le cerveau limbique ou émotionnel, responsable de la création, du maintien et de l'organisation des substances chimiques du corps (en gris). Le « troisième cerveau », le cervelet, est le siège de l'esprit subconscient (en gris foncé).

tions et d'autres sites Internet pour ceux et celles qui désirent en savoir davantage sur le cerveau, l'esprit et le corps.)

De la pensée à l'action : le néocortex traite le savoir, puis il nous incite à vivre ce que nous avons appris

Le *néocortex* est notre « cerveau pensant », le revêtement extérieur du cerveau. Constituant le matériel technologique de l'humanité le plus nouveau et le plus complexe, le néocortex est le siège de l'esprit conscient, de notre identité et d'autres fonctions cérébrales. (Le lobe frontal, étudié plus haut, est l'une des quatre parties du néocortex.)

Essentiellement, le néocortex est l'architecte ou le concepteur cérébral. Il nous permet d'apprendre, de nous rappeler, de raisonner, d'analyser, de projeter, de créer, de spéculer sur des possibilités, d'inventer et de communiquer. Puisque c'est dans cette région cérébrale que nous enregistrons les données sensorielles, par exemple ce que nous voyons et entendons, le néocortex nous branche sur la réalité extérieure.

En général, le néocortex traite le savoir et l'expérience. Nous recueillons d'abord le savoir sous la forme de faits ou d'information *sémantiques* (idées ou concepts philosophiques ou théoriques que nous apprenons intellectuellement), incitant le néocortex à ajouter de nouvelles connexions ou nouveaux circuits synaptiques.

Ensuite, dès que nous avons décidé de personnaliser ou d'appliquer le savoir que nous avons acquis, nous créons invariablement une nouvelle expérience pour démontrer ce que nous venons d'apprendre, ce qui suscite la formation de *réseaux neuronaux* dans le cortex qui renforcent les circuits de ce que nous avons appris intellectuellement.

Si le néocortex avait une devise, ce serait celle-ci : *le savoir est pour l'esprit*. Le néocortex est responsable du traitement des idées dont nous n'avons pas encore fait l'expérience et qui constituent une future potentialité. En entretenant de nouvelles pensées, nous commençons à modifier notre comportement de manière à agir autrement lorsque l'occasion se présentera, afin d'obtenir un résultat différent. Quand nous modifions nos actions routinières et nos comportements typiques, il devrait se produire quelque chose qui diffère de la norme, donnant lieu à un événement nouveau dans notre vie.

De nouveaux événements et de nouvelles émotions : le cerveau limbique produit des substances chimiques qui nous aident à nous rappeler nos expériences

Le cerveau limbique (aussi appelé cerveau mammalien), situé sous le néocortex, est la région cérébrale la plus développée et la plus spécialisée chez les mammifères autres que les humains, les dauphins et les primates supérieurs. Considérons-le comme le « cerveau chimique » ou le « cerveau émotionnel ».

Lorsque nous vivons une nouvelle expérience et que nos sens envoient au néocortex de l'information provenant du monde extérieur, ses réseaux neuronaux s'organisent de manière à refléter l'événement. Ainsi, cette expérience enrichit le cerveau davantage qu'un nouveau savoir.

Au moment où ces réseaux de neurones créent un schème spécifique à cette nouvelle expérience, le cerveau émotionnel fabrique et libère des substances chimiques sous forme de peptides. Ce cocktail chimique possède une signature particulière qui reflète les émotions que nous éprouvons à ce moment-là. Comme vous le savez maintenant, les émotions sont le produit final de l'expérience ; une nouvelle expérience crée une nouvelle émotion (qui envoie un nouveau signal aux gènes). Ainsi, les émotions donnent au corps le signal d'enregistrer l'événement chimiquement et nous intégrons alors ce que nous avons appris.

Au cours du processus, le cerveau limbique contribue à la formation des souvenirs à long terme : nous pouvons mieux nous rappeler toute expérience parce que nous nous souvenons de l'émotion que nous avons éprouvée au moment de l'événement. (Ensemble, le néocortex et le cerveau limbique nous permettent de former des souvenirs *déclaratifs*, c'est-à-dire que nous pouvons déclarer ce que nous avons appris ou vécu[1]. Voir la figure 6B pour plus de détails sur les souvenirs déclaratifs et non déclaratifs.)

Nous sommes donc marqués émotionnellement par les expériences intenses. Tous les gens mariés peuvent dire où ils étaient et ce qu'ils faisaient quand ils ont fait ou reçu leur demande en mariage. Si c'est votre cas, peut-être savouriez-vous un mets délicieux à la terrasse de votre restaurant favori, sous la brise odorante d'un soir d'été, tout en admirant le coucher de soleil, au son feutré d'une pièce de Mozart jouant en sourdine, lorsque votre partenaire a mis un genou à terre pour vous tendre une petite boîte noire.

La combinaison de tous les éléments que vous perceviez à ce moment-là vous a procuré une sensation sortant de l'ordinaire. L'équilibre chimique interne normal que votre soi identitaire avait mémorisé fut bouleversé par ce que vous voyiez, entendiez et ressentiez. En un sens, vous vous êtes éveillé des stimuli environnementaux familiers qui bombardent habituellement le cerveau en suscitant des pensées et des émotions prévisibles. Les événements nouveaux nous surprennent au point que nous prenons conscience davantage du moment présent.

Si le cerveau limbique avait une devise, ce serait celle-ci : *l'expérience est pour le corps.*

Si le savoir est pour l'esprit et si l'expérience est pour le corps, alors, quand nous appliquons le savoir pour créer une nouvelle expérience, nous enseignons au corps ce que l'esprit a appris intellectuellement. Le savoir sans l'expérience n'est que de la philosophie, et l'expérience sans le savoir est de l'ignorance. Il doit y avoir une progression. Nous devons vivre le savoir, le saisir émotionnellement.

Si vous avez bien suivi mes explications jusqu'ici, vous avez compris que nous acquérons un savoir, puis que nous accomplissons une action pour vivre une nouvelle expérience, laquelle produit une nouvelle émotion. Nous devons ensuite mémoriser cette émotion et faire passer de l'esprit conscient à l'esprit subconscient ce que nous avons appris. Nous possédons déjà le matériel nécessaire dans le troisième cerveau.

De la pensée à l'action, puis à l'être : le cervelet emmagasine les pensées, les attitudes et les comportements habituels

J'ai évoqué plus haut la situation fréquente où l'on ne peut se rappeler consciemment un numéro de téléphone ou le code d'une serrure, mais, comme nous l'avons exécuté très souvent, le corps s'en souvient mieux que le cerveau et nos doigts le composent automatiquement. Cela peut sembler anodin, mais, quand le corps en sait autant ou davantage que l'esprit conscient, si nous pouvons répéter une expérience à volonté sans grand effort conscient, c'est que nous avons mémorisé l'action, le comportement, l'attitude ou la réaction émotionnelle jusqu'à ce qu'elle devienne une aptitude ou une habitude.

Quand nous avons atteint ce niveau, nous sommes entrés dans un état d'être particulier. Nous avons activé le troisième cerveau, qui joue un rôle majeur dans le changement de la vie : le cervelet, siège du subconscient.

Constituant la partie cérébrale la plus active, le cervelet est situé à l'arrière du crâne. Considérons-le comme le microprocesseur et le centre mémoriel du cerveau. Chacun de ses neurones a le potentiel de se connecter à au moins 200 000 et jusqu'à un million d'autres cellules pour traiter l'équilibre, la coordination, la conscience de la relation spatiale des parties du corps et l'exécution des mouvements contrôlés. Le cervelet emmagasine certains types d'actions et d'aptitudes simples, ainsi que des attitudes enracinées, des réactions émotionnelles, des actions répétitives, des habitudes, des comportements conditionnés, des réflexes inconscients que nous avons maîtrisés et mémorisés. Doté d'une énorme capacité mémorielle, il transfère facilement diverses formes d'informations acquises dans des états d'esprit et du corps programmés.

Quand nous sommes dans un état d'être, nous mémorisons un nouveau soi chimique. C'est alors que le cervelet entre en jeu, faisant de ce nouvel état une partie implicite de notre programmation subconsciente. Le cervelet est le site des *souvenirs non déclaratifs*, c'est-à-dire que nous avons effectué quelque chose tellement de fois que c'est devenu une seconde nature et que nous n'avons même plus à y penser en l'accomplissant; c'est devenu tellement automatique qu'il nous serait difficile de dire comment nous le faisons. Quand cela se produit, nous arrivons au point où le bonheur (ou quelque autre attitude, comportement, aptitude ou caractéristique sur quoi nous nous sommes concentrés et que nous avons exercés mentalement ou physiquement) devient un programme mémorisé du nouveau soi.

Prenons un exemple concret pour montrer comment les trois cerveaux nous font passer de la pensée à l'agir et ensuite à l'être. Nous verrons d'abord comment, par l'exercice mental conscient, le cerveau pensant (le néocortex) utilise le savoir pour activer de nouveaux circuits et créer un nouvel esprit. Ensuite, notre pensée crée une expérience qui, via le cerveau émotionnel (limbique), produit une nouvelle émotion. Le cerveau pensant et le cerveau émotionnel conditionnent le corps à un nouvel esprit. Finalement, si nous atteignons le point où l'esprit et le corps ne font qu'un, le cervelet nous permet de mémoriser un nouveau soi neurochimique, et notre nouvel état d'être devient un programme inné du subconscient.

Un exemple concret où les trois cerveaux sont en action

Pour jeter un coup d'œil pratique sur ces idées, supposons que vous ayez lu dernièrement quelques livres mentalement stimulants sur la compassion, dont l'un du dalaï-lama, une biographie de Mère Teresa et un compte rendu de l'œuvre de saint François d'Assise.

Cette connaissance vous a permis de sortir des sentiers battus. Ces lectures ont formé de nouvelles connexions synaptiques dans votre cerveau pensant. Essentiellement, vous vous êtes familiarisé avec la philosophie de la compassion (à travers l'expérience des autres et non de la vôtre). De plus, vous avez renforcé ces connexions neuronales en revoyant quotidiennement ce que vous aviez appris. Vous êtes tellement enthousiaste que vous résolvez tous les problèmes de vos amis en leur procurant des conseils. Vous êtes devenu à leurs yeux le grand philosophe. Intellectuellement, vous connaissez votre sujet.

Un soir, en rentrant chez vous en voiture, vous recevez un appel de votre épouse qui vous dit que vous êtes invité à dîner chez votre belle-mère dans trois jours. Vous vous rangez au bord de la route en pensant à l'antipathie que vous éprouvez pour votre belle-mère depuis qu'elle vous a blessé, il y a dix ans. Vous établissez bientôt une liste de vos récriminations à son endroit : vous n'avez jamais aimé ses idées dogmatiques, elle interrompt souvent ses interlocuteurs, elle sent mauvais, elle cuisine mal. Chaque fois que vous vous trouvez en sa présence, votre cœur s'affole, votre mâchoire se raidit, vous êtes tendu et nerveux, et vous avez envie d'être ailleurs.

Toujours au volant de votre voiture, vous vous rappelez les livres que vous avez lus sur la compassion et vous pensez à ce que vous avez appris théoriquement. Bien sûr, vous vous dites quelque chose comme ceci : « Peut-être que je pourrais voir ma belle-mère différemment si j'essayais d'appliquer ce que j'ai lu dans ces livres. Qu'ai-je appris qui pourrait m'aider à modifier l'atmosphère de ce dîner ? »

Dès que vous étudiez la possibilité d'appliquer cette connaissance à votre relation avec votre belle-mère, il commence à se passer des choses merveilleuses. Vous décidez de ne plus réagir à son comportement avec vos programmes automatiques. Vous pensez plutôt à ce que vous ne voulez plus être et à ce que vous voulez être à la place. Vous vous demandez ce que vous ne voulez *pas* ressentir et comment vous ne voulez *pas* agir quand vous la verrez. Votre lobe frontal commence à « refroidir » les circuits neuronaux associés à votre vieille personnalité. Vous empêchez cette vieille personnalité de fonctionner. Comme votre cerveau ne reçoit plus les mêmes stimulations, on pourrait dire que vous ne créez plus le même esprit.

Vous revoyez ensuite ce que vous avez lu dans ces livres où l'on vous indiquait comment planifier vos pensées, vos sentiments et vos actions envers votre belle-mère. Vous vous demandez alors comment modifier votre comportement, c'est-à-dire vos actions et vos réactions, de façon que cette nouvelle expérience vous conduise à éprouver un nouveau sentiment. Vous vous imaginez donc lui disant bonsoir et la serrant dans vos bras, lui posant des questions sur des sujets qui l'intéressent et la complimentant sur sa nouvelle coiffure ou ses nouvelles lunettes. Au cours des jours suivants, en exerçant mentalement votre nouvelle personnalité idéale, vous installez davantage de matériel neuronal, de sorte que les circuits adéquats seront en place (effectivement un nouveau logiciel) quand vous reverrez votre belle-mère dans la réalité.

Pour la plupart d'entre nous, passer de la pensée à l'agir, c'est comme d'inciter des escargots à accélérer. Nous voulons demeurer dans la sphère intellectuelle et philosophique de notre réalité. Nous aimons nous identifier au sentiment mémorisé et reconnaissable de notre soi familier.

En abandonnant plutôt nos vieux schémas de pensée, en interrompant nos réactions émotionnelles habituelles et en renonçant aux comportements impulsifs, puis en planifiant de nouvelles manières d'être et en les exerçant, nous nous plaçons nous-mêmes dans l'équation de ce savoir que nous avons acquis et nous créons un nouvel esprit. Nous nous rappelons à nous-mêmes ce que nous voulons être.

Nous devons aborder ici une autre étape.

Que s'est-il passé lorsque vous avez observé votre « ancienne personnalité » liée aux pensées familières, aux comportements habituels et aux émotions mémorisées associées à votre belle-mère? D'une certaine façon, vous êtes entré dans le système d'exploitation de l'esprit subconscient, où logent ces programmes, et vous en avez été l'observateur. Quand on prend conscience de qui l'on est, on devient conscient de son soi inconscient.

En vous projetant psychologiquement dans une situation potentielle avant de la vivre concrètement (le dîner à venir), vous reconfigurez vos circuits neuronaux pour qu'ils soient comme si l'événement (l'expression de votre compassion envers votre belle-mère) avait déjà eu lieu. Dès que ces nouveaux réseaux de neurones sont stimulés à l'unisson, votre cerveau a créé une image, une vision, un modèle ou ce que j'appellerais un hologramme (une image multidimensionnelle) représentant la personnalité idéale sur laquelle vous vous êtes concentré. À l'instant où cela s'est produit, vous avez rendu l'objet de votre pensée plus réel que quoi que ce soit. Votre cerveau a capté la pensée comme étant l'expérience vécue et il a «amélioré» sa matière grise pour qu'elle se présente comme si l'expérience avait déjà eu lieu.

Incarner le savoir par l'expérience : enseigner au corps ce que l'esprit a appris

Voici venu le jour fatidique où vous êtes assis face à face avec «belle-maman» pour le dîner. Au lieu de réagir impulsivement lorsque ses comportements typiques se manifestent, vous demeurez conscient en vous rappelant ce que vous avez appris et vous essayez de l'appliquer. Plutôt que de juger, d'attaquer ou d'éprouver de l'animosité envers elle, vous faites quelque chose d'entièrement différent. Comme les livres vous ont encouragé à le faire, vous restez dans l'instant présent, vous ouvrez votre cœur et vous écoutez vraiment ce qu'elle dit. Vous ne la maintenez plus dans son passé.

Voici que vous modifiez votre comportement en réprimant vos réactions émotionnelles impulsives, créant ainsi une nouvelle expérience interactive avec votre belle-mère, ce qui incite le cerveau limbique à concocter un nouveau mélange chimique qui génère une nouvelle émotion. Soudain, vous ressentez véritablement de la compassion pour elle. Vous la voyez telle qu'elle est réellement; vous voyez même chez elle des aspects de vous-même. Vos muscles se détendent, vous sentez votre cœur s'ouvrir et vous respirez librement.

Ce jour-là, l'expérience fut si agréable qu'elle a persisté. Vous êtes maintenant inspiré et ouvert d'esprit, et vous découvrez que vous aimez vraiment votre belle-mère. Combinant ce nouveau sentiment de bonne volonté et d'amour avec cette personne appartenant à votre réalité extérieure, vous associez la compassion à votre belle-mère. Vous formez un *souvenir associatif.*

Dès que vous avez commencé à éprouver cette compassion, vous avez appris à votre corps ce que votre esprit savait (philosophiquement), et cela a activé et modifié certains de vos gènes. Vous êtes maintenant passé de la pensée à l'agir : votre comportement correspond à votre intention consciente ; vos actions sont égales à vos pensées ; l'esprit et le corps travaillent de concert. Vous avez fait exactement ce qu'ont fait les gens dont il est question dans les livres que vous avez lus. Ainsi, en apprenant intellectuellement la compassion avec votre cerveau et votre esprit, puis en démontrant cet idéal dans votre environnement par l'expérience, vous avez incarné ce sentiment élevé. Vous avez conditionné votre corps à un nouvel esprit compatissant. Votre esprit et votre corps ont travaillé ensemble. Vous avez incarné la compassion. En un sens, le verbe s'est fait chair.

Deux cerveaux vous ont fait passer de la pensée à l'action, mais pouvez-vous créer un état d'être ?

Grâce à vos efforts pour incarner la compassion, votre néocortex et votre cerveau limbique travaillent ensemble. Vous avez quitté votre soi familier mémorisé, qui opère par une série de programmes automatiques, et vous êtes entré dans un nouveau cycle de pensées et d'émotions. Vous avez vécu la compassion et vous la préférez à l'hostilité secrète, au rejet et à la colère réprimée.

Mais attention : vous n'êtes pas devenu un saint pour autant ! Il ne suffit pas que l'esprit et le corps travaillent ensemble *une seule fois*. Vous êtes passé de la pensée à l'action, mais pouvez-vous reproduire cette compassion à volonté ? Pouvez-vous l'incarner à plusieurs reprises, indépendamment des conditions de votre environnement, de sorte que ni rien ni personne ne puisse vous faire créer de nouveau votre ancien état d'être?

Si ce n'est pas le cas, vous n'avez pas encore maîtrisé la compassion. *Selon ma définition de la maîtrise, celle-ci existe quand notre état chimique intérieur transcende notre monde extérieur.* On est un maître quand on s'est conditionné par des pensées et des émotions choisies, quand on a mémorisé les états émotionnels/chimiques désirés, et que rien d'extérieur ne nous détourne de cet objectif. Ni rien ni personne, nulle part et jamais, ne devrait troubler notre cohérence chimique interne. Nous pouvons penser, agir et ressentir selon notre nouvel état d'être quand nous le désirons.

Si nous pouvons maîtriser la souffrance,
nous pouvons tout aussi facilement maîtriser la joie

Vous avez sans doute une amie qui a maîtrisé la souffrance. Supposons que vous lui téléphoniez et que vous lui demandiez comment elle va. « Comme ci, comme ça », vous répond-elle. Vous lui dites alors ceci : « Écoute, je m'en vais visiter une nouvelle galerie d'art avec des amis et nous irons ensuite manger dans tel restaurant où il y a d'excellents desserts santé. Tu aimerais venir avec nous ? »

Elle vous répond qu'elle n'en a pas tellement envie.

Toutefois, si elle avait vraiment exprimé sa pensée, elle vous aurait plutôt dit ceci : « J'ai mémorisé cet état émotionnel et rien ni personne ne va me faire sortir de mon état chimique de souffrance. J'aime mieux souffrir que de lâcher prise et d'être heureuse. Je suis bien comme je suis et toutes ces activités que tu me proposes pourraient me distraire de ma dépendance émotionnelle. »

Vous savez quoi ? Nous pouvons tout aussi facilement maîtriser un état chimique intérieur comme la joie ou la compassion.

Dans l'exemple qui précède concernant votre belle-mère, si vous exerciez suffisamment vos pensées, vos comportements et vos sentiments, il vous serait naturel « d'être » compatissant. Vous passeriez de la *pensée* de la compassion à *l'action* et ensuite à *l'être*. « L'être », cela veut dire que la chose est facile, naturelle, une seconde nature, une routine inconsciente. La compassion et l'amour devraient vous être aussi familiers et automatiques que l'étaient les émotions limitatives que vous venez d'abandonner.

Il vous faut donc reproduire maintenant cette expérience de la compassion sur le plan de la pensée, du sentiment et de l'action. Si vous le faites, vous vous libérerez de la dépendance à votre état émotionnel passé, et vous conditionnerez neurochimiquement votre esprit et votre corps à mémoriser l'état de compassion mieux que votre esprit conscient. Finalement, si vous répétez plusieurs fois l'expérience de la compassion en l'exerçant indépendamment des circonstances, votre corps deviendra l'esprit de la compassion. Vous mémoriserez la compassion tellement bien que rien d'extérieur ne pourra vous faire perdre cet état d'être.

Les trois cerveaux travaillent maintenant de concert. Vous êtes biologiquement, neurochimiquement et génétiquement dans l'état de compassion. Lorsque la compassion nous devient inconditionnellement familière, nous sommes passés du savoir à l'expérience et à la sagesse.

La progression vers un état d'être : le rôle de nos deux systèmes mémoriels

Nous avons trois cerveaux qui nous permettent d'évoluer, de passer de la pensée à l'action et à l'être. Examinons le tableau qui suit :

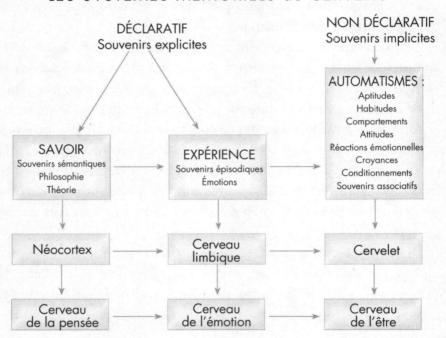

Figure 6B (1). Souvenirs déclaratifs et non déclaratifs.

Le cerveau comporte deux systèmes mémoriels.
- Le premier est celui des **souvenirs déclaratifs ou explicites**. Quand nous nous rappelons ce que nous avons appris ou vécu et que nous pouvons le déclarer, il s'agit de souvenirs déclaratifs. Il existe deux types de souvenirs déclaratifs : le savoir (les souvenirs sémantiques dérivés du savoir philosophique) et l'expérience (les souvenirs épisodiques dérivés des expériences sensorielles, identifiées comme des événements vécus avec des gens, des animaux ou

des objets particuliers, alors que nous faisions ou observions une certaine chose à un moment précis et en un lieu particulier). Les souvenirs épisodiques ont tendance à s'imprimer plus longuement dans le cerveau et le corps que les souvenirs sémantiques.

— Le second système mémoriel est celui des **souvenirs non déclaratifs ou implicites**. Quand nous avons exercé une activité tellement de fois qu'elle est devenue une seconde nature, nous n'avons plus besoin d'y penser ; c'est un peu comme si nous ne pouvions pas déclarer comment nous l'effectuons. Le corps et l'esprit ne font qu'un. C'est le siège de nos aptitudes, habitudes, comportements automatiques, souvenirs associatifs, attitudes inconscientes et réactions émotionnelles.

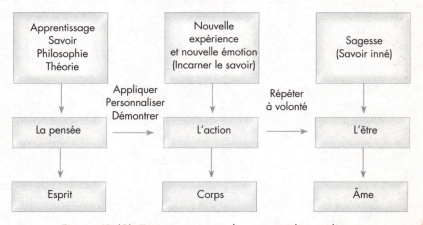

Figure 6B (2). Trois cerveaux : la pensée, l'agir, l'être.

Ainsi, quand nous prenons ce que nous avons appris intellectuellement (le néocortex) et que nous l'appliquons, le personnalisons ou le démontrons, nous modifions notre comportement. Ce faisant, nous créons une nouvelle expérience, qui produira une nouvelle émotion (le cerveau limbique). Si nous pouvons répéter cette action à volonté, nous entrerons dans un nouvel état d'être (le cervelet).

La sagesse est un savoir accumulé qui a été acquis par l'expérience répétée. Quand l'état d'être de la compassion nous est aussi naturel que celui de la souffrance, du jugement, du blâme, de la frustration, de la négativité ou de l'insécurité, nous sommes devenus sages. Nous sommes libres de saisir de nouvelles occasions car la vie semble s'organiser elle-même en fonction de ce que nous sommes devenus.

FAIRE ÉVOLUER NOTRE ÊTRE

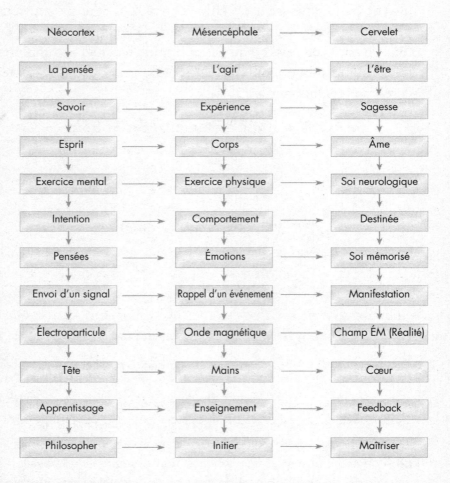

Figure 6C. Ce tableau illustre la progression dans l'alignement des trois cerveaux pour mettre en corrélation diverses avenues d'évolution personnelle.

Passer directement de la pensée à l'être : un prélude à la méditation

Passer de la pensée à l'action et ensuite à l'être constitue une progression que nous avons déjà effectuée plusieurs fois, que ce soit lorsque nous avons appris à conduire, à skier ou à tricoter, ou quand une deuxième langue est devenue pour nous une seconde nature.

Penchons-nous maintenant sur l'un des grands cadeaux de l'évolution humaine : la capacité de passer de la pensée à l'être directement, sans accomplir aucune action concrète. Pour le dire autrement : nous pouvons créer un nouvel état d'être avant de vivre une expérience réelle.

Nous le faisons couramment, et il ne s'agit pas de « faire comme » jusqu'à ce que cela fonctionne. Par exemple, supposons que vous ayez un fantasme sexuel où vous vivez intérieurement toutes les pensées, les émotions et les actions que vous avez hâte de vivre réellement lorsque votre partenaire reviendra de voyage. Vous êtes tellement présent à cette expérience intérieure que votre corps se modifie chimiquement et réagit comme si cet événement futur se produisait réellement dans le présent. Vous êtes entré dans un autre état d'être. De même quand vous vous répétez mentalement les propos que vous tiendrez lors d'un futur affrontement inévitable avec un collègue de travail ou que vous imaginez ce que vous avez envie de manger lorsque vous êtes affamé, mais immobilisé dans la circulation ; votre corps entrera dans cet état d'être par la seule pensée si, dans chacun de ces cas, vous ne pensez à rien d'autre.

D'accord, direz-vous, mais jusqu'où cela peut-il aller ? Est-ce que la pensée et l'émotion uniquement pourraient vous faire devenir enfin la personne que vous voulez être ? Pourriez-vous créer et vivre une réalité choisie, comme l'a fait ma fille quand elle a finalement obtenu son emploi de vacances rêvé ?

Voilà où la méditation intervient. Comme vous le savez, on utilise des techniques de méditation pour diverses raisons. Vous apprendrez dans ce livre une technique spéciale conçue pour atteindre un objectif spécifique : rompre avec vous-même et acquérir la personnalité idéale que vous désirez. Dans le reste de ce chapitre, nous ferons le lien entre ce que nous avons exposé jusqu'ici et la technique de méditation que vous apprendrez bientôt. (Chaque fois que je parlerai de méditation ou de processus méditatif, ce sera en référence à celui qui fera l'objet de la troisième partie du livre.)

La méditation nous permet de modifier notre cerveau, notre corps et notre état d'être. Qui plus est, nous pouvons effectuer ces changements sans accomplir aucune action concrète ni être en interaction avec l'environnement extérieur. Par la méditation, nous pouvons installer le matériel neurologique nécessaire, comme l'ont fait en exerçant leurs doigts ou en jouant du piano mentalement les sujets d'expérience dont il fut question précédemment. (Ces sujets faisaient uniquement de l'exercice mental, qui n'est qu'une composante, quoique très importante, du processus méditatif visant à atteindre l'objectif que nous poursuivons ici.)

Si je vous demandais de penser aux qualités que posséderait votre personnalité idéale ou d'imaginer ce que vous ressentiriez si vous étiez quelqu'un de grand comme Mère Teresa ou Nelson Mandela, vous stimuleriez votre cerveau d'une nouvelle façon seulement en imaginant ce nouvel état d'être et vous renouvelleriez ainsi votre esprit. Voilà ce qu'est l'exercice mental. Je vous demande maintenant de vous imaginer heureux, content, satisfait et en paix. Quelle serait votre vision de vous-même si vous envisagiez de créer votre personnalité idéale ?

Essentiellement, le processus méditatif permet de répondre à cette question en rassemblant toute l'information apprise et imbriquée dans vos synapses en ce qui concerne le bonheur, le contentement, la satisfaction et la paix intérieure. En méditant, vous prenez tout ce savoir et vous vous placez ensuite dans l'équation. Au lieu de vous demander simplement comment ce serait si vous étiez heureux, vous vous mettez en position d'exercer et donc de vivre l'état de bonheur. Après tout, vous connaissez déjà ce sentiment car vous l'avez vécu vous-même et vous avez vu d'autres personnes le vivre. Vous allez maintenant choisir dans ce savoir et dans cette expérience pour créer votre personnalité idéale.

J'ai expliqué comment activer de nouveaux circuits par le lobe frontal afin de créer un nouvel esprit. Dès que celui-ci existe, le cerveau crée une sorte d'image holographique qui nous fournit le modèle à suivre pour créer notre future réalité. Parce que vous avez ainsi installé de nouveaux circuits neuronaux avant de vivre l'expérience réelle, vous n'avez pas à mener une révolution non violente comme l'a fait Gandhi ni à diriger le peuple et à brûler sur un bûcher comme Jeanne d'Arc. Vous n'avez qu'à utiliser votre savoir et votre expérience des qualités que sont le courage et la conviction pour produire intérieurement un effet émotionnel. Il en résultera un état d'esprit. Si vous produisez cet état d'esprit plusieurs fois, il vous deviendra familier et vous créerez de nouveaux circuits. Plus vous le produirez souvent, plus ces pensées en deviendront l'expérience.

Une fois qu'a eu lieu cette transformation pensée/expérience, le produit final sera une sensation, une émotion. Quand cela se produit, le corps (en tant qu'esprit inconscient) ne fait pas de différence entre un événement qui a lieu dans la réalité concrète et les émotions créées uniquement par la pensée.

En conditionnant ainsi le corps à un nouvel esprit, vous découvrirez que votre cerveau pensant et votre cerveau émotionnel travaillent ensemble. N'oubliez pas que les pensées sont pour le cerveau et que les émotions sont pour le corps. Quand vos pensées et vos émotions seront identiques lors du processus méditatif, vous ne serez plus la même personne qu'au début. Les circuits nouvellement installés, les changements neurologiques et chimiques produits par ces pensées et ces émotions, vous auront changé de sorte qu'il existera dans le cerveau et dans le corps une preuve physique de ces changements.

À ce stade, vous serez entré dans un nouvel état d'être. Vous ne serez plus seulement en train de vous *exercer* à ressentir du bonheur ou de la gratitude, mais vous *serez* heureux ou reconnaissant. Vous pourrez produire quotidiennement cet état d'esprit et de corps ; vous pourrez revivre continuellement un événement et produire la réaction émotionnelle à l'expérience de ce nouveau soi idéal.

Si vous pouvez sortir de votre séance de méditation en possédant ce nouvel état d'être – modifié neurologiquement, biologiquement, chimiquement et génétiquement –, c'est que vous aurez activé ces changements en avance sur toute expérience, et vous serez davantage enclin à penser et à agir en accord avec votre vraie nature. Vous aurez rompu avec vous-même.

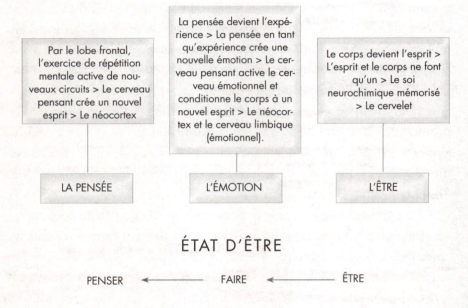

Figure 6D. On peut passer de la pensée à l'être sans devoir faire quoi que ce soit. Si vous exercez mentalement un nouvel esprit, viendra un moment où la pensée deviendra l'expérience. Quand c'est le cas, le produit final de cette expérience intérieure est une émotion ou un sentiment. Une fois que vous saurez ce que c'est que d'être cette personne, votre corps (en tant qu'esprit inconscient) commencera à croire qu'il se trouve dans cette réalité. L'esprit et le corps travailleront alors ensemble et vous « serez » cette personne sans avoir eu à faire quoi que ce soit. En entrant dans un nouvel état d'être par la seule pensée, vous serez davantage enclin à agir et à penser en accord avec votre être.

Un rappel : quand vous êtes dans un nouvel état d'être ou une nouvelle personnalité, vous créez aussi une nouvelle réalité personnelle. Je répète. *Un nouvel état d'être crée une nouvelle personnalité… et une nouvelle personnalité produit une nouvelle réalité personnelle.*

Comment saurez-vous si la pratique de la méditation a activé vos trois cerveaux pour qu'ils produisent l'effet escompté ? C'est simple : vous vous sentirez différent après vous être engagé dans le processus. Si vous vous sentez exactement comme avant, si les mêmes catalyseurs produisent en vous les mêmes réactions, il ne s'est alors rien produit dans le champ quantique. Vos mêmes pensées et émotions y reproduisent le même signal électromagnétique. Vous n'avez pas changé chimiquement, ni neurologiquement, ni génétiquement. Mais si vous sortez de votre séance de méditation différent de ce que vous étiez en commençant et si vous pouvez maintenir cet état modifié de l'esprit et du corps, vous avez alors changé effectivement.

Ce que vous avez modifié en vous, ce nouvel état d'être que vous avez créé, devrait maintenant produire un effet à l'extérieur de vous. Vous avez dépassé le modèle de cause à effet de l'univers, ce vieux concept newtonien selon lequel nos pensées, nos actions et nos émotions sont contrôlées par quelque chose d'extérieur à nous. J'y reviendrai bientôt.

Vous saurez également que votre méditation a été féconde si quelque chose d'inattendu survient dans votre vie comme résultat de vos efforts. Rappelez-vous : le modèle quantique nous dit que si nous avons créé un nouvel esprit et un nouvel état d'être, notre signature électromagnétique est modifiée. Parce que nos pensées et nos émotions sont différentes d'auparavant, nous changeons la réalité. Les pensées et les émotions peuvent le faire ensemble, mais pas séparément. Encore un rappel : *on ne peut entretenir des pensées différentes de nos émotions et s'attendre à un changement.* La combinaison de nos pensées et de nos émotions constitue notre état d'être. Changez votre état d'être et vous changerez votre réalité.

C'est ici que les signaux cohérents entrent en jeu. Si vous envoyez dans le champ quantique un signal suffisamment cohérent en pensée et en émotion (état d'être), indépendant du monde extérieur, quelque chose de différent se produira alors dans votre vie. Quand cela arrivera, vous vivrez sans le moindre doute une intense réaction émotionnelle qui vous inspirera à créer une fois de plus une nouvelle réalité, et vous pourrez utiliser cette émotion pour générer une expérience encore plus merveilleuse.

Revenons à Newton. Nous sommes tous conditionnés par l'idée newtonienne que la vie est dominée par la loi de cause à effet. Quand il nous arrive quelque chose de bien, nous exprimons de la joie et de la gratitude. Nous nous attendons toujours que quelqu'un ou quelque chose d'extérieur à nous gouverne nos émotions.

Je vous demande plutôt d'inverser le processus et de prendre le contrôle de vous-même. Au lieu d'attendre une occasion qui vous procurera telle ou telle émotion, créez l'émotion en question en avance sur toute expérience dans le monde physique. Convainquez votre corps émotionnellement qu'une expérience «génératrice de gratitude» a déjà eu lieu.

Pour ce faire, vous pouvez choisir une potentialité dans le champ quantique et entrer en contact avec l'émotion procurée par cet événement comme si vous le viviez. Je vous demande d'utiliser la pensée et l'émotion pour vous mettre si intensément dans la peau de cette future personnalité possible que vous conditionnerez émotionnellement votre corps à croire que vous êtes déjà devenu cette personne. Qui voulez-vous être quand vous ouvrirez les yeux après votre séance de méditation? Quelle sensation ce soi idéal (ou cette expérience désirée) vous procurerait-il?

Pour rompre complètement avec vous-même, dites adieu à la loi de cause à effet et adoptez le modèle quantique de la réalité. Choisissez une réalité potentielle que vous désirez vivre, vivez-là en pensée et en émotion, et soyez-en reconnaissant en avance sur l'événement. Pouvez-vous accepter l'idée qu'une fois que vous aurez modifié votre état intérieur, vous n'aurez pas besoin du monde extérieur pour avoir une raison d'éprouver de la joie, de la gratitude ou toute autre émotion élevée ?

Quand le corps vit l'expérience comme si elle avait lieu dans le présent et qu'elle vous semble réelle simplement à partir de votre concentration mentale et de vos émotions, vous vivez alors dans un présent futur. Lorsque vous êtes dans cet état d'être, dans le moment présent de cette expérience, vous êtes alors connecté à toutes les réalités possibles qui existent dans le champ quantique. Souvenez-vous que si vous êtes dans le passé ou dans le futur, à partir de vos émotions familières ou de l'anticipation d'un effet quelconque, vous n'aurez pas accès à toutes les possibilités contenues dans le champ quantique. La seule façon d'accéder au champ quantique, c'est d'être dans le moment présent.

Gardez à l'esprit qu'il ne peut s'agir simplement d'un processus intellectuel. Les pensées et les émotions doivent être cohérentes. Autrement dit, cette méditation requiert que vous descendiez de quelques centimètres, c'est-à-dire de la tête au cœur. Ouvrez votre cœur et imaginez que vous incarnez toutes les qualités que vous admirez et qui constituent votre personnalité idéale.

Vous direz peut-être que vous ne pouvez pas savoir quelle sensation ces qualités procurent, mais je vous répondrai que votre corps peut les ressentir avant toute expérience concrète, en avance sur vos sens. Vous devez convenir que vous ressentiriez une émotion élevée telle que la joie, l'enthousiasme ou la gratitude si un désir que vous n'avez jamais vécu dans la réalité se manifeste réellement dans votre vie. C'est donc sur ces émotions que vous pouvez vous concentrer naturellement. Au lieu d'être asservi aux émotions résiduelles du passé, vous utiliserez des émotions élevées pour créer le futur.

Les émotions élevées que sont la gratitude et l'amour, entre autres, sont toutes d'une haute fréquence vibratoire qui vous aidera à entrer dans un état d'être où vous pourrez ressentir les événements désirés comme s'ils avaient déjà eu lieu. Vous pourrez alors envoyer dans le champ quantique le signal que les événements se sont déjà produits.

La gratitude permet de conditionner émotionnellement le corps à croire que la cause de ce sentiment a déjà eu lieu. En activant et en coordonnant vos trois cerveaux, la méditation permet de passer de la pensée à l'être. Une fois que vous êtes dans un nouvel état d'être, vous êtes davantage enclin à penser et à agir en accord avec votre vraie nature.

Vous vous demandez peut-être pourquoi il est si difficile d'entrer dans un état de gratitude ou de rendre grâce d'avance d'un événement réel. Se pourrait-il qu'une émotion mémorisée fasse tellement partie de votre identité au niveau subconscient que vous ne puissiez plus vivre autrement? Si c'est le cas, votre identité est peut-être devenue une question de paraître aux yeux du monde extérieur pour vous distraire de votre vie intérieure.

Dans le chapitre suivant, nous examinerons comment réduire cet écart et créer une véritable libération. Quand vous pourrez éprouver facilement de la gratitude ou de la joie ou bien tomber amoureux du futur sans avoir besoin de rien ni de personne pour le faire, ces émotions élevées vous seront alors disponibles pour alimenter vos créations.

Chapitre 7

L'ÉCART

Un jour où, assis sur mon divan, je réfléchissais au sens du bonheur et à mon absence totale de joie, je me suis dit que la plupart des gens qui m'étaient chers me serviraient un discours d'encouragement sur-le-champ. J'ai imaginé leurs propos comme suit : « Tu es incroyablement chanceux. Tu as une famille merveilleuse, y compris de beaux enfants. Tu es un chiropracteur respecté. Tu donnes des conférences devant des milliers de personnes, tu voyages partout dans le monde, tu as figuré dans le film *Que sait-on vraiment de la réalité !?* et de nombreuses personnes ont aimé ton message. Tu as même écrit un livre qui se vend bien. » Tous ces gens auraient eu raison et pourtant quelque chose n'allait pas.

À ce stade de ma vie, je voyageais d'une ville à une autre pour donner des conférences les week-ends. J'allais parfois dans deux villes en trois jours. J'ai alors compris que j'étais trop occupé pour vraiment pratiquer ce que j'enseignais.

J'étais déconcerté parce que je me rendais compte que tout mon bonheur me venait de l'extérieur et que la joie que j'éprouvais à voyager et à donner mes conférences n'avait rien de la joie *véritable*. J'avais toujours besoin du monde extérieur pour me sentir bien. L'image de moi que je projetais au monde dépendait de facteurs externes. En outre, quand j'étais chez moi, sans donner de conférences ni d'interviews et sans traiter de patients, je me sentais vide.

Comprenez-moi bien. D'une certaine façon, ces activités extérieures étaient agréables. Quiconque me voyait donner des conférences ou les préparer intensivement dans l'avion, ou répondre à des dizaines de messages électroniques dans un hall d'hôtel ou d'aéroport, aurait pu dire que je paraissais parfaitement heureux.

La triste vérité, c'est que j'aurais dit moi-même la même chose si l'on m'avait interrogé : « Oui, ça va très bien, je suis chanceux. »

En revanche, si l'on m'avait surpris dans un moment de solitude, loin de tous ces stimuli extérieurs, j'aurais répondu d'une façon tout à fait différente : « Quelque chose ne va pas. Je suis perturbé. Il ne se passe jamais rien de nouveau. Il me manque quelque chose. »

Le jour où j'ai reconnu la raison profonde de mon malaise, je me suis aussi rendu compte que j'avais besoin du monde extérieur pour me rappeler qui j'étais. Mon identité se confondait avec les gens à qui je parlais, les villes que je visitais, mes activités pendant mes voyages et les expériences dont j'avais besoin pour me réaffirmer comme individu nommé Joe Dispenza. Quand il n'y avait plus personne autour de moi pour me rappeler cette personnalité à laquelle le monde m'identifiait, je n'étais plus certain de qui j'étais. En fait, je voyais que tout mon bonheur perçu n'était qu'une réaction aux stimuli du monde extérieur qui me procuraient telle ou telle émotion. J'ai alors compris que j'étais entièrement accro à mon environnement et que je dépendais de signaux extérieurs pour renforcer cette intoxication émotionnelle. Quelle prise de conscience ce fut! J'avais entendu dire des millions de fois que le bonheur venait de l'intérieur, mais je ne l'avais jamais aussi bien compris.

Assis sur mon divan ce jour-là, j'ai regardé par la fenêtre et une image m'est venue. J'ai eu la vision de deux mains superposées et séparées par un espace.

L'ÉCART IDENTITAIRE

QUI NOUS SEMBLONS ÊTRE
- L'identité que je projette dans l'environnement extérieur
- Qui je veux que vous pensiez que je suis
- La façade
- L'idéal pour le monde

QUI NOUS SOMMES RÉELLEMENT
- Ce que je ressens
- Qui je suis réellement
- Comment je suis intérieurement
- Le soi idéal

Figure 7A. L'écart entre « qui nous sommes réellement » et « qui nous semblons être ».

La main du haut représentait l'image que je projetais à l'extérieur et celle du bas symbolisait mon état intérieur, que je connaissais. Dans mon autoréflexion, j'ai soudain compris que les humains vivent dans la dualité, comme deux entités distinctes et séparées : « l'image que nous projetons » et « qui nous sommes réellement ».

Qui nous semblons être, c'est l'image ou la façade que nous projetons au monde extérieur. Cette personnalité comporte tout ce que nous faisons pour donner une certaine image de nous-mêmes. Ce premier aspect du soi est un vernis que nous présentons à tout le monde.

Qui nous sommes réellement, ce que représente la main du bas, c'est ce que nous ressentons, particulièrement quand nous ne sommes pas distraits par l'environnement extérieur. Ce sont nos émotions familières quand nous ne sommes pas préoccupés par la « vie ». C'est ce que nous cachons de nous-mêmes.

Quand nous mémorisons des états émotionnels créant une dépendance, comme la culpabilité, la honte, la colère, la peur, l'anxiété, le jugement, la dépression, la suffisance ou la haine, nous créons un écart entre *ce que nous semblons être* et *ce que nous sommes réellement*; entre l'image que nous voulons offrir aux autres et notre état d'être quand nous ne sommes pas en interaction avec les diverses expériences, les gens et les endroits faisant partie de notre vie. Si nous restons assez longtemps assis sans rien faire, nous ressentons alors *quelque chose*. Ce quelque chose, c'est ce que nous sommes réellement.

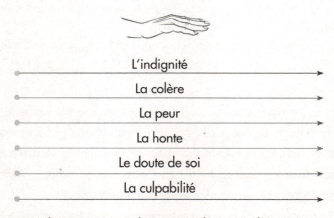

Figure 7B. La grandeur de l'écart varie selon les individus. Ce sont les émotions que nous mémorisons à divers moments de notre existence (selon les expériences passées) qui séparent « qui nous sommes vraiment » et « qui nous semblons être ». Plus l'écart est grand, plus est grande la dépendance aux émotions mémorisées.

Couche par couche, nous portons diverses émotions qui forment notre identité. Pour nous rappeler qui nous sommes, nous devons recréer les mêmes expériences afin de réaffirmer notre personnalité et les émotions correspondantes. En tant qu'identité, nous nous attachons à notre monde extérieur en nous identifiant à tout le monde et au reste, afin de nous rappeler l'image de nous-mêmes que nous voulons projeter.

Cette image devient la façade de la personnalité, qui s'appuie sur le monde extérieur pour se rappeler le «quelqu'un» qu'elle est. Son identité est complètement attachée à l'environnement. La personnalité fait tout ce qu'elle peut pour cacher ses véritables sentiments ou pour faire disparaître son impression de vide : «J'ai deux voitures, je connais ces gens-là, je suis déjà allé dans ces endroits-là, je peux faire tout ça, j'ai vécu ces expériences-là, je travaille pour cette entreprise, je réussis bien...» C'est ce que nous pensons être, en relation avec tout ce qui nous entoure.

Pourtant, c'est différent de ce que nous sommes, c'est-à-dire ce que nous ressentons sans la stimulation de notre réalité extérieure : la honte et la colère causées par un échec matrimonial ; la peur de la mort et l'incertitude quant à l'après-vie, associées à la perte d'un être cher ou même d'un animal domestique ; un sentiment d'incompétence dû à l'insistance d'un parent sur le perfectionnisme et l'excellence à tout prix ; une impression de frustration due au fait d'avoir grandi dans des circonstances situées à peine au-dessus du seuil de la pauvreté ; une préoccupation nourrie par la pensée de ne pas avoir le bon type de corps physique pour présenter une certaine image au monde. C'est ce genre de sentiments que nous voulons cacher.

Voilà pourtant qui nous sommes réellement, le vrai soi qui se dissimule derrière l'image que nous projetons. Comme nous ne pouvons pas l'exposer à la face du monde, nous faisons semblant d'être quelqu'un d'autre. Nous créons une série de programmes automatiques qui s'occupent de couvrir nos aspects vulnérables. Essentiellement, nous mentons sur nous-mêmes parce que nous savons que la société n'a pas de place pour ce genre d'individu. Nous doutons que les autres puissent nous accepter et nous aimer tels que nous sommes réellement.

Particulièrement quand nous sommes jeunes et que nous formons notre identité, nous sommes plus susceptibles de nous livrer à une telle mascarade. Les jeunes essayent diverses identités comme ils essayent des vêtements. En vérité, ce que portent les adolescents reflète souvent davantage ce qu'ils veulent être que ce qu'ils sont réellement. Parlez-en à n'importe quelle professionnelle de la santé mentale qui se spécialise dans le travail auprès des jeunes et elle vous dira qu'un seul mot définit le sentiment de l'adolescence : *l'insécurité*. En conséquence, les adolescents et les préadolescents recherchent le réconfort dans le conformisme et dans le nombre.

Plutôt que de laisser savoir au monde ce que vous êtes vraiment, adoptez une image et adaptez-vous (car tout le monde sait ce qui arrive à ceux qui sont perçus comme différents des autres). Le monde est complexe et angoissant, mais rendez-le plus simple et moins angoissant en rassemblant tout le monde dans des groupes. Choisissez votre groupe. Sélectionnez votre poison.

Finalement, cette identité vous convient. Vous grandissez avec elle… ou c'est du moins ce que vous vous dites. Avec l'insécurité vient la conscience de soi. Les questions abondent : « Est-ce vraiment qui je suis ? Qui est-ce que je veux être réellement ? » Malheureusement, il est plus facile d'ignorer ces questions que d'y répondre.

Les expériences de vie définissent l'identité… Les occupations éloignent les émotions indésirables

Nous portons tous des cicatrices émotionnelles dues à des événements traumatisants ou à des expériences difficiles vécues dans notre jeunesse. Tôt dans la vie, nous avons connu des événements qui nous ont façonnés et dont les émotions ont contribué petit à petit à la création de notre personnalité. Aussi bien l'avouer, nous avons tous été marqués par des événements comportant une certaine charge émotionnelle. Comme nous avons revécu plusieurs fois ces expériences mentalement, le corps a fait de même, uniquement par la pensée. Nous avons tellement prolongé la période réfractaire que nous sommes passés d'une simple réaction émotionnelle à une humeur, puis à un tempérament et finalement à un trait de personnalité.

Quand on est jeune, on s'occupe à diverses activités qui occultent pour un temps ces vieilles émotions. Il est captivant de se faire de nouveaux amis, de voyager à l'étranger, de travailler dur pour obtenir une promotion, d'apprendre de nouvelles aptitudes ou un nouveau sport, sans soupçonner que plusieurs de ces activités sont motivées par les émotions résiduelles de certains événements passés.

Par la suite, nous commençons à nous affairer vraiment. Nous allons à l'école, puis peut-être à l'université, achetons une voiture, nous changeons peut-être de ville ou de pays, nous entamons une carrière, nous nous marions, nous avons des enfants et des animaux, nous divorçons peut-être, nous faisons du sport, nous commençons une nouvelle relation… Nous utilisons tout ce que nous connaissons dans le monde extérieur pour définir notre identité et nous distraire de notre vrai sentiment intérieur. Puisque toutes ces expériences uniques produisent une myriade d'émotions, celles-ci semblent faire disparaître tout ce que nous dissimulons intérieurement. Bien sûr, cela fonctionne pour un temps.

Comprenez-moi bien. Nous allons tous plus loin en nous y appliquant, à diverses périodes de notre croissance. Pour accomplir bien des choses dans notre existence, nous devons sortir de notre zone de confort et dépasser des émotions familières qui nous avaient définis jusque là. Je suis bien conscient de cette dynamique de la vie. Toutefois, si nous ne transcendons jamais nos limites et continuons à porter le bagage du passé, il nous rattrapera toujours. Cela se produit habituellement vers la mi-trentaine (mais peut varier grandement selon les individus).

Dans la quarantaine : une série de stratégies pour garder enfouies les émotions occultées

Vers la mi-trentaine ou la quarantaine, quand la personnalité est complète, nous avons vécu une grande partie de ce que la vie peut nous offrir. Il s'ensuit que nous pouvons prévoir le résultat de la plupart des expériences. Nous connaissons d'avance l'émotion qu'elles procureront. Nous avons eu des bonnes et des mauvaises relations, nous avons connu le succès et subi des échecs en affaires, nous sommes bien établis dans notre carrière, nous savons ce que nous aimons et ce que nous n'aimons pas, et nous connaissons les nuances de la vie. Puisque nous pouvons prédire avant de vivre une expérience les émotions qu'elle nous procurera vraisemblablement, nous déterminons si nous voulons vivre cet événement « connu » avant qu'il se produise réellement. Évidemment, tout cela se passe *dans les coulisses de notre conscience*.

Voilà où la situation devient difficile. Comme nous pouvons prédire les émotions que la plupart des événements nous procureront, nous savons déjà ce qui nous empêchera de faire face à nous-mêmes. Toutefois, quand nous atteignons la mi-trentaine, rien ne peut éliminer complètement ce sentiment de vide.

Nous nous éveillons chaque matin avec une sensation identique. Notre environnement, sur lequel nous comptions tellement pour éliminer notre souffrance ou notre culpabilité, ne les fait plus disparaître. Comment le pourrait-il ? Nous savons déjà qu'au moment où s'estomperont les émotions dérivées du monde extérieur, le naturel que nous avons tenté de chasser reviendra au galop.

C'est la crise de la quarantaine que connaissent la plupart des gens. Plusieurs s'efforcent de garder enfouies leurs émotions refoulées en se plongeant davantage dans le monde extérieur. Certains achètent une nouvelle voiture sport (un objet) ou louent un bateau (un autre objet), ou font un long voyage (un endroit), ou se joignent à un nouveau club social pour établir de nouveaux contacts et se faire de nouveaux amis (des gens). D'autres se font faire une chirurgie plastique (le corps) ou modifient complètement la décoration intérieure de leur maison (acquérir des objets et vivre dans un nouvel environnement).

Tous ces efforts qu'ils font pour se sentir mieux intérieurement sont futiles. Émotionnellement, quand la nouveauté se dissipe, la même identité persiste. La personnalité réelle est toujours là (la main du bas). Ces gens sont ramenés à la même réalité qu'ils vivent depuis des années pour conserver comme identité le sentiment de ce qu'ils pensent être. En vérité, plus ils en font, c'est-à-dire plus ils achètent et consomment, plus s'impose en eux le sentiment de ce qu'ils sont réellement.

Quand ils essaient d'échapper à ce vide ou fuient toute émotion désagréable, c'est parce qu'ils ne peuvent la supporter. Ils se tournent alors vers la télévision, surfent sur Internet ou téléphonent à quelqu'un. On peut changer d'état émotionnel tellement souvent en peu de temps! Nous pouvons rire aux éclats en regardant une comédie télévisée ou une vidéo sur YouTube, puis nous passionner pour une équipe de football en suivant un match, puis nous mettre en colère ou nous inquiéter en écoutant les bulletins de nouvelles. Tous ces stimuli extérieurs nous distraient facilement des sentiments indésirables.

La technologie constitue une séduisante distraction dont on peut devenir facilement dépendant. C'est dingue : nous pouvons modifier instantanément notre chimie interne et faire disparaître un malaise intérieur en changeant quelque chose à l'extérieur de nous. Quel que soit le facteur extérieur qui nous permet de nous sentir mieux intérieurement, nous comptons ensuite sur lui pour nous détourner constamment de nous-mêmes. Cette stratégie n'a toutefois pas besoin de la technologie ; tout ce qui peut nous procurer un frisson momentané fera l'affaire.

Si nous entretenons cette diversion pendant un certain temps, devinez ce qui se produit? Nous devenons davantage dépendants de ce facteur extérieur pour nous modifier intérieurement. Certains individus s'enfoncent inconsciemment dans ce puits sans fond en utilisant divers aspects de leur monde extérieur pour rester occupés, s'efforçant de recréer l'émotion de la toute première expérience qui leur a permis de s'évader. Ils sont tellement stimulés qu'ils se sentent différents de ce qu'ils sont réellement. Tôt ou tard, cependant, ils réalisent qu'ils ont toujours besoin d'augmenter la dose pour se sentir bien. Il en résulte une recherche effrénée du plaisir et des moyens d'éviter la souffrance à tout prix, une vie hédoniste inconsciemment gouvernée par un sentiment qui semble ne pouvoir disparaître.

Une quarantaine différente : un temps pour faire face à soi-même et laisser tomber les illusions

À ce stade de la vie, les gens qui ne s'efforcent pas d'occulter leurs émotions se posent de grandes questions : « Qui suis-je ? Quel est le but de ma vie ? Où vais-je ? Pourquoi est-ce que je fais tout ça ? Qu'est-ce que Dieu ? Où irai-je à ma mort ? Y a-t-il quelque chose qui compte plus que le "succès" ? Qu'est-ce que le bonheur ? Quel est le sens de tout cela ? Qu'est-ce que l'amour ? Est-ce que je m'aime ? Est-ce que j'aime quelqu'un ? » Et l'âme commence à s'éveiller…

Ce genre de questions commence à occuper l'esprit parce que nous voyons à travers l'illusion et soupçonnons que rien d'extérieur ne peut nous rendre heureux. Certains finissent par réaliser qu'aucun élément de notre environnement ne peut résoudre notre problème intérieur. Nous reconnaissons également qu'il faut une quantité énorme d'énergie pour maintenir cette image de nous-mêmes face au monde et qu'il est épuisant de garder constamment l'esprit et le corps occupés. Nous finissons par nous apercevoir que cette tentative futile pour maintenir une image idéale aux yeux des autres est en réalité une stratégie pour nous assurer que les émotions auxquelles nous tentons d'échapper ne nous rattrapent jamais. Pendant combien de temps pourrons-nous jongler ainsi avec autant de balles sans que notre vie retombe au sol ?

Au lieu d'acheter un plus gros téléviseur ou le dernier téléphone intelligent, ces gens cessent enfin de fuir leur problème intérieur et ils lui font face en l'observant intensément. L'individu commence alors à se réveiller. Prenons comme exemple une jeune femme qui, après autoréflexion, découvre qui elle est réellement, ce qu'elle se cachait à elle-même et ce qui ne fonctionne plus. Elle laisse donc tomber la façade, les jeux et les illusions, qu'elle ne craint pas de perdre car elle est désormais honnête avec elle-même à tout prix. Cette jeune femme cesse de gaspiller de l'énergie à conserver intacte une image illusoire.

Elle entre en contact avec ses émotions, puis elle dit aux gens qui peuplent sa vie : « Vous savez quoi ? Ça n'a pas d'importance si je ne vous plais plus. J'ai fini d'être obsédée par mon apparence et par ce que pensent les autres de moi. J'ai fini de vivre pour tout le monde sauf moi. Je veux me libérer de ces chaînes. »

C'est un moment crucial dans la vie d'un individu. L'âme qui s'éveille incite à dire la vérité sur soi-même ! Le mensonge est terminé.

Le changement et nos relations : briser les liens contraignants

La plupart des relations sont fondées sur ce que nous avons en commun avec les autres. Nous rencontrons quelqu'un et aussitôt nous comparons mutuellement nos expériences, comme pour vérifier tous les deux si nos réseaux neuronaux et nos souvenirs émotionnels concordent. Nous disons quelque chose comme ceci : « Je connais telle personne, je viens de tel endroit, j'ai vécu dans telle ville ou tel quartier à telle époque. J'ai fréquenté telle institution et j'ai étudié tel sujet. Je possède telle et telle chose. » Et, le plus important : « J'ai vécu telle expérience. »

L'autre personne répond alors ceci : « Je connais ces personnes-là, j'ai vécu à tel endroit à telle époque. J'ai aussi telle ou telle activité. J'ai eu les mêmes expériences. »

Ainsi, vous pouvez vous identifier l'un à l'autre et sympathiser. Il se forme alors une relation fondée sur des états d'être chimiques, parce que vous avez vécu les mêmes expériences et éprouvé les mêmes émotions.

Considérez les émotions comme « de l'énergie en mouvement ». Si vous avez en commun les mêmes émotions, vous avez en commun la même énergie. C'est comme quand deux atomes d'oxygène occupent un même champ énergétique hors du temps et de l'espace afin de s'unir pour former de l'air. Vous êtes liés dans un champ d'énergie invisible, à toute chose, à toute personne et à tout lieu de votre vie extérieure. Les liens entre les gens sont toutefois plus solides encore car ce sont les émotions qui portent la plus grande énergie. Tant qu'aucun des partenaires ne changera, tout ira bien.

Ainsi, quand la jeune femme dont il est question dans l'exemple précédent commence à dire la vérité sur ses vrais sentiments, les choses se gâtent. Si ses amitiés étaient fondées sur ses récriminations à l'endroit de la vie, elle est liée énergétiquement dans ses relations par les

LES LIENS ÉMOTIONNELS

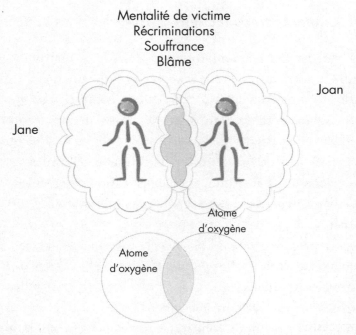

Figure 7C. Si nous vivons les mêmes expériences, nous éprouvons les mêmes émotions et nous avons la même énergie. Comme deux atomes d'oxygène s'unissent pour former l'air que nous respirons, un champ énergétique invisible (hors du temps et de l'espace) nous relie émotionnellement les uns aux autres.

émotions créées par sa mentalité de victime. Si, dans un moment de lucidité, elle décide de rompre avec elle-même, elle ne présente plus aux autres l'image familière à laquelle ils l'identifient. Comme ils se servent d'elle pour se rappeler qui *ils* sont émotionnellement, ses amis et sa famille réagissent : « Qu'est-ce qui te prend aujourd'hui ? Tu m'as blessé ! » Ce qui se traduit ainsi : « Je pensais que nous avions une belle relation ! Je me servais de toi pour réaffirmer ma dépendance émotionnelle et me rappeler qui je suis. Je t'aimais mieux avant. »

Notre énergie est reliée à tout ce dont nous avons fait l'expérience dans notre monde extérieur. Changer et nous libérer de notre dépendance aux émotions que nous avons mémorisées, ou tout simplement dire la vérité sur la personne que nous sommes réellement : cela prend énormément d'énergie. De la même manière qu'il faut de l'énergie pour séparer deux atomes d'oxygène liés ensemble, il faut de l'énergie pour briser les chaînes qui nous relient à nos relations.

Alors, les individus qui font partie de la vie de cette jeune femme et qui lui sont unis par des liens émotionnels se concertent : « Elle n'est plus elle-même depuis un certain temps. Elle devrait consulter un médecin ! »

Comme ils ont vécu les mêmes expériences qu'elle, ils ont éprouvé les mêmes émotions. Mais voici qu'elle rompt ses liens énergétiques avec tous les gens et même tous les lieux qui lui sont familiers. La chose est menaçante pour tous ceux qui ont joué le même jeu avec elle pendant des années. Elle a quitté le train.

Ils lui font donc voir un médecin, qui lui prescrit du Prozac ou un autre médicament, et en peu de temps l'ancienne personnalité réapparaît. La jeune femme projette de nouveau sa vieille image au monde, sanctionnant les ententes émotionnelles des autres. Elle est de nouveau insensible et souriante, faisant tout ce qu'il faut pour étouffer sa vraie personnalité. La leçon n'a pas été apprise.

Cette jeune femme n'était pas elle-même, c'est-à-dire la personnalité de la « main du haut » à laquelle tout le monde s'était habitué. Brièvement, elle avait été la personnalité de la « main du bas », celle du passé et de la souffrance. Qui pourrait blâmer ses amis d'avoir insisté pour qu'elle revienne à son ancienne personnalité, qui « se prêtait au jeu pour rester dans le jeu » ? La nouvelle personnalité qui avait émergé était imprévisible et même radicale. Qui aurait voulu être dans l'entourage d'une telle personne ? Qui veut avoir la vérité dans son entourage ?

Ce qui importe réellement à la fin de la vie

Si vous avez besoin de l'environnement pour vous rappeler qui vous êtes, qu'arrivera-t-il quand vous mourrez et que l'environnement disparaîtra ? Savez-vous ce qui disparaîtra avec lui ? L'identité, l'image, la personnalité (la main du haut) qui s'est identifiée à tous les éléments connus et prévisibles de la vie, et qui était dépendante de l'environnement. Même si vous avez été la personne la plus belle, la plus populaire et la plus riche, votre monde extérieur ne pourra plus vous définir et il disparaîtra.

Il ne restera que votre personnalité réelle (la main du bas) et non l'image de vous-même que vous projetez actuellement. Quand la vie sera terminée et que vous ne pourrez plus compter sur le monde extérieur pour vous définir, il vous restera ce sentiment que vous n'aurez jamais résolu. Votre âme n'aura pas évolué au cours de cette vie-ci.

Par exemple, si certaines expériences vous ont marqué il y a cinquante ans en vous procurant un sentiment d'insécurité ou de faiblesse et que vous avez perpétué ce sentiment depuis, vous avez alors cessé depuis cinquante ans de croître émotionnellement. Si le but de l'âme est d'apprendre par l'expérience et d'acquérir la sagesse, mais que vous êtes resté enfoncé dans cette émotion particulière, vous n'avez jamais transformé votre expérience en leçon ; vous n'avez jamais transcendé cette émotion ni ne l'avez transformée en compréhension. Comme elle rattache encore votre esprit et votre corps à ces événements passés, vous n'êtes jamais libre de vivre l'avenir. Si une autre expérience semblable survient dans votre vie présente, cet événement déclenchera la même émotion et vous agirez de la même façon que vous l'avez fait il y a cinquante ans.

Votre âme vous dit ceci : « Fais attention ! Rien ne te procure de la joie. Je t'envoie des incitations à changer. Si tu continues à jouer ce jeu, je vais cesser d'attirer ton attention et tu te rendormiras. Nous nous reverrons à la fin de ta vie… »

Il en faut toujours davantage

La plupart des gens qui ne savent pas comment changer se demandent quoi faire pour éliminer ce sentiment. Lorsque la nouveauté de leurs récentes acquisitions s'émousse, que font-ils ? Ils en

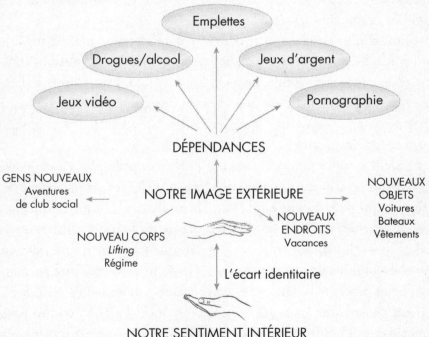

Figure 7D. Quand les mêmes gens et les mêmes objets créent les mêmes émotions et que le sentiment auquel nous tentons d'échapper ne change plus, nous recherchons des gens et des objets nouveaux ou nous allons dans de nouveaux endroits pour tenter de nous changer émotionnellement. Si cela ne fonctionne pas, nous passons au niveau suivant : les dépendances.

recherchent de plus grosses, une coche au-dessus, et leurs stratégies d'évitement deviennent des dépendances : « Si je prends une drogue ou si je bois suffisamment d'alcool, je réussirai à faire disparaître ce sentiment. Ce facteur extérieur produira un changement chimique intérieur et je me sentirai bien. Je vais faire beaucoup d'emplettes même si je n'ai pas assez d'argent, parce que cela fait disparaître ce vide. Je vais regarder de la pornographie, m'adonner à des jeux vidéo, à des jeux d'argent, manger beaucoup… »

Quelle que soit la dépendance, nous pensons toujours qu'elle va faire disparaître le vide intérieur. C'est que nous avons tendance à associer le changement chimique interne à un facteur extérieur. Nous aimons ce facteur extérieur s'il nous procure un effet agréable. Nous fuyons donc ce qui nous est désagréable et nous nous tournons vers ce qui nous donne du bien-être ou du plaisir.

Tandis que l'excitation procurée par notre dépendance stimule continuellement les centres cérébraux du plaisir, nous sommes intérieurement inondés de substances chimiques issues du plaisir de l'expérience. Le problème, c'est que, chaque fois que nous nous livrons à notre activité euphorisante, nous en avons besoin d'une plus grande quantité la fois suivante.

La raison pour laquelle on a toujours besoin de plus de drogues, d'emplettes ou d'aventures, c'est que l'euphorie chimique créée par ces activités stimule les sites récepteurs à la surface des cellules, ce qui « active » ces dernières. Or, si les sites récepteurs sont continuellement stimulés, ils se désensibilisent et se désactivent. La fois suivante, ils ont donc besoin d'un signal plus fort, d'une stimulation plus intense pour s'activer et produire les mêmes effets que la fois précédente.

Supposons que vous soyez accro aux jeux d'argent et que vous deviez parier 25 000 $ au lieu de 10 000 $ sinon vous n'auriez pas de frisson d'excitation. Quand une séance d'emplettes de 5 000 $ ne crée plus aucune euphorie, on a besoin de deux cartes de crédit pour la ressentir de nouveau. Tout cela vise à faire disparaître le sentiment de notre véritable identité. Tout ce que l'on fait pour éprouver la même euphorie, on doit le refaire toujours davantage et avec plus d'intensité. Davantage de drogues, de sexe, de jeux, d'emplettes, de télévision. Vous comprenez ?

Avec le temps, nous devenons accros à quelque chose afin de soulager la souffrance, l'anxiété ou la dépression qui nous accompagne quotidiennement. Est-ce un mal ? Pas vraiment. La plupart des gens agissent ainsi parce qu'ils ne savent tout simplement pas comment changer de l'intérieur. Ils ne font qu'obéir à la pulsion interne de soulager leurs émotions et ils pensent inconsciemment que le salut leur viendra du monde extérieur. On ne leur a jamais expliqué que l'emploi du monde extérieur pour changer le monde intérieur ne fait qu'empirer les choses en élargissant l'écart davantage.

Supposons que nous ayons l'ambition de réussir dans la vie et d'accumuler davantage de biens. Ce faisant, nous renforçons notre personnalité sans jamais faire face à notre problème intérieur. C'est ce que j'appelle « être possédé par ses possessions ». Nous devenons obsédés par les objets matériels, qui renforcent l'ego, lequel a besoin de l'environnement pour se rappeler qui il est.

Si nous attendons toujours qu'un facteur extérieur nous procure le bonheur, nous ne suivons pas la loi quantique. Nous comptons sur le monde extérieur pour changer l'intérieur. Si nous pensons que nous serons plus heureux en ayant les moyens d'acheter davantage d'objets, nous comprenons les choses à l'envers. Nous devons devenir heureux *avant* que l'abondance se manifeste.

Et que se passe-t-il si l'on ne peut obtenir davantage des stimulants euphorisants ? On devient encore plus frustré, plus amer et plus vide. On peut essayer d'autres méthodes : on ajoute le jeu à l'alcool, et les emplettes à l'évasion télévisuelle et cinématographique. Finalement, toutefois, ce n'est jamais assez. Les centres du plaisir se sont réajustés à un si haut niveau que l'on ne peut plus tirer de plaisir des choses simples quand le monde extérieur ne produit aucun changement chimique.

Il faut comprendre que le vrai bonheur n'a rien à voir avec le plaisir, parce que la dépendance à des facteurs intensément stimulants pour se sentir bien ne fait que nous éloigner de la joie véritable.

L'écart le plus grand : la dépendance émotionnelle

Je ne veux aucunement minimiser la gravité des dégâts causés par les dépendances matérielles comme la drogue, l'alcool, le sexe, le jeu, la consommation, et ainsi de suite. Ces problèmes causent un tort immense aux nombreux individus qui en souffrent ainsi qu'à ceux qui les aiment ou qui travaillent avec eux. Bien sûr, on pourra suivre les étapes de ce livre pour se libérer de ces dépendances puisqu'elles sont liées aux trois grands facteurs, mais il est hors de la portée de cet ouvrage de traiter spécifiquement de ce sujet. Il est toutefois impératif de réaliser qu'à l'origine de toute dépendance réside une émotion mémorisée qui gouverne le comportement.

En revanche, ce qui est inclus dans la portée de ce livre et en constitue même le sujet central, c'est d'aider les gens à rompre avec eux-mêmes, qu'ils soient sous l'emprise de l'alcool, du sexe, du jeu, des emplettes ou encore de la solitude chronique, de la dépression, de la colère, de l'amertume ou d'une souffrance physique.

Peut-être vous dites-vous en songeant à l'écart identitaire : « Bien sûr que nous cachons aux autres nos peurs, nos insécurités, nos faiblesses et notre côté sombre. Si nous les exposions au grand jour, tout le monde se désintéresserait de nous, à commencer par nous-mêmes. » C'est vrai en un sens, mais si nous devons nous libérer, il nous faut affronter notre vrai soi et mettre en lumière le côté obscur de notre personnalité.

L'avantage du système que j'emploie, c'est que l'on peut affronter ces aspects sombres sans les exposer au grand jour de la réalité quotidienne. Vous n'aurez pas besoin de proclamer dans votre lieu de travail ou lors d'une réunion familiale : « Hé! écoutez-moi, tout le monde! Je suis quelqu'un de mauvais parce que j'en veux depuis longtemps à mes parents de m'avoir négligé au profit de ma jeune sœur. Je suis donc maintenant une personne égoïste qui recherche l'attention des autres et qui a besoin d'une gratification immédiate pour cesser de se sentir rejetée et inadéquate. »

Vous pourrez plutôt travailler dans l'intimité de votre foyer et de votre esprit, pour remplacer les aspects négatifs de votre personnalité par des aspects positifs et plus productifs (ou du moins réduire leur rôle en ne leur permettant que de brèves manifestations occasionnelles).

Je veux que vous vous efforciez d'oublier les événements qui valident les émotions que vous avez mémorisées et qui sont devenues une partie de votre personnalité. Vous ne résoudrez jamais vos problèmes en les analysant tout en étant encore sous l'emprise des émotions du passé. Si vous revivez l'événement qui a créé le problème au départ, cela ne fera que raviver les vieilles émotions et vous fournir une raison de les éprouver de nouveau. Si vous tentez de résoudre un problème dans le même état de conscience qui l'a créé, vous cesserez d'analyser votre vie et vous trouverez un prétexte pour ne pas changer.

Il s'agit plutôt de désapprendre les émotions limitatives. Une mémoire sans charge émotionnelle, cela s'appelle la sagesse. Nous pouvons alors considérer l'événement objectivement, ainsi que ce que nous étions à ce moment-là, sans le filtre de cette émotion. Si nous nous donnons la peine de désapprendre l'état émotionnel (ou de l'éliminer au mieux de nos capacités), nous acquérons alors la liberté de vivre, de penser et d'agir indépendamment des restrictions ou des contraintes liées à cet état.

Ainsi, si un individu renonçait à la tristesse et prenait sa vie en charge en entreprenant une nouvelle relation, en changeant d'emploi, en déménageant ailleurs et en se faisant de nouveaux amis, et s'il regardait ensuite l'événement passé, il verrait que ce dernier lui a procuré l'adversité dont il avait besoin pour se dépasser et pour renouveler sa personnalité. Sa perspective ne serait plus la même, simplement parce qu'il aurait vu qu'il pouvait résoudre son problème.

La réduction ou l'élimination de l'écart entre ce que nous sommes réellement et l'image que nous présentons au monde, voilà sans doute la plus grande difficulté que nous rencontrons tous dans la vie. Que nous appelions cela une vie authentique, la conquête de soi-même ou l'acceptation de notre vraie personnalité par les autres, il s'agit d'un désir que nous avons tous. Le changement – la réduction de l'écart – doit venir de l'intérieur.

Pourtant, beaucoup trop souvent, la plupart d'entre nous ne changent que lorsque survient une crise, un traumatisme ou un quelconque diagnostic décourageant. Cette crise se présente habituellement sous la forme d'une difficulté, qui peut être *physique* (par exemple, un accident ou une maladie), *émotionnelle* (la perte d'un être cher), *spirituelle* (une accumulation d'échecs qui nous fait nous interroger sur notre valeur et sur la façon dont opère l'univers) ou *financière* (la perte d'un emploi). Notons que, dans chaque cas, il y a la *perte* de quelque chose.

Pourquoi attendre qu'un traumatisme ou une perte se produise, créant un état émotionnel négatif qui déstabilise notre ego ? Clairement, quand une calamité nous tombe dessus, il nous faut réagir ; nous ne pouvons pas faire comme si de rien n'était quand nous sommes affalés au sol.

En ces moments critiques, quand nous en avons vraiment assez d'être bafoués par les circonstances, nous disons : « Ça ne peut plus continuer ainsi. Peu importe ce qu'il faudra faire et comment je le subirai [le corps]. Quoi qu'il se passe dans ma vie [l'environnement], je vais changer. Il le faut. »

Nous pouvons apprendre et changer dans un état de joie et d'inspiration autant que dans un état de douleur et de souffrance. Nous n'avons pas à attendre d'être dans un état pénible qui nous force à sortir de notre inertie.

Les effets secondaires de la réduction de l'écart

Comme vous le savez, la conscience de soi ou l'observation de soi est l'une des aptitudes clés qu'il vous faut développer. C'est là une définition abrégée de la méditation dont il sera question dans le prochain chapitre. En méditant, vous regarderez l'état émotionnel négatif qui a exercé un si fort impact dans votre vie. Vous reconnaîtrez l'état primaire de votre personnalité qui régit vos pensées et vos comportements, de sorte que chacune de leurs nuances vous deviendra familière. Avec le temps, vous utiliserez cette technique d'observation pour faciliter la démémorisation de cet état émotionnel négatif. Ce faisant, vous abandonnerez cette émotion à un esprit supérieur, abolissant l'écart entre ce que vous êtes et l'image que vous en présentez aux autres.

Imaginez-vous debout dans une pièce, les bras étirés poussant pour tenir séparés les deux murs opposés. Avez-vous une idée de la quantité d'énergie qu'il vous faudrait déployer pour empêcher ces deux murs de vous écraser? Et si vous lâchiez plutôt ces deux murs, faisiez deux pas en avant (cet écart est comme une porte, n'est-ce pas?) et sortiez de cette pièce pour entrer dans une autre? Qu'arrive-t-il dans celle que vous venez de quitter? Eh bien, les murs se sont réunis d'une telle façon que vous ne pourriez même plus entrer. L'écart a disparu et les deux parties de vous-même qui étaient séparées se sont unifiées. Qu'adviendra-t-il de toute l'énergie que vous dépensiez auparavant? La physique nous dit que l'on ne peut ni créer ni détruire l'énergie, mais seulement la transférer ou la transformer. C'est exactement ce qui se produira quand vous aurez atteint un point où aucune pensée, aucune émotion ni aucun comportement inconscient ne passera inaperçu de vous.

On pourrait aussi voir la chose ainsi : vous entrez dans le système d'exploitation du subconscient pour en rapporter dans votre conscience toutes les informations et les instructions qui s'y trouvent, afin de voir vraiment où se situent ces pulsions et ces inclinations qui ont pris le contrôle de votre vie. Vous prenez conscience de votre soi inconscient.

Quand nous rompons ces liens, nous libérons le corps. Il cesse d'être vivant dans le même passé jour après jour. Quand nous libérons le corps émotionnellement, nous éliminons l'écart. Quand nous éliminons l'écart, nous libérons l'énergie auparavant utilisée pour le maintenir. Avec cette énergie, nous avons maintenant la matière brute pour nous créer une nouvelle vie.

LA RÉDUCTION DE L'ÉCART

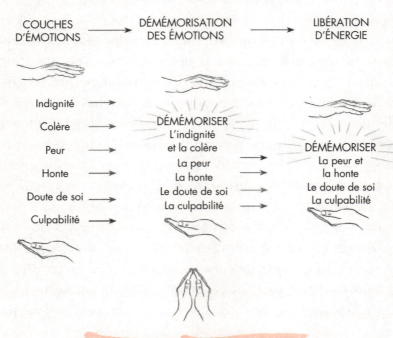

Figure 7E. En démémorisant toute émotion qui fait partie de notre identité, nous éliminons l'écart entre l'image que nous présentons aux autres et ce que nous sommes réellement. L'effet secondaire de ce phénomène est une libération d'énergie sous la forme d'une émotion emmagasinée dans le corps. Une fois que l'esprit de cette émotion est libéré hors du corps, l'énergie nous est disponible dans le champ quantique pour créer.

Un autre effet secondaire de la rupture des liens de dépendances émotionnelles est cette libération d'énergie, qui est comme une injection d'un merveilleux élixir. Non seulement se sent-on dynamisé, mais on éprouve une émotion que l'on n'avait pas vécue depuis un bon moment : la joie. Quand on libère le corps d'une dépendance émotionnelle, on se sent léger et inspiré. Avez-vous déjà fait un long voyage en voiture ? Quand vous sortez enfin du véhicule pour vous détendre un peu en respirant de l'air frais et que vous n'entendez plus le bruit des roues sur le pavé ni celui du climatiseur ou du radiateur, quel sentiment de bien-être vous ressentez ! Imaginez à quel point ce sentiment serait décuplé si vous aviez été enfermé dans le coffre de la voiture sur une distance de 3 000 kilomètres ! C'est exactement la situation vécue par nombre d'entre nous pendant très longtemps.

Rappelons-nous qu'il ne suffit pas d'observer nos pensées, nos émotions et nos comportements. La méditation requiert un peu plus d'activité. On doit aussi se dire la vérité sur soi-même. On doit révéler ce que l'on a caché dans la partie obscure de l'écart. On doit sortir ces choses-là au grand jour. Quand on voit vraiment le tort que l'on s'est fait à soi-même, on doit regarder ce gâchis et se dire : « Ça ne sert plus mes intérêts. Ça ne me rend plus service. Ça n'a jamais été de l'amour de moi-même. » On peut ensuite prendre la décision de se libérer.

De la mentalité de victime à l'abondance inattendue : comment une femme a réduit son écart identitaire

Pamela, une participante de mes séminaires, a récolté les fruits de ses efforts après avoir pris sa vie en main avec le courage d'une observatrice quantique. Elle avait de sérieux problèmes financiers parce que, pendant deux ans, son mari en chômage n'avait pas pu lui payer sa pension alimentaire. Frustrée, furieuse et se sentant une victime, elle réagissait négativement à toutes les situations.

La méditation que nous avons faite ce jour-là portait sur le fait que le produit final de toute expérience est une émotion. Comme plusieurs de nos expériences impliquent la famille et les amis, nous leur faisons part des émotions qui en résultent. C'est ordinairement une bonne chose : les liens associés aux endroits où nous sommes allés, aux activités que nous avons exercées et même aux objets que nous avons partagés peuvent renforcer notre relation avec les gens. Le désavantage, c'est que nous partageons également les émotions associées aux expériences négatives.

Nous sommes tous liés entre nous hors du temps et de l'espace. Parce que nous sommes enchevêtrés aux autres (pour utiliser un terme quantique) et fréquemment liés par des émotions de survie, il nous est presque impossible de changer quand nous sommes toujours interconnectés par des expériences et des émotions négatives. Par conséquent, la réalité demeure la même.

Dans le cas de Pamela, l'anxiété, la culpabilité et le sentiment d'infériorité de son ex-mari quant à son incapacité de subvenir aux besoins de ses enfants étaient entremêlés à son propre état d'être ainsi qu'à ses sentiments de persécution et de manque. Chaque fois que l'occasion se présentait, sa mentalité de victime produisait un résultat indésirable. Ses émotions destructrices et l'énergie qui leur était associée l'avaient virtuellement fixée dans une stagnation de pensée, d'agir et d'être. Quoi qu'elle fît pour changer sa situation, elle et son ex-mari étaient liés par leurs expériences, émotions et énergies négatives communes, de sorte que ses efforts ne réussissaient jamais à modifier cette relation.

Notre atelier a aidé Pamela à réaliser qu'elle devait rompre ce lien. Il lui fallait abandonner les émotions qui la définissaient dans sa réalité présente. Elle a également appris qu'un cycle de pensée, d'émotion et d'action qui persiste durant des années produit un effet de cascade pouvant activer les gènes de la maladie, ce qu'elle ne désirait aucunement. *Il fallait que quelque chose cesse.*

J'aime cette formule parce que, comme Pamela me l'a affirmé après coup, elle a reconnu pendant la méditation les émotions nuisibles que sa mentalité de victime avait mises en mouvement : l'impatience envers ses enfants, ses plaintes et ses blâmes, ses sentiments de désespoir et de manque. Elle a abandonné ces émotions associées aux expériences passées, abandonnant du même coup son état d'être, et les a laissées à l'esprit supérieur.

Ce faisant, elle a libéré toute cette énergie dans le champ quantique, réduisant l'écart entre ce qu'elle était intérieurement et l'image d'elle-même qu'elle présentait au monde. Elle le fit si bien – elle en ressentait déjà de la joie et de la gratitude – qu'elle désirait l'abondance pour tous et non seulement pour elle-même. Elle est passée de ses émotions *égoïstes* à des émotions *altruistes*. Quand elle est sortie de cette séance de méditation, elle n'était plus la même.

La libération énergétique de Pamela donnait au champ quantique le signal d'organiser des issues convenant parfaitement à la nouvelle personnalité qu'elle était en train de créer. Presque immédiatement, elle en a reçu la preuve sous deux formes.

La première impliquait son entreprise Internet. Quand elle avait lancé une campagne de promotion quelque temps auparavant, elle s'énervait quant aux réactions du public, les vérifiant constamment sur son site, où elle ne trouvait que des résultats médiocres. Elle lança sa deuxième campagne de promotion le matin même de l'atelier, mais elle fut trop occupée durant la journée pour se préoccuper des résultats. Ce soir-là, elle ressentit les effets positifs du largage de son passé. Elle se sentit encore mieux quand elle découvrit qu'elle avait acquis presque 10 000 $ ce jour-là.

La deuxième preuve est survenue trois jours plus tard quand la travailleuse sociale qui s'occupait de son dossier lui annonça que son ex-mari lui avait envoyé un chèque couvrant non seulement le mois courant, mais tous les arriérés qu'il lui devait, soit un montant de 12 000 $. Elle était plus qu'heureuse d'avoir reçu 22 000 $ après avoir effectué cette méditation. Elle n'avait rien fait de concret pour obtenir ces résultats et elle n'aurait pas pu prévoir qu'elle recevrait tout cet argent, mais elle en était immensément reconnaissante.

L'histoire de Pamela démontre le pouvoir de l'abandon des émotions négatives. Quand nous sommes embourbés dans notre mentalité vétuste ainsi que dans nos perceptions et comportements habituels, nous n'avons aucun moyen de trouver des solutions à nos problèmes enracinés dans le passé. Ces problèmes (des expériences) produisent de fortes émotions énergétiques. Une fois que nous y avons renoncé, nous avons droit à une énorme libération énergétique et la réalité se réarrange magiquement d'elle-même.

En sortant de notre passé, nous pouvons envisager l'avenir

Pensez à la quantité d'énergie créatrice détournée par la culpabilité, les jugements, la peur ou l'anxiété associée à des gens ou à des expériences appartenant à votre passé. Imaginez à quel point vous pourriez tirer profit de la conversion de toute énergie destructrice en énergie *productive*. Pensez à ce que vous pourriez accomplir si vous n'étiez pas obsédé par la survie (une émotion égoïste), mais que vous œuvriez plutôt à la création d'intentions positives (une émotion désintéressée).

Demandez-vous ceci : « Quelle énergie liée à des expériences antérieures (sous la forme d'émotions limitées) renforce mon identité passée et m'attache émotionnellement à ma situation présente ? Pourrais-je utiliser cette même énergie et la transformer en un état plus élevé qui me permettrait de créer une issue différente ? »

La méditation vous aidera à vous débarrasser de quelques-unes de ces couches émotionnelles, à enlever quelques-uns des masques que vous portez. Ces deux facteurs ont bloqué le flux de la grande intelligence qui vous habite. En vous débarrassant de ces couches émotionnelles, vous deviendrez *transparent*. Quand on est transparent, on apparaît *tel que l'on est*. Quand on vit ainsi, on éprouve de la gratitude et de la joie, qui constituent d'après moi notre état d'être normal. Ce faisant, on se libère lentement du passé et l'on peut envisager l'avenir.

En enlevant les voiles qui bloquent le flux de cette intelligence qui nous habite, nous ressemblons de plus en plus à celle-ci. Nous devenons plus aimants, plus généreux, plus conscients et plus déterminés. L'écart se réduit.

À ce stade, on se sent heureux et complet. On ne dépend plus du monde extérieur pour se définir. Les émotions élevées que l'on éprouve sont inconditionnelles. Ni rien ni personne ne pourrait procurer ce sentiment. On est heureux et inspiré par ce que l'on est.

On ne vit plus dans le manque ou le désir. Le plus drôle, c'est que l'on peut manifester des choses naturellement quand on ne manque de rien ou que l'on ne désire rien. La plupart des gens essaient de créer quand ils sont dans un état de manque, d'indignité, de séparation ou de toute autre émotion limitée, plutôt que dans un état de gratitude, d'enthousiasme ou de complétude. C'est pourtant dans ce cas que le champ quantique répond le plus favorablement.

Il faut donc commencer par reconnaître l'existence de l'écart, puis méditer sur les états émotionnels négatifs qui l'ont créé et qui dominent la personnalité. À moins de s'examiner de près et d'évaluer ses inclinations avec une tendre honnêteté (sans se condamner pour ses faiblesses), on demeure embourbé dans un événement passé et les émotions négatives qu'il a produites. Voyez-le. Comprenez-le. Libérez-vous-en. Créez avec l'énergie qui vous est disponible en sortant votre esprit de votre corps et en le libérant dans le champ quantique.

―――――――――●―――――――――

La connexion publicitaire

Il faut savoir que les agences publicitaires et leur clientèle commerciale connaissent parfaitement l'idée de manque et le rôle important qu'elle joue dans notre comportement. Elles veulent nous faire croire qu'elles possèdent les réponses à notre vide intérieur et que nous pourrions le combler en nous identifiant à leurs produits.

Les annonceurs mettent même des visages célèbres dans leurs publicités afin que le consommateur s'identifie subconsciemment à cette vedette comme à une « nouvelle personnalité ». « Vous n'êtes pas content de vous ? Achetez quelque chose ! Vous vous insérez mal dans la société ? Achetez quelque chose ! Vous éprouvez une émotion négative à cause d'un sentiment de manque, de séparation ou d'ennui ? Ce four à micro-ondes, ce téléviseur à écran géant ou ce téléphone cellulaire vous apportera la solution. Vous serez davantage fier de vous, vous serez accepté par la société et du même coup vous aurez 40 % moins d'espaces vides ! » Nous sommes tous contrôlés émotionnellement par l'idée de manque.

Comment a débuté ma transformation, ce qui vous inspirera peut-être pour effectuer la vôtre

J'ai commencé ce chapitre en vous parlant du jour où, assis sur mon divan, j'ai pris conscience de l'écart existant entre ma personnalité réelle et celle que je présentais aux autres. Je terminerai donc le chapitre en vous racontant la suite de l'histoire...

À cette époque, je voyageais beaucoup, donnant des conférences au public qui m'avait vu dans *Que sait-on vraiment de la réalité !?* Quand je parlais devant des groupes, je me sentais vraiment vivant et je suis certain que j'avais l'air heureux. Toutefois, je me sentais paralysé. C'est alors que j'en ai pris conscience. Je devais me montrer tel que tout le monde s'attendait à me voir, tel que j'apparaissais dans le film. J'avais commencé à croire que j'étais quelqu'un d'autre et j'avais besoin que le monde me rappelle cette fausse personnalité. En réalité, j'avais deux vies différentes. Je ne voulais plus vivre dans ce piège.

Ce matin-là, seul chez moi, je sentais mon cœur battre et je me suis demandé qui le faisait battre. Je me suis rendu compte instantanément que je m'étais éloigné de cette intelligence innée. Fermant alors les yeux, je me suis concentré intensément. J'ai commencé par admettre ce que j'avais été jusque-là, tout ce que j'avais dissimulé et à quel point j'étais malheureux. J'ai alors abandonné certains aspects de moi-même à un esprit supérieur.

Je me suis ensuite rappelé ce que je ne voulais plus être. J'ai décidé que je ne voulais plus vivre en fonction de cette personnalité. J'ai examiné les comportements inconscients, les pensées et les sentiments qui la renforçaient et je les ai passés en revue jusqu'à ce qu'ils me deviennent familiers.

J'ai alors pensé à la nouvelle personnalité que je voulais acquérir, jusqu'à ce que je la *devienne.* Je me suis soudain senti différent : joyeux. Cela n'avait rien à voir avec le monde extérieur. Il s'agissait d'une identité indépendante de tout mon environnement. Je savais qu'il se passait quelque chose en moi.

Ma réaction fut immédiate après cette première méditation sur le divan et je lui ai accordé de l'importance parce qu'elle m'avait changé. Quand je me suis levé, je me suis senti très conscient et vivant. C'était comme si j'avais vu plusieurs choses pour la première fois. Un masque était tombé et je voulais que le processus continue.

J'ai donc cessé une partie de mes activités pendant environ six mois. J'ai poursuivi ma pratique clinique dans une certaine mesure, mais j'ai annulé toutes mes conférences. Mes amis pensaient que je perdais l'esprit (c'était bien le cas), parce que le film *Que sait-on vraiment de la réalité!?* était au sommet de sa popularité, et ils me rappelèrent que je perdais ainsi beaucoup d'argent. Je leur répondis que je ne monterais plus sur une scène tant que je vivrais l'idéal des autres et non le *mien.* Je ne voulais plus donner de conférences tant que je ne serais pas l'exemple vivant de tout ce dont je parlais. J'avais besoin de temps pour méditer et pour effectuer de vrais changements dans ma vie, et je voulais connaître la joie qui vient de l'intérieur plutôt que de l'extérieur. Je voulais qu'elle transparaisse lors de mes conférences.

Ma transformation ne fut pas instantanée. Méditant quotidiennement, j'ai examiné mes émotions indésirables une à une et j'ai commencé à les démémoriser. En suivant le processus méditatif de désapprentissage et de réapprentissage, j'ai travaillé pendant des mois pour me changer intérieurement. Ce faisant, je démantelais intentionnellement ma vieille identité et je rompais avec moi-même.

C'est alors que je me suis mis à éprouver de la joie sans raison apparente. Je devenais de plus en plus heureux et cela n'avait rien à voir avec le monde extérieur. Aujourd'hui, je prends le temps de méditer tous les matins parce que je veux que cet état d'être se maintienne.

* * * * *

Quelle que soit la raison qui vous a amené à lire ce livre, vous devrez acquérir une nouvelle conscience lorsque vous aurez pris la décision de changer. Vous devrez savoir clairement ce que vous faites, quel est votre façon de penser, de vivre, de ressentir et d'*être*, au point de bien vous rendre compte que ce n'est pas là votre personnalité réelle et que vous n'en voulez plus. Ce changement doit vous atteindre au plus profond.

Vous êtes sur le point de découvrir ce que j'ai fait moi-même, les mesures que j'ai prises pour accomplir mes propres changements personnels. Mais ne vous découragez pas car *vous avez peut-être déjà fait quelque chose de semblable dans votre vie*. Il ne vous manque alors qu'un peu de connaissances liées au processus méditatif pour faire de cette méthode de transformation une nouvelle aptitude. Allons-y!

CHAPITRE 8

LA MÉDITATION, LA DÉMYSTIFICATION DU MYSTIQUE ET LES ONDES DE NOTRE FUTUR

Dans le chapitre précédent, il a été question de l'écart à combler entre notre soi véritable et l'image que nous en présentons aux autres. Lorsque nous le faisons, nous libérons l'énergie nécessaire pour devenir ce soi idéal calqué sur certains grands personnages historiques tels que Gandhi et Jeanne d'Arc.

Comme je l'ai mentionné, il est essentiel de développer la faculté d'observation pour rompre avec soi-même. Il s'agit d'être davantage métacognitif (surveiller ses pensées), d'adopter le calme intérieur ou de concentrer son attention sur ses comportements et sur les éléments de l'environnement qui déclenchent une réaction émotive. La grande question qui se pose est donc celle-ci : « Comment *faire* tout ça ? »

Autrement dit, comment devenir plus observateur, comment rompre ses liens émotionnels avec le corps, l'environnement et le temps, et comment réduire l'écart.

La réponse est simple : *par la méditation*. Je l'ai déjà évoquée à quelques reprises en laissant entendre qu'elle constituait le moyen de rompre avec soi-même pour se créer une vie nouvelle avec son soi idéal. J'ai affirmé que l'information contenue dans les deux premières parties de ce livre vous préparerait à comprendre ce que vous ferez lorsque vous appliquerez les étapes contenues dans la troisième partie. Le moment est venu d'expliquer le fonctionnement du processus méditatif.

Le mot « méditation » suscite souvent l'image d'un individu assis les jambes croisées devant son sanctuaire personnel ou encore celle d'un yogi barbu assis dans une caverne isolée de l'Himalaya. Cet individu représente peut-être l'idée que vous vous faites de la marche à suivre pour se « calmer », se vider l'esprit, se concentrer sur une pensée ou s'engager dans quelque autre forme de méditation.

Il existe de nombreuses techniques de méditation, mais ici, dans ce livre, je désire vous aider à obtenir les résultats les plus désirables, à accéder au système d'exploitation de l'esprit subconscient afin de ne plus simplement *être* vos pensées, vos croyances, vos actions et vos émotions, mais plutôt de les *observer* et ensuite de reprogrammer le cerveau et le corps en fonction d'un esprit nouveau. Quand on ne se contente plus de produire *inconsciemment* des pensées, des croyances, des actions et des émotions, mais qu'on les contrôle par l'application *consciente* de la volonté, on peut se libérer de sa vieille personnalité pour en acquérir une nouvelle. Comment accéder à ce système d'exploitation et prendre conscience de ce qui est inconscient ? C'est le sujet que nous couvrirons dans le reste de ce livre.

Une définition de la méditation : se familiariser avec le soi

En tibétain, le mot « méditer » signifie « se familiariser avec ». J'emploie donc le mot « méditation » comme synonyme d'auto-observation et d'autodéveloppement. Pour se familiariser avec quelque chose, il faut d'abord l'observer pendant un certain temps. Encore une fois, le moment clé de la transformation du soi est celui où l'on cesse d'être celui-ci et où l'on commence à l'observer.

On pourrait dire également que le moment de cette transition est celui où l'on cesse d'agir et où l'on commence à agir/observer. J'utilise parfois l'analogie suivante : quand un athlète ou un artiste de la scène – un golfeur, un skieur, un nageur, un danseur, un chanteur ou un acteur – veut modifier sa technique, son entraîneur lui fait visionner des vidéos de lui-même en action. Pour acquérir un nouveau mode opératoire, ne faut-il pas d'abord observer l'ancien ?

C'est la même chose en ce qui concerne la personnalité. Il faut bien voir ce que l'on ne veut plus faire ni être. J'appelle « désapprentissage » cette phase du changement.

La familiarisation avec le soi fonctionne dans les deux sens. Il faut « voir » le vieux soi et le nouveau. Vous devez vous observer avec suffisamment de précision et de vigilance pour qu'aucune pensée ou émotion inconsciente ou comportement inconscient ne passe inaperçu. Comme vous possédez l'équipement nécessaire grâce à la taille de votre lobe frontal, vous pouvez vous observer et déterminer ce que vous voulez modifier afin de mieux vivre.

Décidez de cesser d'être votre ancienne personnalité

Dès que l'on prend conscience des aspects de la personnalité qui sont enracinés dans le système d'exploitation du subconscient, le processus du changement s'amorce.

Comment procède-t-on normalement quand on désire sérieusement se transformer ? On s'isole du monde extérieur assez longtemps pour réfléchir à ce qu'il faut faire ou ne pas faire. On prend conscience de plusieurs aspects de sa personnalité et l'on en planifie la modification.

Par exemple, si nous voulons être heureux, il faut d'abord cesser d'être malheureux, c'est-à-dire interrompre les *pensées* qui nous rendent malheureux ainsi que les *émotions* que sont la douleur, la tristesse et l'amertume. Si vous désirez être riche, vous déciderez sans doute d'arrêter de faire ce qui vous rend pauvre. Si vous voulez être en bonne santé, vous devrez mettre fin à un mode de vie *mal*sain. Je donne ces exemples pour montrer qu'il faut d'abord prendre la décision de ne plus être comme on est, afin de permettre l'apparition d'une nouvelle personnalité qui pense et agit différemment.

Par conséquent, si vous éliminez les stimuli du monde extérieur en fermant les yeux (diminuant l'apport sensoriel) et en vous calmant, en gardant le corps immobile et en oubliant le temps linéaire, vous ne serez plus conscient que de vos pensées et de vos émotions. Si vous prêtez alors attention à vos états d'esprit et états de corps inconscients, et si vous vous « familiarisez » suffisamment avec vos programmes inconscients pour qu'ils deviennent conscients, serez-vous en train de méditer ?

Absolument. Méditer, c'est « se connaître soi-même ».

Si vous n'êtes plus cette vieille personnalité, mais que vous en remarquez plutôt divers aspects, vous êtes alors la conscience qui observe les programmes de cette identité. Autrement dit, si vous observez consciemment le vieux soi, vous ne l'*êtes* plus. En passant de l'inconscience à la conscience, vous objectivez l'esprit subjectif. C'est-à-dire qu'en prêtant attention à l'habitude que vous avez d'être votre vieille personnalité, vous commencez à vous séparer consciemment de vos programmes inconscients et à les contrôler davantage.

En fait, si l'on réussit à restreindre ces états d'esprit et états de corps devenus routiniers, « les cellules nerveuses qui ne sont plus stimulées ensemble ne se relient plus entre elles ». En élaguant le matériel neurologique du vieux soi, on n'envoie plus le même signal aux mêmes gènes. On rompt avec *soi-même*.

Envisagez une meilleure expression de vous-même

Allons maintenant un peu plus loin. Lorsque vous vous serez familiarisé suffisamment avec votre ancienne personnalité pour qu'aucune pensée, aucun comportement ni aucune émotion ne vous fasse retomber dans les schèmes antérieurs, ce sera le moment idéal pour vous familiariser avec une *nouvelle* personnalité. Vous pourrez alors vous demander *quelle serait la meilleure expression possible de vous-même.*

Si vous stimulez votre lobe frontal par l'observation de ces aspects du soi, vous ferez fonctionner votre cerveau différemment. Lorsque vous méditerez sur ce nouveau sujet, le lobe frontal passera en revue le reste du cerveau et il combinera alors d'une façon cohérente toutes les expériences et toutes les informations qui y sont emmagasinées, afin de créer un nouveau modèle de pensée, une représentation intérieure sur laquelle vous concentrer.

Ce processus de contemplation produira de nouveaux réseaux neuronaux. Tandis que vous considérerez ce nouveau sujet évoqué plus haut, les neurones qui sont stimulés ensemble se relieront en de nouvelles séquences, de nouveaux schèmes et de nouvelles combinaisons parce que vos pensées seront différentes de celles d'auparavant. Chaque fois que l'on fait fonctionner son cerveau différemment, on le modifie. Lorsque l'on planifie ses actions, que l'on réfléchit à de nouvelles possibilités, que l'on envisage de nouveaux états d'être et que l'on rêve de nouveaux états d'esprit et états de corps, le lobe frontal s'active et réduit l'influence des trois grands facteurs. Les pensées deviennent alors une expérience intérieure. On installe un nouveau programme et de nouveaux logiciels dans le système nerveux, de sorte que l'expérience du nouveau soi est déjà réalisée dans le cerveau. Si l'on répète le processus tous les jours, le soi idéal devient un état d'esprit familier.

En outre, si l'on entretient suffisamment la pensée en question pour qu'elle devienne littéralement une expérience, il finit par en résulter une émotion. Une fois que celle-ci existe, on ressent son nouvel idéal, qui deviendra peu à peu familier. Comme nous l'avons vu plus haut, quand le corps réagit comme si l'expérience était déjà une réalité, on envoie aux gènes un signal différent d'auparavant. Le corps se met alors à changer, en avance sur l'événement réel. On devance ainsi le temps et surtout l'on acquiert un état d'être où l'esprit et le corps travaillent de concert. Si l'on répète le processus régulièrement, cet état d'être devient familier.

Si l'on maintient ce nouvel état d'esprit et ce nouvel état de corps indépendamment de l'environnement extérieur, des besoins émotionnels du corps et des contraintes du temps, quelque chose change dans l'existence. Telle est la loi quantique.

Résumons. Selon notre technique de méditation, il suffit de se rappeler ce que l'on ne veut plus «être», jusqu'à ce que l'on connaisse son vieux soi – les pensées, les émotions et les comportements qui lui sont associés et que l'on désire changer – au point de «dé-stimuler» et «débrancher» le vieil esprit, et de ne plus envoyer le même signal aux gènes. Il faut alors envisager répétitivement ce que l'on veut «être». Il en résultera un nouveau niveau mental auquel on conditionnera émotionnellement le corps jusqu'à ce que ce niveau devienne assez familier pour constituer une seconde nature. Le changement deviendra ainsi effectif.

Une seconde définition de la méditation : cultiver le soi

Outre sa signification tibétaine, le mot «méditer» veut dire «cultiver le soi» en sanscrit. J'aime particulièrement cette définition à cause des possibilités métaphoriques qu'elle offre, par exemple avec le jardinage ou l'agriculture. Quand on cultive le sol, on retourne, à l'aide d'une bêche ou d'un autre instrument, la terre qui était en jachère depuis un certain temps. On expose ainsi un «nouveau» terreau avec ses nutriments, ce qui facilite la germination des graines et l'enracinement des jeunes pousses. L'opération exige peut-être aussi d'éliminer des plantes de la saison précédente, d'extirper des mauvaises herbes qui étaient passées inaperçues et d'enlever des pierres qui ont fait surface naturellement.

Ainsi, les plantes de la saison précédente peuvent symboliser les créations dérivées des pensées, actions et émotions formant votre vieille personnalité. Les mauvaises herbes peuvent représenter les vieilles attitudes, croyances ou perceptions de vous-même qui sapent inconsciemment vos efforts et que vous n'aviez pas remarquées parce que vous étiez trop distrait par d'autres choses. Les pierres peuvent représenter vos nombreux blocages personnels (qui remontent naturellement à la surface avec le temps et qui nuisent à votre croissance). Tout cela nécessite vos soins afin de préparer l'ensemencement d'un nouveau jardin dans votre esprit. Autrement, si vous faisiez un nouveau jardin sans préparation adéquate, il ne produirait pas grand-chose.

Il est donc impossible de se créer un futur neuf quand on est enraciné dans le passé. Il faut éliminer les vestiges du vieux jardin (de l'esprit) avant de cultiver un nouveau soi en plantant les semences des nouvelles pensées, des nouveaux comportements et des nouvelles émotions qui créeront une vie nouvelle. L'autre impératif, c'est de s'assurer que cela n'arrive pas par hasard. Nous ne parlons pas ici des plantes à l'état sauvage, dont les graines s'éparpillent sur le sol et ne produisent qu'un faible pourcentage de nouvelles pousses. La culture requiert plutôt des décisions conscientes : quand labourer le sol, quand semer, *quoi* semer pour que les diverses plantes soient en harmonie entre elles, et combien d'eau et de fertilisant utiliser. La planification et la préparation sont essentielles au succès de l'entreprise, qui requiert une « attention vigilante » quotidienne.

De même, quand on dit que quelqu'un cultive un intérêt pour un sujet particulier, nous voulons dire que cet individu s'est sérieusement documenté sur ce sujet. De plus, une personne cultivée est celle qui a soigneusement choisi à quoi s'exposer et qui a acquis un grand savoir et une grande expérience. Encore une fois, cela ne se fait pas sur un coup de tête et ne relève pas non plus du hasard.

Quand on cultive quelque chose, on cherche à le contrôler. Voilà ce qui est requis pour changer tout aspect du *soi*. Au lieu de laisser les choses se développer « naturellement », on intervient et l'on prend consciemment les mesures nécessaires pour réduire les possibilités d'échec. Le but de tous ces efforts est d'obtenir une récolte. Quand on cultive une nouvelle personnalité par la méditation, le produit abondant que l'on cherche à créer est une *nouvelle réalité*.

La création d'un nouvel esprit s'apparente à la culture d'un jardin. Les fruits du jardin de l'esprit sont comme les récoltes de la terre : il faut bien les préparer.

Le processus méditatif qui facilite le changement : le passage de l'inconscient au conscient

Pour résumer le processus méditatif : il faut rompre avec soi-même et réinventer sa personnalité ; « perdre » l'esprit pour en créer un nouveau ; élaguer les connexions synaptiques et en alimenter de nouvelles ; démémoriser les émotions du passé et reconditionner le corps à un nouvel esprit et à de nouvelles émotions ; renoncer au passé et créer un nouvel avenir.

LE MODÈLE BIOLOGIQUE DU CHANGEMENT

LE PASSÉ FAMILIER	LE NOUVEAU FUTUR
Désapprendre	Réapprendre
Rompre avec soi-même	Réinventer le soi
Élaguer les connexions synaptiques	Faire germer de nouvelles connexions
Désactiver et débrancher	Stimuler et brancher
Démémoriser une émotion dans le corps	Reconditionner le corps à un autre esprit / d'autres émotions
« Perdre » l'esprit	Créer un nouvel esprit
Se familiariser avec le vieux soi	Se familiariser avec le nouveau soi
Déprogrammer	Reprogrammer
Vivre dans le passé	Créer un nouveau futur
La vieille énergie	Une nouvelle énergie

Figure 8A. Le modèle biologique du changement implique la transformation du passé familier en un nouveau futur.

Regardons d'un peu plus près quelques éléments de ce processus.

De toute évidence, pour éviter que toute pensée ou émotion indésirable passe inaperçue, il faut développer son sens de l'observation et son pouvoir de concentration. Nous, les humains, nous avons une capacité limitée d'observation et d'assimilation, mais nous pouvons nous améliorer consciemment sur ce plan.

Pour rompre avec soi-même, il convient de choisir un trait, une inclination ou une caractéristique et de concentrer son attention sur cet aspect de la personnalité que l'on désire changer. Par exemple, on peut commencer par se demander ceci : «Quand je suis fâché, quels sont mes schèmes de pensée? Qu'est-ce que je dis aux autres et à moi-même? Quel est mon comportement? Quelles autres émotions surgissent? Qu'est-ce que je ressens? Comment puis-je prendre conscience de ce qui déclenche ma colère et comment puis-je changer ma réaction?»

Le processus du changement requiert tout d'abord de désapprendre et ensuite d'apprendre, donc d'éliminer des circuits cérébraux et d'en stimuler ensuite de nouveaux. Quand on change son mode de pensée, quand on perd ses habitudes et que l'on élimine ses dépendances émotionnelles, le vieux soi commence à s'élaguer neurologiquement.

Si chaque connexion entre les cellules nerveuses constitue un souvenir, les souvenirs de votre vieux soi s'élimineront en même temps que ces circuits. Lorsque vous repenserez à votre ancienne vie et à votre ancienne personnalité, ce sera comme s'il s'agissait d'une existence antérieure. Où sont emmagasinés ces souvenirs? Ils seront transmis à l'âme sous forme de sagesse.

Quand ces pensées et ces émotions qui envoyaient des signaux au corps sont interrompues par des efforts conscients, l'énergie qu'elles libèrent s'en va dans le champ quantique et vous est disponible pour concevoir et créer une nouvelle destinée.

Quand nous employons la méditation comme moyen de transformation personnelle, quand nous devenons éveillés et conscients, quand ce qui est nécessaire pour éradiquer un trait indésirable et en cultiver un meilleur nous est familier et que nous désirons l'accomplir, nous faisons alors ce que font les mystiques depuis des siècles.

Mon approche du changement est clairement biologique, mais il en était de même chez les mystiques, sauf qu'ils utilisaient une terminologie différente pour décrire le processus. Le résultat final est le même : éliminer la dépendance au corps, à l'environnement et au temps. Nous ne pouvons changer que si nous opérons cette séparation. C'est uniquement lorsque nous transcendons ces trois grands facteurs que nous pouvons vraiment vivre indépendamment d'eux et rétablir notre dominance sur nos pensées et nos émotions quotidiennes.

Nous sommes depuis trop longtemps sous le contrôle de programmes inconscients et la méditation nous donne le moyen de reprendre le contrôle.

Tout commence par la prise de conscience : il est essentiel de savoir quand et comment ces réactions programmées prennent le dessus. Quand on passe de l'inconscient au conscient, on réduit l'écart entre les apparences et le soi véritable.

Les ondes du futur

Puisque le savoir est le précurseur de l'expérience, il vous sera très utile de comprendre, lorsque vous apprendrez le processus méditatif présenté dans la troisième partie, ce qui se passe dans le cerveau durant la méditation.

Vous savez sans doute que le cerveau est de nature électrochimique. Quand les cellules nerveuses sont stimulées, elles échangent entre elles des éléments chargés qui produisent des champs électromagnétiques. Comme nous pouvons mesurer l'activité électrique du cerveau, ces effets nous fournissent une information importante sur nos pensées, nos émotions, notre apprentissage, nos rêves, nos créations et le traitement de nos perceptions. L'électroencéphalographie (EEG) est la technologie la plus commune utilisée par les scientifiques pour enregistrer l'activité électrique changeante du cerveau.

Des chercheurs ont découvert chez les humains un large éventail d'ondes cérébrales : celles du très bas niveau d'activité existant durant le sommeil profond (les ondes *delta*), de l'état intermédiaire entre le sommeil profond et l'éveil (les ondes *thêta*), de l'état créateur lié à l'imagination (les ondes *alpha*), les hautes fréquences associées à la pensée consciente (les ondes *bêta*), et les plus hautes fréquences jamais enregistrées (les ondes *gamma*), propres aux états de conscience supérieurs[1].

Afin de vous aider à mieux comprendre le cheminement méditatif, je vais vous présenter un survol de chacun de ces états. Une fois que connaîtrez la nature de tous ces niveaux, vous serez davantage en mesure de savoir si vous êtes dans l'état cérébral où l'ego tente en vain de changer l'ego (Dieu sait que j'ai vécu cela) ou si vous êtes dans l'état qui constitue un terrain fertile au véritable changement.

À mesure que les enfants grandissent, la fréquence cérébrale prédominante passe de delta à thêta, ensuite à alpha et enfin à bêta. En méditation, notre tâche consiste à redevenir comme un enfant, passant de bêta à alpha, puis à thêta et (pour l'adepte ou le mystique) à delta. La compréhension des changements progressifs de niveau des ondes cérébrales durant le développement peut donc aider à démystifier le processus de la méditation.

Le développement des ondes cérébrales chez l'enfant : de l'esprit subconscient à l'esprit conscient

Delta. Entre la naissance et l'âge de deux ans, le cerveau humain fonctionne principalement au plus bas niveau d'onde, de 0,5 à 4 cycles par seconde. Ce registre d'activité électromagnétique est celui des ondes delta. Les adultes en sommeil profond sont en ondes delta, ce qui explique pourquoi un nouveau-né ne peut pas rester éveillé pendant plus de quelques minutes à la fois (et pourquoi aussi les jeunes bébés peuvent dormir les yeux ouverts). Quand un enfant d'un an est éveillé, il est toujours principalement en ondes delta parce qu'il fonctionne surtout à l'état subconscient. L'information provenant du monde extérieur entre dans son cerveau sans être censurée, critiquée ni jugée. À ce stade, le cerveau pensant – le néocortex ou l'esprit conscient – opère à un très bas niveau.

Thêta. De deux à six ans, l'enfant commence à manifester des schèmes EEG légèrement supérieurs. Ces ondes thêta sont de 4 à 8 cycles par seconde. Les enfants qui fonctionnent en ondes thêta ont tendance à être légèrement en état de transe et connectés surtout à leur monde intérieur. Ils vivent dans l'abstraction et dans l'imagination, manifestant peu de pensées rationnelles ou critiques. Par conséquent, les jeunes enfants sont susceptibles d'accepter ce qu'on leur dit. (Par exemple, le père Noël existe.) À ce stade, des phrases comme celles qui suivent exercent un énorme impact : « Les grands garçons ne pleurent pas. Les filles peuvent être présentes, mais elles ne doivent pas parler. Ta sœur est plus intelligente que toi. Si tu as froid, tu vas attraper un rhume. » Ce genre d'affirmation pénètre directement dans l'esprit subconscient parce que ces ondes cérébrales lentes sont du domaine du subconscient.

Alpha. Entre cinq et huit ans, les ondes cérébrales changent encore une fois, passant à la fréquence alpha : 8 à 13 cycles par seconde. L'esprit analytique commence à se former à ce stade du développement de l'enfant. Celui-ci commence à interpréter ce qu'il perçoit et à tirer des conclusions sur les lois de la vie extérieure. En même temps, le monde de l'imagination tend à être aussi réel que celui de la réalité extérieure. Les enfants de ce groupe d'âge ont typiquement un pied dans chacun de ces deux mondes. C'est pourquoi ils peuvent feindre si facilement. Par exemple, on peut demander à un enfant de faire semblant d'être un dauphin nageant dans la mer, un flocon de neige flottant dans le vent ou un super-héros venant au secours de quelqu'un, et cet enfant est toujours dans son personnage quelques heures plus tard. Demandez la même chose à un adulte et… vous connaissez déjà la réponse.

Bêta. De dix à douze ans et au-delà, la fréquence de l'activité cérébrale augmente de nouveau. La frontière des ondes bêta se situe au-dessus de 13 cycles par seconde chez les enfants. L'état bêta s'élève à divers degrés jusqu'à l'âge adulte et correspond à la pensée analytique consciente.

Après l'âge de douze ans, la porte entre l'esprit conscient et l'esprit subconscient se ferme habituellement. Les ondes bêta se subdivisent en ondes de basse fréquence, de moyenne fréquence et de haute fréquence. À mesure que l'enfant avance dans l'adolescence, il a tendance à passer de la basse fréquence à la moyenne et à la haute, comme la plupart des adultes.

LE DÉVELOPPEMENT DES ONDES CÉRÉBRALES

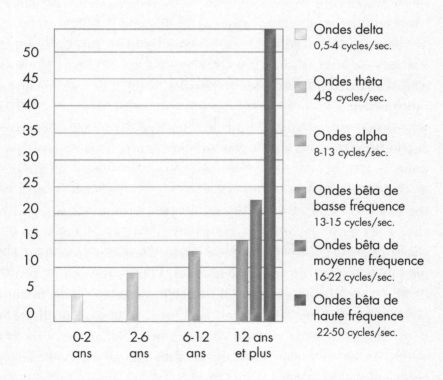

Figure 8B. La progression du développement des ondes cérébrales, de l'état delta dans l'enfance à l'état bêta à l'âge adulte. Voyez la différence entre les trois niveaux d'ondes bêta : les ondes de haute fréquence peuvent être deux fois plus élevées que les ondes de moyenne fréquence.

Les ondes cérébrales chez l'adulte : un survol

Bêta. Alors que vous lisez ces lignes, la plupart d'entre vous sont dans l'état d'activité cérébrale bêta, qui correspond à l'état d'éveil quotidien. Votre cerveau traite des données sensorielles et tente de créer un sens entre votre monde extérieur et votre monde intérieur. Tandis que vous assimilez la matière de ce livre, vous percevez peut-être le poids de votre corps sur votre siège, vous entendez peut-être de la musique en arrière-plan et vous jetez peut-être un coup d'œil par la fenêtre. Toutes ces données sont traitées par le néocortex pensant.

Alpha. Supposons maintenant que vous fermiez les yeux (80 % de notre information sensorielle provient du sens de la vue) et que vous vous tourniez intentionnellement vers l'intérieur. Comme vous réduisez alors considérablement les données sensorielles provenant de l'environnement, il entre moins d'information dans votre système nerveux et vos ondes cérébrales ralentissent naturellement jusqu'à l'état alpha. Vous êtes détendu. Vous êtes moins préoccupé par les éléments du monde extérieur et c'est plutôt le monde intérieur qui retient votre attention. Vous avez tendance à moins penser et à moins analyser. En ondes alpha, le cerveau est dans un léger état méditatif (lorsque vous pratiquerez la méditation présentée dans la troisième partie de ce livre, vous entrerez dans un état alpha encore plus profond).

Tous les jours, votre cerveau passe en ondes alpha sans grand effort de votre part. Par exemple, quand vous apprenez quelque chose de nouveau lors d'une conférence, votre cerveau fonctionne généralement en ondes bêta de basse ou moyenne fréquence. Vous écoutez le message et vous analysez les idées qui sont énoncées. Ensuite, quand vous en avez assez entendu ou que vous aimez particulièrement quelque chose qui vous rejoint, vous faites naturellement une pause et votre cerveau passe alors en ondes alpha. Il en est ainsi parce que l'information se consolide dans votre matière grise. Vous rendez vos pensées plus réelles que le monde extérieur. À ce moment-là, le lobe frontal implante l'information dans la structure cérébrale et, comme par magie, vous pouvez vous rappeler ce que vous venez d'apprendre.

Thêta. Chez les adultes, les ondes thêta sont celles de *l'état intermédiaire* ou *lucide*, où l'on est à moitié éveillé et à moitié endormi (l'esprit conscient est éveillé tandis que le corps est à peu près endormi). C'est quand le sujet est dans cet état qu'un hypnothérapeute peut accéder à l'esprit subconscient. Nous sommes plus faciles à programmer dans l'état thêta parce qu'il n'y a pas de voile entre l'esprit conscient et l'esprit subconscient.

Delta. Pour la plupart d'entre nous, les ondes delta sont celles du sommeil profond. À ce niveau, nous sommes très peu conscients tandis que le corps se restaure.

Comme le démontre ce survol, nous entrons plus profondément dans le monde intérieur de l'esprit subconscient lorsque les ondes cérébrales sont lentes. L'inverse est également vrai : plus les ondes cérébrales sont élevées, plus nous sommes conscients du monde extérieur.

Avec la pratique, ces niveaux vous deviendront familiers. Tout comme pour n'importe quel apprentissage où l'on persiste, vous en viendrez à remarquer la sensation associée à chaque niveau. Lorsque vous analyserez ou réfléchirez trop en bêta, vous le saurez. Quand vous ne serez pas présent, vous le saurez aussi parce que vous alternerez entre les émotions du passé et l'anticipation d'un futur prévisible. Lorsque vous serez en ondes alpha ou thêta, vous le percevrez également parce que vous en sentirez la cohérence. Avec le temps, vous saurez facilement si vous êtes dans tel état ou non.

LES ONDES CÉRÉBRALES

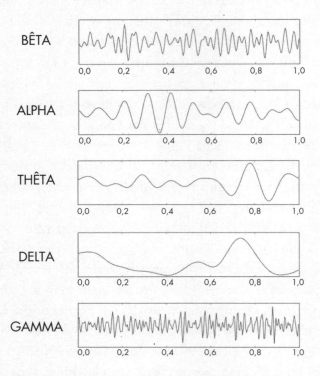

Figure 8C. Comparaison entre les diverses ondes cérébrales chez l'adulte.

Les ondes gamma : les plus rapides de toutes

Les ondes gamma sont les ondes cérébrales les plus rapides, de 40 à 100 Hertz. (Comme elles sont plus compressées et d'une amplitude moindre comparativement aux quatre autres types, elles ne sont pas vraiment en corrélation avec les ondes bêta de haute fréquence, bien que leur cycle par seconde soit semblable.) Une forte activité gamma cohérente dans le cerveau est généralement liée aux états d'esprit élevés comme le bonheur, la compassion et même la conscience accrue, ce qui entraîne habituellement une meilleure mémoire. Il s'agit d'un niveau supérieur de conscience que les gens ont tendance à décrire comme « une expérience transcendantale ». Pour les besoins de ce livre, considérons les ondes gamma comme un effet secondaire du changement de conscience.

Trois niveaux d'ondes bêta régissent nos heures d'éveil

Comme nous passons la plus grande partie de notre journée éveillés, fonctionnant en ondes bêta avec notre attention dirigée vers le monde extérieur, examinons les trois niveaux de ces ondes cérébrales[2]. Cette explication facilitera le passage des ondes bêta aux ondes alpha et ensuite aux ondes thêta pendant la méditation.

1. **Les ondes bêta de basse fréquence** sont celles de l'attention intéressée et détendue, se situant entre 13 et 15 Hertz (cycles par seconde). Si vous lisez avec plaisir un livre dont la matière vous est familière, votre cerveau est sans doute en ondes bêta de basse fréquence car vous prêtez un certain degré d'attention sans aucune vigilance.
2. **Les ondes bêta de moyenne fréquence** sont celles de l'attention focalisée sur un stimulus extérieur soutenu. L'apprentissage en est un bon exemple : si je vous interrogeais sur le livre que vous preniez plaisir à lire en ondes bêta de basse fréquence, vous vous animeriez un peu et l'activité néocorticale, telle la pensée analytique, augmenterait. Les ondes bêta de moyenne fréquence opèrent entre 16 et 22 Hertz.
   Les ondes bêta de moyenne fréquence, et même de basse fréquence dans une certaine mesure, reflètent la pensée consciente ou rationnelle ainsi que l'état de vigilance. Elles résultent de la réception, par le néocortex, des stimuli de l'environnement au moyen des sens et de l'assemblage de cette information en un ensemble qui crée un état d'esprit. Comme vous pouvez l'imagi-

ner, cette focalisation sur tout ce que nous percevons par les cinq sens produit une activité complexe dans le cerveau.

3. **Les ondes bêta de haute fréquence** sont de 22 à 50 Hertz. Ce sont celles des situations stressantes où les substances chimiques de la survie sont produites dans le corps. Le maintien de cette focalisation dans un état d'excitation soutenu n'est pas le type d'attention que nous utilisons pour apprendre, créer, rêver, résoudre des problèmes ou même guérir. En vérité, on pourrait dire que le cerveau en ondes bêta de haute fréquence fonctionne avec une *trop* grande concentration. L'esprit est trop exacerbé et le corps est trop stimulé pour qu'il y ait même un semblant d'ordre. (Quand vous êtes en ondes bêta de haute fréquence, sachez au moins pour l'instant que vous êtes sans doute trop focalisé sur quelque chose et que c'est difficile d'arrêter.)

Les ondes bêta de haute fréquence : un mécanisme de survie à brève échéance et une source de stress et de déséquilibre à long terme

Les situations d'urgence créent toujours le besoin d'une activité électrique accrue dans le cerveau. La nature nous a dotés de la réaction de lutte ou de fuite pour nous aider à nous concentrer rapidement dans des situations potentiellement dangereuses. La forte stimulation physiologique du cœur, des poumons et du système nerveux sympathique suscite un changement spectaculaire de l'état psychologique. Notre perception, notre comportement, notre attitude et nos émotions sont altérés. Ce type d'attention est très différent de celui qui est normalement le nôtre. Il nous fait agir comme un animal emballé possédant une grosse banque mémorielle. La balance de l'attention penche du côté de l'environnement extérieur, causant un état d'esprit exagérément focalisé. L'anxiété, l'inquiétude, la colère, la douleur, la souffrance, la frustration, la peur et même un état d'esprit compétitif engendrent des ondes bêta de haute fréquence qui prédominent durant la crise.

À court terme, l'organisme n'en souffre pas. Cette attention étroite et intense n'a rien de nocif en soi. Elle nous est utile car elle permet d'accomplir bien des choses.

Toutefois, si nous restons en «mode urgence» trop longtemps, les ondes bêta de haute fréquence nous déséquilibrent car leur maintien requiert une énorme quantité d'énergie. C'est pourquoi il s'agit du schème cérébral le plus réactif, le plus instable et le plus volatil. Quand les ondes bêta de haute fréquence deviennent chroniques et incontrôlables, le cerveau s'épuise au-delà du seuil de ce qui est bon pour la santé.

Malheureusement, ces ondes sont exagérément utilisées par la majorité de la population. Nous sommes obsessifs ou compulsifs, insomniaques ou chroniquement fatigués, anxieux ou déprimés, poussant fortement dans toutes les directions pour nous sentir tout-puissants ou nous accrochant désespérément à notre douleur pour nous sentir totalement impuissants. Nous tentons de dépasser la situation ou d'en être les victimes.

Les ondes bêta de haute fréquence soutenues dérèglent le cerveau

Pour mettre les choses en perspective, considérons le fonctionnement normal du cerveau comme relevant du système nerveux central, qui contrôle et coordonne tous les autres systèmes du corps : il fait battre le cœur, fait digérer la nourriture, régule le système immunitaire, maintient le taux respiratoire, équilibre les hormones, contrôle le métabolisme et fait éliminer les déchets. Tant que l'esprit est cohérent et ordonné, les messages passant du cerveau au corps par la moelle épinière produisent des signaux synchronisés pour que le corps soit équilibré et en bonne santé.

Cependant, bien des individus passent toute la journée en état bêta de haute fréquence soutenu. Pour eux, tout est urgence. Le cerveau est constamment en cycle très rapide, ce qui éprouve tout le système. Vivre constamment dans cette mince marge d'ondes cérébrales, c'est comme de conduire un véhicule en première vitesse

vitesse tout en appuyant à fond sur l'accélérateur. Les gens dont c'est le cas « traversent leur vie » à toute vitesse sans jamais changer de vitesse et donc, d'onde cérébrale.

La répétition continuelle des pensées de survie crée de la colère, de la peur, de la tristesse, de l'anxiété, de la dépression, de la compétition, de l'agressivité, de l'insécurité et de la frustration. Ces individus deviennent tellement prisonniers de ces émotions nocives qu'ils tentent d'analyser leurs problèmes *à partir d'elles*, ce qui ne fait que perpétuer leurs pensées de survie. De plus, rappelons-nous que nous pouvons déclencher la réaction de stress par la seule pensée. Nos pensées renforcent l'état cérébral et corporel, ce qui les alimente davantage. C'est un cercle vicieux, le serpent qui se mord la queue.

Les ondes bêta de haute fréquence produisent à long terme un cocktail malsain de substances chimiques du stress qui peuvent déséquilibrer le cerveau. Les parties du cerveau cessent de se coordonner entre elles ; certaines fonctionnent séparément et en opposition avec d'autres. Comme une maison divisée contre elle-même, le cerveau ne communique plus d'une façon organisée et holistique. Lorsque les substances chimiques du stress isolent davantage le néocortex/cerveau pensant, nous risquons de fonctionner comme quelqu'un atteint du syndrome des personnalités multiples, sauf que nous les avons toutes en même temps au lieu d'une seule à la fois.

Évidemment, quand des signaux désordonnés et incohérents du cerveau relaient aux autres systèmes physiologiques, par le système nerveux central, des messages électrochimiques erratiques et ambigus, cela déséquilibre le corps, dérange son homéostasie et prépare le terrain à la maladie.

Si ce mode stressé de fonctionnement cérébral chaotique persiste trop longtemps, le cœur en est affecté (ce qui crée de l'arythmie ou de l'hypertension), la digestion en est troublée (indigestions, reflux et symptômes associés) et le système immunitaire s'affaiblit (ce qui cause des rhumes, des allergies, le cancer et l'arthrite rhumatoïde, entre autres).

Toutes ces conséquences sont dues à un déséquilibre du système nerveux, qui fonctionne sans cohérence en raison de l'action des substances chimiques du stress et des ondes bêta de haute fréquence qui réaffirment le monde extérieur comme unique réalité.

Les ondes bêta de haute fréquence soutenues rendent difficile la concentration sur notre être intérieur

Le stress est un produit de notre dépendance aux trois grands facteurs. Le problème, ce n'est pas que nous sommes conscients, mais plutôt que notre focalisation en bêta de haute fréquence est presque exclusivement dirigée vers notre environnement (les gens, les objets, les lieux), vers notre corps et ses fonctions (« J'ai faim, je suis trop faible, j'aimerais avoir un plus beau nez, je suis trop grasse par rapport à elle »), et vers le temps (« Il faut que je me dépêche ! Le temps file ! »).

En ondes bêta de haute fréquence, le monde extérieur paraît plus réel que le monde intérieur. Notre attention et notre conscience sont principalement tournées vers tout ce qui constitue l'environnement extérieur. Ainsi, nous nous identifions plus facilement à ces éléments matériels : nous critiquons tout le monde que nous connaissons, nous jugeons notre apparence, nous sommes exagérément concentrés sur nos problèmes, nous nous accrochons à nos biens de peur de les perdre, nous nous obligeons à aller à certains endroits et nous sommes préoccupés par le temps. Tout cela nous laisse bien peu d'énergie pour prêter attention aux changements que nous voulons vraiment effectuer ; pour entrer en nous-mêmes, pour observer nos pensées, nos comportements et nos émotions, et pour les surveiller.

Il est difficile de nous concentrer sur notre réalité intérieure quand nous sommes trop tournés vers le monde extérieur. En général, nous ne pouvons nous concentrer sur autre chose que les trois grands facteurs, nous ne pouvons transcender les frontières de notre étroite focalisation et nous sommes obsédés par des problèmes au lieu de réfléchir aux solutions. Pourquoi faut-il autant d'efforts pour abandonner l'extérieur au profit de l'intérieur ? En ondes bêta de haute fréquence, le cerveau ne peut pas passer facilement au monde imaginaire de l'état alpha. Nos ondes cérébrales nous gardent enfermés dans les trois éléments du monde extérieur comme s'ils étaient réels.

Quand on est enfoncé dans l'état bêta de haute fréquence, il est difficile d'apprendre car il ne peut entrer dans le système nerveux que très peu de nouvelles informations qui ne correspondent pas à l'émotion que l'on éprouve. En fait, les problèmes que l'on s'efforce d'analyser ne peuvent se résoudre dans l'état émotionnel où l'on se trouve au moment où on les analyse. Pourquoi ? Parce que cette analyse crée des fréquences bêta de plus en plus élevées. Quand le cerveau pense dans ce mode, il réagit trop ; nos raisonnements sont faibles et nos pensées ne sont pas claires.

Compte tenu des émotions qui nous étreignent, nous pensons dans le passé – tentant de prédire le prochain moment en fonction du passé – et le cerveau ne peut pas traiter le moment présent. Notre monde ne laisse pas de place à l'inconnu. Nous sommes séparés du champ quantique et nous ne pouvons même pas envisager de nouvelles possibilités. Le cerveau n'est pas en mode créatif ; il est fixé sur la survie, préoccupé par les pires scénarios possibles. Encore une fois, très peu d'information non liée à cet état d'urgence peut s'encoder dans le système nerveux. Quand tout ressemble à une crise, le cerveau fait de la survie une priorité plutôt que de privilégier l'apprentissage. Ce n'est pas le moment de croître et prospérer : c'est le moment de survivre dans l'urgence

La solution réside à l'extérieur des émotions avec lesquelles nous sommes aux prises et des pensées que nous analysons trop, parce qu'elles nous gardent connectés à notre passé, à ce qui nous est connu et familier. ==La résolution de nos problèmes commence par le dépassement de ces émotions familières et par le remplacement de notre focalisation désordonnée sur les trois grands facteurs par un mode de pensée plus ordonné.==

Les signaux incohérents de l'état bêta de haute fréquence produisent un éparpillement des pensées

Comme vous pouvez l'imaginer, quand le cerveau est en état bêta de haute fréquence et que l'on traite de l'information sensorielle – impliquant l'environnement, le corps et le temps –, cette activité peut créer un certain chaos. En plus de comprendre que les impulsions électriques du cerveau se produisent en une certaine quantité (cycles par seconde), il est important d'être conscient de la *qualité* du signal. Tout comme le passage sur la création quantique a montré combien il est vital d'envoyer un signal cohérent dans le champ quantique pour indiquer le résultat futur que nous désirons, la même cohérence est essentielle à la pensée et aux ondes cérébrales.

À n'importe quel moment lorsque nous sommes en ondes bêta, l'un des trois grands facteurs attire davantage notre attention. Si nous pensons être en retard, nous sommes concentrés sur le temps ; cette pensée envoie une onde de haute fréquence dans le néocortex. Bien sûr, nous sommes également conscients de notre corps et de l'environnement et nous émettons par conséquent des impulsions électromagnétiques qui leur sont associées. La différence, c'est simplement que, dans le cas de ces deux derniers facteurs, nous envoyons des ondes d'une plus basse fréquence dans le néocortex.

Nos ondes cérébrales focalisées sur le temps pourraient ressembler à ceci :

Nos ondes cérébrales focalisées sur l'environnement pourraient ressembler à ceci :

Nos ondes cérébrales focalisées sur le corps pourraient ressembler à ceci :

Notre attention fracturée en raison de la tentative de focalisation sur les trois grands facteurs en même temps produit un schème d'ondes cérébrales qui pourrait ressembler à ceci :

Comme on peut le voir, ces trois schèmes différents s'unissant en période de stress produisent un signal incohérent en mode bêta de haute fréquence. Si vous êtes comme moi, vous avez vécu des expériences où le dernier dessin représente l'état de vos pensées telles que vous les ressentiez : éparpillées.

Quand nous sommes connectés aux trois dimensions – l'environnement, le corps et le temps –, le cerveau tente d'intégrer les diverses fréquences de leurs ondes, ce qui nécessite une énorme quantité de traitement spatio-temporel. Si nous pouvions éliminer notre focalisation sur l'un de ces facteurs, les schèmes qui émergeraient seraient plus cohérents et donc plus faciles à traiter.

LA DIFFÉRENCE ENTRE un SIGNAL COHÉRENT et un SIGNAL INCOHÉRENT

Ondes cohérentes

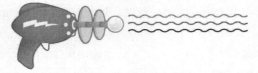

Ondes incohérentes

Figure 8D. Dans la première image, l'énergie est ordonnée, organisée et rythmique. Quand l'énergie est très synchrone et bien définie, elle est beaucoup plus puissante. La lumière émise par un laser constitue un bon exemple d'ondes cohérentes se déplaçant à l'unisson. Dans la seconde image, les schèmes énergétiques sont chaotiques, désintégrés et hors phase. La lumière émise par une ampoule incandescente constitue un bon exemple de signal incohérent et moins puissant.

C'est la conscience et non l'analyse qui permet d'entrer dans le subconscient

Voici un excellent moyen de savoir quand vous êtes en état bêta : si vous analysez constamment (j'appelle cela « être en esprit analytique »), vous êtes en état bêta et vous êtes donc incapable d'entrer dans l'esprit subconscient.

L'expression « paralysie d'analyse » est ici pertinente. Eh bien, c'est ce qui nous arrive quand nous passons presque toute notre vie en état thêta. Le sommeil est le seul temps où nous ne le sommes pas (nous sommes alors en état delta).

Peut-être pensez-vous ceci : « Mais vous avez dit que nous devions être conscients et nous familiariser avec nos pensées, nos émotions et nos réactions. Cela ne requiert-il pas de l'analyse ? »

En fait, on peut être conscient sans analyser. Quand nous sommes conscients, nous pouvons penser, par exemple : « Je suis fâché. » Quand nous analysons, nous dépassons cette simple observation pour ajouter ceci : « Pourquoi cette page prend-elle autant de temps à se charger ? Qui donc a conçu ce stupide site Internet ? Pourquoi la connexion est-elle toujours trop lente quand je suis pressé de trouver quelque chose ? » Être conscient au sens où je l'entends ici, c'est simplement noter (observer) une pensée ou une émotion et passer outre.

Un modèle de travail de la méditation

Maintenant que nous avons vu quelques notions de base concernant les ondes cérébrales chez l'enfant et chez l'adulte, ces notions nous fourniront un modèle de travail (voir les cinq prochaines figures) pour bien comprendre le processus méditatif[3].

Commençons par la figure 8E. Grâce aux recherches effectuées sur les ondes cérébrales chez les enfants, nous savons qu'à la naissance le bébé est complètement immergé dans le subconscient.

L'ESPRIT À LA NAISSANCE

Figure 8E. Supposons que ce cercle représente l'esprit. À la naissance, nous sommes totalement dans l'esprit subconscient.

Regardons maintenant la figure 8F. Les signes « plus » et « moins » représentent comment l'esprit de l'enfant en développement apprend à partir d'identifications et d'associations positives ou négatives qui font naître des habitudes et des comportements.

Voici un exemple d'identification positive. Quand un bébé a faim ou qu'il ne se sent pas bien, il crie pour attirer l'attention de sa mère. Lorsque celle-ci réagit en le nourrissant ou en changeant sa couche, il établit une connexion importante entre son monde intérieur et le monde extérieur. Il suffit de quelques occurrences pour qu'il associe le fait de crier à celui d'être nourri ou d'être plus à l'aise. Cela devient un comportement.

Un bon exemple d'association négative : quand un enfant de deux ans met un doigt sur un poêle chaud, il apprend très vite à identifier l'objet extérieur qu'il voit – le poêle – à la douleur qu'il ressent. Après quelques autres essais, il apprend une précieuse leçon.

L'ESPRIT EN DÉVELOPPEMENT

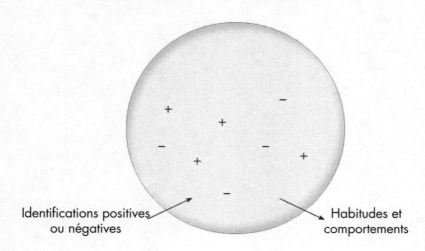

Figure 8F. Avec le temps, nous apprenons par associations au moyen de diverses interactions par l'intermédiaire de nos sens entre notre monde intérieur et le monde extérieur.

Dans ces deux exemples, on pourrait dire que, dès le moment où l'enfant remarque un changement chimique à l'intérieur de son corps, le cerveau s'anime et prête attention au facteur de l'environnement extérieur qui a causé ce changement, qu'il s'agisse de plaisir ou de douleur. Ce type d'identification ou d'association fait se développer lentement plusieurs habitudes, aptitudes et comportements.

Comme nous l'avons vu plus haut, vers l'âge de six ou sept ans, lorsque les ondes cérébrales se changent en alpha, l'enfant commence à acquérir l'esprit *analytique* ou *critique*. Chez la plupart, celui-ci a fini de se développer entre sept et douze ans.

La méditation nous fait dépasser l'esprit analytique pour entrer dans le subconscient

Dans la figure 8G, la ligne qui traverse le haut du cercle représente l'esprit analytique, qui fait office de barrière séparant l'esprit conscient et l'esprit subconscient. Chez l'adulte, l'esprit critique aime raisonner, évaluer, anticiper, prévoir, comparer ce qu'il sait à ce qu'il apprend, ou mettre en opposition le connu et l'inconnu. Chez la plupart des adultes, l'esprit analytique travaille constamment quand ces derniers sont conscients et donc ils fonctionnent donc en ondes bêta.

Figure 8G. Entre six et sept ans, l'esprit analytique commence à se former. Il fait office de barrière pour séparer l'esprit conscient et l'esprit subconscient et il achève habituellement son développement entre sept et douze ans.

Regardons maintenant la figure 8H. Au-dessus de la ligne représentant l'esprit analytique se trouve l'esprit conscient, qui constitue 5 % de tout l'esprit. C'est le siège de la logique et du raisonnement, qui contribuent à la volonté, à la foi, aux intentions et aux aptitudes créatrices.

L'esprit subconscient, qui constitue environ 95 % du soi, consiste en ces identifications et associations positives ou négatives qui font naître les habitudes et les comportements.

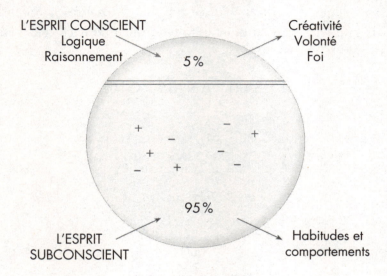

Figure 8H. L'esprit est composé de 5 % d'esprit conscient et de 95 % d'esprit subconscient. L'esprit conscient opère principalement par la logique et le raisonnement, ce qui donne naissance à la volonté, à la foi, aux intentions et aux aptitudes créatrices. L'esprit subconscient comporte les nombreuses identifications positives ou négatives, ce qui crée les habitudes, les comportements, les aptitudes, les croyances et les perceptions.

La figure 81 illustre le but le plus fondamental de la méditation (représenté par la flèche) : dépasser l'esprit analytique. Dans cet état d'esprit, nous ne pouvons pas changer réellement. Nous pouvons analyser le vieux soi, mais nous ne pouvons pas en désinstaller les programmes pour en installer de nouveaux.

La méditation ouvre la porte entre l'esprit conscient et l'esprit subconscient. Nous méditons pour entrer dans le système d'exploitation du subconscient, où résident tous les comportements et toutes les habitudes indésirables, et les remplacer par des modes plus productifs qui permettront de mieux vivre.

LA MÉDITATION DÉPASSANT L'ESPRIT ANALYTIQUE

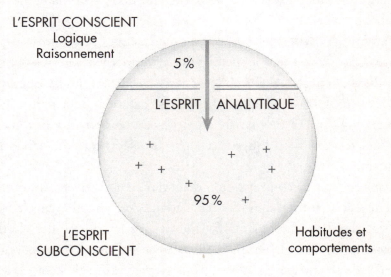

Figure 81. L'un des buts principaux de la méditation est de transcender l'esprit conscient afin d'entrer dans l'esprit subconscient pour mettre fin aux habitudes, réactions émotionnelles, attitudes et comportements destructeurs, et aux états d'être inconscients.

La méditation nous fait passer des ondes bêta aux ondes alpha et thêta

Examinons maintenant comment on peut changer de vitesse et accéder à d'autres ondes cérébrales afin de transcender le lien avec le corps, l'environnement et le temps. On peut ralentir naturellement la vigilance haute vitesse du cerveau et du corps pour atteindre un état cérébral plus détendu et plus ordonné.

Il vous est tout à fait possible de modifier consciemment vos ondes cérébrales, de passer de l'état bêta de haute fréquence à l'état alpha ou thêta (vous pouvez vous entraîner à parcourir l'échelle des ondes cérébrales). Ce faisant, vous ouvrirez la porte au véritable changement personnel. Vous dépasserez la pensée habituelle, alimentée par les réactions en mode survie, et vous entrerez dans le domaine de l'esprit subconscient.

Durant la méditation, vous transcenderez les sensations corporelles, vous ne serez plus à la merci de l'environnement et vous perdrez la notion du temps. Vous oublierez votre *identité*. Tandis que vous aurez les yeux fermés, l'apport du monde extérieur sera réduit et le néocortex aura moins de matière à penser et à analyser. L'esprit analytique sera forcément subjugué et l'activité électrique du néocortex diminuera.

Dans cet état de concentration détendue, vous activerez automatiquement le lobe frontal, qui réduira l'activité des synapses dans le reste du néocortex. Par conséquent, vous abaisserez le volume des circuits cérébraux qui traitent le temps et l'espace, ce qui permettra aux ondes cérébrales de se changer en alpha. Vous passerez ainsi de l'état de survie à un état plus créatif et le cerveau s'adaptera naturellement à ce schème d'ondes plus cohérent et plus ordonné.

L'une des étapes suivantes de la méditation, si vous persistez, consiste à passer à la fréquence thêta, c'est-à-dire lorsque le corps est en sommeil mais que l'esprit est éveillé. C'est un endroit magique. Vous serez alors plus profondément dans le subconscient et donc en mesure de transformer immédiatement les associations négatives en associations positives.

Il importe de savoir que, si l'on a conditionné le corps à devenir l'esprit et qu'il est endormi alors que l'esprit est éveillé, il n'y a plus aucune résistance de la part du corps-esprit. En état thêta, le corps n'a plus le contrôle et l'on est libre de rêver, de changer de programme subconscient et de créer enfin dans un état dépourvu de toute obstruction.

Quand le corps ne gouverne plus l'esprit, le serviteur n'est plus le maître et nous travaillons en ayant les pleins pouvoirs. Redevenus des enfants, nous entrons dans le royaume des cieux.

Pendant le sommeil, on descend dans l'échelle, puis on remonte naturellement

Quand nous dormons, nous parcourons le spectre des ondes cérébrales, passant de bêta à alpha à thêta et à delta. De même, quand nous nous éveillons le matin, nous remontons naturellement de delta à thêta à alpha et à bêta en revenant à la conscience. Nous nous rappelons alors qui nous sommes, nos problèmes, qui dort à nos côtés, notre logement, notre ville… et presto! Par association, nous revenons en bêta.

Certaines personnes retombent très vite à ce niveau, comme une balle tombant du toit d'un édifice. Leur corps est si fatigué que la progression naturelle jusqu'au bas de l'échelle des états subconscients se produit trop rapidement.

D'autres ne peuvent pas descendre l'échelle naturellement jusqu'au sommeil. Ils sont trop focalisés sur les éléments de leur existence qui renforcent leur dépendance mentale et émotionnelle. Ils deviennent insomniaques et prennent peut-être des médicaments pour altérer chimiquement le cerveau et calmer le corps.

Dans un cas comme dans l'autre, les troubles du sommeil indiquent peut-être que le cerveau et l'esprit sont désynchronisés.

Les meilleurs moments pour méditer : le matin et le soir, alors que la porte du subconscient est ouverte

En raison des changements chimiques normaux subis quotidiennement par le cerveau (il produit alternativement de la *sérotonine*, principalement un neurotransmetteur diurne qui nous rend alerte, et de la *mélatonine*, le neurotransmetteur nocturne qui nous détend pour le sommeil), il y a deux moments où la porte du subconscient s'ouvre : quand on se couche le soir et quand on s'éveille le matin. Il est donc approprié de méditer le matin ou le soir car il est alors plus facile de glisser dans l'état alpha ou thêta.

LA FONCTION DES ONDES CÉRÉBRALES

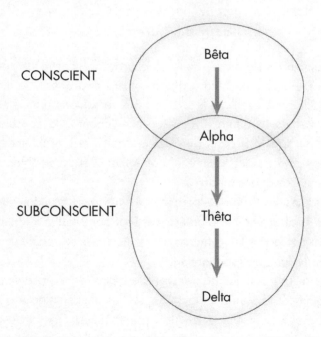

Figure 8J. Ce diagramme montre comment les ondes cérébrales passent du plus haut et plus rapide niveau d'activité (bêta) au plus bas et plus lent (delta). Veuillez noter que l'état alpha sert d'intermédiaire entre l'esprit conscient et l'esprit subconscient. Plus les ondes cérébrales sont basses et lentes, plus nous sommes dans l'esprit subconscient ; plus elles sont hautes et rapides, plus nous sommes dans l'esprit conscient.

J'aime bien m'éveiller tôt le matin pour commencer le processus parce que je suis encore en alpha. Personnellement, j'aime créer sur une feuille vierge.

D'autres préfèrent le soir. Ils savent que le corps (qui était en contrôle durant la journée) est alors trop fatigué pour « être » l'esprit. Ils peuvent créer sans aucun effort en sortant de la phase alpha et même en entrant en thêta tout en restant éveillés.

Il peut se révéler difficile de méditer au milieu de la journée, particulièrement si vous travaillez dans un bureau, si vous avez une maisonnée d'enfants qui requièrent une attention constante ou si vous êtes engagé dans des activités qui exigent une grande concentration. Dans ces conditions, vous êtes en ondes bêta de moyenne ou de haute fréquence et vous devez donc faire davantage d'efforts pour franchir le seuil.

Le contrôle de la progression dans la méditation

La pratique de la contemplation intérieure réapprend à l'esprit, au corps et au cerveau à devenir présents au lieu d'être stressés dans l'anticipation d'un événement futur qui obsède. La méditation fait également sortir le corps-esprit du passé et nous libère des émotions qui nous enchaînent à notre vie familière.

L'objet de la méditation est de tomber lentement, comme une plume tombe du toit d'un édifice. On commence par entraîner le corps à se détendre tout en gardant l'esprit concentré. Une fois que l'on maîtrise cette aptitude, il s'agit de laisser le corps s'endormir tandis que l'esprit demeure éveillé et actif.

Voici en quoi consiste la progression. Si la conscience éveillée est en bêta (de basse à haute fréquence selon le niveau de stress), lorsque vous serez bien assis pour que la colonne vertébrale reste droite, que vous aurez fermé les yeux, que vous aurez respiré quelques fois consciemment, puis que vous vous serez tourné vers l'intérieur, vous passerez naturellement du système nerveux sympathique au système nerveux parasympathique. Votre physiologie passera du système de protection d'urgence (lutte/peur/fuite) au système de protection interne pour les projets de construction à long terme (croissance et réparation). Lorsque le corps se détend, les ondes cérébrales passent naturellement au niveau alpha.

Si on l'effectue adéquatement, la méditation fait passer le cerveau à un schème d'ondes plus cohérent et plus ordonné. Vous ne serez plus focalisé sur les trois grands facteurs, mais vous serez plutôt dans l'*absence* de corps, d'environnement et de temps. Vous vous sentirez « connecté », complet et équilibré, et vous éprouverez des émotions plus élevées et plus saines, comme la confiance, la joie et l'inspiration.

L'orchestration de la cohérence

Si nous considérons que l'esprit est le cerveau en action ou qu'il est l'activité du cerveau quand il traite divers courants de conscience, la méditation produit naturellement des états d'esprit plus synchronisés et plus cohérents[4].

Par contre, lorsque le cerveau est stressé, son activité électrique pourrait se comparer à un orchestre dont tous les musiciens joueraient mal de leur instrument. L'esprit est alors désaccordé, déséquilibré et désynchronisé.

Il s'agit pour vous de jouer un chef-d'œuvre. Si vous persistez à diriger cet orchestre de musiciens égocentriques et désordonnés qui pensent tous que leur propre instrument doit se faire entendre au-dessus des autres et si vous insistez pour qu'ils jouent ensemble en suivant vos indications, ils finiront par se laisser guider par vous et par se comporter comme une équipe.

Les ondes cérébrales seront alors plus synchronisées, passant de bêta à alpha et à thêta. Des circuits individuels se mettront à communiquer d'une façon ordonnée et à développer un esprit cohérent. La conscience qui était étroite d'esprit, trop focalisée, obsessive, compartimentée, avec des pensées de survie, passera à des pensées plus ouvertes, détendues, holistiques, présentes, ordonnées, créatives et simples. C'est là l'état d'être naturel dans lequel nous sommes censés vivre.

Voyons ce qu'est la cohérence ou ce que l'on appelle aussi la *synchronie*, l'état dans lequel le cerveau travaille en harmonie. On peut dire que tout ce qui agit en synchronie se relie.

LA DIFFÉRENCE ENTRE LES ONDES CÉRÉBRALES COHÉRENTES ET INCOHÉRENTES

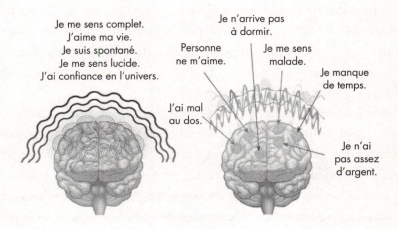

Figure 8K. Dans la première image, le cerveau est équilibré et très cohérent. Plusieurs régions sont synchronisées, formant un ensemble plus ordonné de réseaux neuronaux travaillant de concert. Dans la seconde image, le cerveau est désordonné et déséquilibré. Plusieurs de ses compartiments ne travaillant plus en équipe, il est « malade » et affaibli.

Un cerveau cohérent prépare le terrain pour la guérison

Ce nouveau signal ordonné et synchronisé que le cerveau envoie au corps organise les divers systèmes en un état d'homéostasie : le système cardiovasculaire, le système digestif, le système immunitaire et tous les autres systèmes. Lorsque le système nerveux se rééquilibre, l'énorme énergie qui était utilisée pour la survie peut désormais servir à la création. Le corps est en voie de guérison.

Par exemple, un participant de mes conférences, un homme prénommé José, m'a parlé de l'une de ses premières méditations. Alors dans la vingtaine, il avait dix verrues de la taille d'une olive sur la main gauche, ce qui l'embarrassait tellement qu'il cachait souvent sa main dans sa poche. Un jour, quelqu'un lui a donné un livre sur la méditation. On y disait de se concentrer simplement sur sa respiration et de laisser son esprit transcender les barrières du corps. Un soir, avant de dormir, il décida d'essayer. En quelques instants à peine, il passa d'un état de contraction et de focalisation exagérée à un état de détente et d'ouverture. Il quitta sa personnalité familière, ses pensées et émotions aléatoires gouvernées par l'ego, et sa conscience du soi entra en expansion. Il se produisit alors un changement.

Le lendemain matin, à son réveil, toutes ses verrues avaient disparu. Aussi ahuri que fou de joie, il regarda sous les draps pour en trouver des traces, mais il n'y avait rien. Il ne savait pas où elles étaient passées. Je lui ai dit qu'elles étaient retournées dans le champ quantique, d'où elles étaient venues. Je lui ai expliqué que l'intelligence universelle qui maintenait naturellement l'ordre dans son corps avait fait ce qu'elle fait toujours : créer davantage d'ordre pour refléter un esprit devenu plus cohérent. Comme son esprit nouvellement cohérent était en harmonie avec l'esprit supérieur objectif, ce grand pouvoir intérieur avait opéré la guérison.

Tout cela s'était produit parce qu'il avait cessé d'y faire obstacle. Il avait transcendé le corps, le temps et l'environnement. Il s'était oublié. Sa focalisation était passée du désordre soutenu à l'ordre soutenu, de la survie à la création, de la contraction à l'expansion, de l'incohérence à la cohérence. La conscience illimitée avait alors rétabli l'ordre dans son corps et il avait été guéri.

La méditation combinée à l'action : le cheminement d'une femme pour sortir du manque

Au cours de mes ateliers, je demande souvent aux participants de raconter les changements étonnants qu'ils ont connus dans leur vie. Monique, une thérapeute de Montréal, au Québec, nous a décrit récemment une expérience remarquable.

Pendant presque toute sa vie d'adulte, elle avait vécu inconsciemment dans un état de manque presque constant. Manque d'argent, manque d'énergie, manque de temps pour faire tout ce qu'elle voulait. Et voici qu'elle traversait une période particulièrement difficile : le loyer de son cabinet avait augmenté considérablement (elle ne pouvait pas se permettre d'avoir son cabinet à la maison), elle et son mari n'avaient pas les moyens d'envoyer leur fils à l'université, il lui fallait remplacer sa machine à laver, et la hausse du coût de la vie lui avait fait perdre plusieurs clients.

Un jour, en faisant la méditation présentée dans ce livre et en réévaluant ses choix de vie, Monique s'est rendu compte qu'elle ne pouvait plus continuer à faire ce qu'elle avait fait jusque-là : se replier sur elle-même et contrer l'adversité par une pseudo-positivité en se disant que sa situation pourrait être pire. Elle a reconnu qu'elle avait toujours pris ses décisions ou cherché des solutions aux problèmes du point de vue du manque : manque de temps, d'argent et d'énergie. Elle avait mémorisé cet état d'être. Le *manque* était devenu sa personnalité. L'inertie par excellence : elle laissait aller les choses à leur gré. Paradoxalement, elle avait travaillé avec ses clients pour les aider à dépasser cette même attitude et à devenir moins réactifs et plus proactifs.

Avec une grande détermination, elle décida de changer de personnalité. Elle ne se laisserait plus bafouer par la vie en acceptant les choses passivement.

Ensuite, elle créa un modèle de la personnalité qu'elle désirait incarner, de l'attitude mentale qu'elle voulait entretenir et des sentiments qu'elle voulait éprouver. Elle s'imagina comme une femme effectuant tous ses choix avec une abondance d'énergie, de temps et d'argent. De plus, son objectif était aussi ferme que sa vision était précise. Elle savait ce qu'elle ne voulait plus être et comment son nouveau soi devrait penser, ressentir et se comporter.

Lorsque nous prenons une décision aussi fermement et que nous avons une intention précise quant à ce que sera notre nouvelle réalité, la clarté et la cohérence de ces pensées produisent des émotions correspondantes. Il en résulte un changement chimique interne, une modification neurologique (nous élaguons de vieilles connexions synaptiques et en créons de nouvelles) et même une nouvelle expression du code génétique.

Monique se mit à vivre du point de vue de quelqu'un possédant beaucoup d'argent ainsi qu'une abondante énergie et tout le temps nécessaire pour remplir ses tâches importantes. Elle se sentait merveilleusement bien. Évidemment, tous ses problèmes n'ont pas disparus, mais elle s'habituait de plus en plus à son nouvel état d'esprit.

Un jour, quelques semaines après avoir pris sa décision, alors qu'elle travaillait avec sa dernière cliente de la journée, une femme qui avait grandi en France, celle-ci lui affirma que ses parents achetaient un billet de loterie tous les mois et qu'elle perpétuait cette tradition.

En retournant chez elle, ce soir-là, Monique ne pensait plus du tout à la loterie. Elle n'y avait jamais joué car une telle dépense eût été frivole dans son cas, compte tenu de ses ressources financières limitées. S'arrêtant à une station d'essence, elle alla à l'intérieur pour payer et elle aperçut diverses cartes de loterie sur le comptoir. Impulsivement, se disant que sa nouvelle personnalité qui vivait dans l'abondance pouvait se permettre une telle chose, elle acheta un billet.

Quand elle arriva chez elle après s'être arrêtée en route à une pizzeria pour apporter le souper, elle ne pensait plus à la loterie. En prenant la boîte de la pizza sur le siège de la voiture, elle s'aperçut que la graisse avait traversé le carton et atteint le billet de loterie, tachant aussi le deuxième siège. Entrant dans la maison, elle déposa la boîte sur la table en plaçant le billet à côté. Elle dit aux autres qu'ils pouvaient commencer à manger sans elle car elle devait retourner au garage pour nettoyer la tache de graisse sur le siège de la voiture. Pendant qu'elle s'y affairait, son mari arriva en courant : « Tu ne le croiras pas ! Tu as gagné la loterie ! »

Le champ quantique réagit toujours d'une façon imprévisible. Peut-être vous dites-vous ceci : « Évidemment, elle a gagné des millions et ils ont vécu heureux pour toujours. »

Pas tout à fait.

Monique a gagné 53 000 $. Était-elle heureuse ? Elle était plutôt estomaquée car le couple devait exactement 53 000 $ en cartes de crédit et en emprunts personnels.

En nous racontant son histoire, Monique revivait son excitation, mais elle avoua malicieusement que la prochaine fois, au lieu d'entretenir l'intention de pourvoir à tous ses besoins, elle imaginerait qu'ils étaient déjà satisfaits… et au-delà.

* * * * *

L'histoire de Monique démontre le pouvoir d'un nouvel état d'être. Elle ne pouvait obtenir un tel résultat simplement en imaginant qu'elle renouvelait sa personnalité ; elle devait mettre son nouveau soi en action. Son ancienne personnalité n'aurait pas acheté un billet de loterie ; sa nouvelle personnalité a ajusté son comportement à son objectif et le champ quantique a réagi d'une façon aussi inattendue qu'appropriée.

Parce qu'elle avait développé une nouvelle personnalité qui saisissait les occasions et qui agissait différemment, elle a vécu de nouvelles expériences. D'une nouvelle personnalité découle une nouvelle réalité personnelle.

Évidemment, nul besoin de gagner à la loterie pour changer de vie. Il faut toutefois prendre la décision de ne plus être comme on est, d'entrer dans le système d'exploitation où se trouvent les programmes inconscients et ensuite d'en concevoir clairement un nouveau.

Le cerveau cohérent : plonger dans la vie quotidienne

Avant de clore ce chapitre, je veux aborder un sujet dont il fut question dans mon livre précédent : les moines bouddhistes sur qui l'on a fait des études à l'université du Wisconsin à Madison. Ces « superméditants » pouvaient entrer dans un état d'ondes cérébrales cohérentes dépassant celui que la plupart d'entre nous sont capables d'atteindre. Quand ils méditaient sur des pensées de bonté et de compassion, la cohérence du signal qu'ils émettaient dépassait toutes les normes.

Chaque matin au cours de cette étude, ils méditaient tandis que les chercheurs surveillaient leur activité cérébrale. Ensuite, on les envoyait sur le campus ou en ville pour y faire ce qu'ils désiraient : visiter un musée, aller dans des boutiques, etc. Quand ils revenaient au centre de recherche, on leur faisait passer un autre scan *sans qu'ils aient médité au préalable*. Étonnamment, bien qu'ils n'aient pas médité toute la journée et qu'ils aient été soumis aux signaux chaotiques et incohérents auxquels le monde extérieur nous expose tous, ils maintenaient le même schème cérébral cohérent qu'ils avaient atteint en méditation[5].

Quand nous sommes confrontés à la profusion et à la confusion des stimuli produits par le monde extérieur, la plupart d'entre nous se réfugient en mode survie et fabriquent les substances chimiques du stress. Ces réactions sont comme des agents perturbateurs qui brouillent les signaux du cerveau. Notre objectif est plutôt de devenir comme ces moines. Si nous pouvons produire des signaux cohérents – des ondes synchrones – quotidiennement, nous verrons que cette cohérence manifeste quelque chose de tangible.

Avec le temps, si vous pouvez reproduire encore et encore cette cohérence interne comme l'ont fait les moines, vous pourrez aussi traverser l'environnement extérieur sans souffrir des effets limitatifs de ses stimuli perturbateurs. C'est pourquoi vous n'aurez plus le réflexe qui vous forçait auparavant à revenir au vieux soi familier que vous désirez abandonner.

En persistant dans la méditation et en créant la cohérence intérieure, non seulement vous éliminerez une grande partie des conditions physiques négatives qui affligent votre corps, mais vous progresserez vers le soi idéal que vous avez envisagé. Votre cohérence intérieure peut contrebalancer les états émotionnels réactionnaires négatifs et vous permettre de démémoriser les comportements, les pensées et les émotions qui les constituent.

Ayant atteint cet état neutre de vacuité, il vous sera plus facile d'entrer dans des états émotionnels élevés, tels que la compassion, la joie, l'amour ou la gratitude, car ces émotions sont profondément cohérentes. Une fois que vous aurez traversé le processus méditatif et produit un état d'ondes cérébrales reflétant cette pureté, vous pourrez transcender le corps, l'environnement et le temps, qui auparavant produisaient vos états émotionnels limitatifs. Ils ne vous contrôleront plus jamais ; c'est plutôt vous qui les contrôlerez.

Après avoir assimilé le savoir, vous êtes prêt pour l'expérience

Vous êtes maintenant pourvu du savoir nécessaire pour passer au stade de la méditation présentée dans la troisième partie, en sachant parfaitement ce que vous ferez et pourquoi.

N'oublions pas que le savoir est le précurseur de l'expérience. Toute l'information que vous avez acquise ici visait à vous préparer à l'expérience. Dès que vous aurez appris à méditer et que vous appliquerez cette technique à votre vie, vous devriez en récolter les fruits. Dans la section suivante, vous apprendrez comment mettre tout cela en pratique pour effectuer des changements mesurables dans tous les secteurs de votre existence.

Ce cheminement me fait penser à la progression en deux étapes des alpinistes qui entreprennent l'ascension du mont Rainier, dans l'État de Washington, le plus haut volcan des États-Unis (4 390 mètres). Laissant leurs voitures au Paradise Jackson Visitor Center (1 645 mètres), ils se rendent d'abord à Camp Muir (3 072 mètres). Cette halte leur permet de voir tout le chemin parcouru jusque-là, d'évaluer ce que la préparation et l'expérience leur ont appris, et de se reposer pour le lendemain. Cette pause pourra faire toute la différence lorsqu'ils poursuivront leur escalade du majestueux mont Rainier.

Le savoir que vous avez acquis vous a permis de vous élever jusqu'au stade-ci de ce livre. Vous êtes maintenant prêt à appliquer tout ce que vous avez appris. Votre sagesse nouvellement acquise devrait vous inspirer à passer à la troisième partie, où vous pourrez maîtriser les aptitudes qui vous permettront de modifier votre esprit et donc votre vie.

Je vous invite à faire une brève pause pour jeter un regard rétrospectif sur ce que vous avez acquis en lisant les deux premières parties et pour en revoir au besoin certains passages que vous jugez importants, puis à vous joindre à moi pour achever votre préparation au voyage méditatif qui vous conduira au sommet de vous-même.

TROISIÈME PARTIE

VERS VOTRE NOUVELLE DESTINÉE

youtube → chaîne de True Namaste
1:43:50

CHAPITRE 9

LE PROCESSUS DE MÉDITATION : INTRODUCTION ET PRÉPARATION

Comme je l'ai mentionné plus haut, le principal objectif de la méditation est de soustraire votre attention à l'environnement, au corps et au passage du temps afin de la faire porter sur vos intentions et sur vos pensées plutôt que sur ces facteurs extérieurs. Vous pourrez alors modifier votre état intérieur indépendamment du monde extérieur. La méditation est aussi un moyen de transcender l'esprit analytique pour accéder à l'esprit subconscient. C'est crucial puisque c'est dans le subconscient que résident tous les mauvais comportements et toutes les habitudes que vous désirez éliminer.

Introduction

Toute l'information que vous avez reçue jusqu'ici visait à vous faire comprendre ce que vous ferez dans cette section-ci, où vous apprendrez comment utiliser le processus méditatif pour créer une nouvelle réalité. Une fois que vous aurez intégré et exécuté plusieurs fois les étapes présentées ici, vous pourrez alors travailler à *tout* changement que vous désirez apporter à votre existence. N'oubliez jamais que ces étapes vous font élaguer votre vieille personnalité afin de rompre avec vous-même et de renouveler votre esprit pour vivre un futur plus désirable. Lorsque j'effectue moi-même le processus que je vais décrire, je veux me perdre dans la conscience, me dissocier de ma réalité habituelle, et être exempt des pensées et des émotions qui définissent mon vieux soi.

Au début, la nouveauté de la tâche que vous entreprenez vous incommodera peut-être, mais c'est normal. Votre corps, qui est devenu votre esprit, résistera à ce nouveau processus d'entraînement. Il suffit de le savoir avant d'amorcer cette discipline, puis de vous détendre : chaque étape est conçue pour être facile à saisir et simple à suivre. Personnellement, j'ai toujours hâte de faire ma méditation. J'y trouve tellement d'ordre, de paix, de clarté et d'inspiration que je manque rarement une journée. Il m'a fallu un certain temps pour en arriver à cette relation avec moi-même. Soyez donc patient.

De brèves étapes qui formeront une simple habitude

Chaque fois que vous avez appris une chose nouvelle nécessitant toute votre attention ainsi qu'une pratique assidue, vous avez sans doute suivi des étapes spécifiques au cours de votre instruction initiale. Le fait de procéder par étapes facilite l'acquisition des complexités de la tâche, afin que l'esprit puisse maintenir sa focalisation sans être débordé. Le but de toute entreprise de ce genre consiste à mémoriser ce que l'on apprend, de façon à finir par l'exécuter naturellement, sans aucun effort et subconsciemment. Il s'agit essentiellement de faire de cette nouvelle aptitude une habitude.

Toute nouvelle aptitude est plus facile à exercer lorsque, par la répétition, nous en maîtrisons d'abord une petite partie avant de passer à la suivante. Avec le temps, il s'agit simplement de relier les parties entre elles pour faire un tout coordonné. Vous saurez que vous êtes sur la bonne voie lorsque chaque étape s'effectuera facilement et produira l'effet désiré. C'est là le but de l'apprentissage par étapes.

Par exemple, quand on apprend à frapper une balle de golf, l'esprit doit traiter une série de signaux afin que les actions correspondent à l'intention. Imaginez qu'au moment où vous vous préparez à vous élancer pour la première fois, votre meilleur ami vous crie : « Baisse la tête ! Plie les genoux ! Les épaules carrées et le dos droit ! L'avant-bras aussi, mais tiens le bâton moins serré ! Déplace ton poids en t'élançant ! Frappe la balle par-derrière et continue ! » Et mon injonction préférée : « Détends-toi ! »

Toutes ces instructions données en même temps pourraient vous paralyser. Pourquoi ne pas les apprendre une par une en suivant un ordre méthodique ? Avec le temps, votre élan formera un seul mouvement.

De même, si vous appreniez à cuire un mets en suivant une recette française, vous commenceriez par suivre les étapes une à une. Si vous le faisiez plusieurs fois, vous n'auriez plus besoin de suivre la recette par étapes séparées, mais vous l'exécuteriez comme un processus continu. Votre corps-esprit intégrerait les instructions, unifierait les diverses étapes, et vous finiriez par cuire le mets en deux fois moins de temps. Vous passeriez de la pensée à l'action ; le *corps* mémorise ce que vous faites, ainsi que votre esprit et vous devenez un vrai cuisinier. C'est la mémoire procédurale. Ce phénomène se produit quand nous faisons quelque chose assez longtemps. Nous commençons alors à comprendre que nous *savons comment*.

Construire un réseau neuronal pour la méditation

N'oubliez pas que plus on possède de savoir, mieux on est préparé à une nouvelle expérience. Chaque étape méditative que vous effectuerez aura pour vous une signification en fonction de ce que vous avez appris jusqu'ici dans ce livre ; chacune est fondée sur une connaissance scientifique ou philosophique, sans la moindre conjecture. Les étapes sont présentées dans un ordre particulier, conçu pour vous aider à mémoriser le processus du changement personnel.

Même si j'ai établi un programme étalé sur quatre semaines pour l'apprentissage de tout le processus, veuillez prendre autant de temps qu'il vous sera nécessaire pour exercer chaque étape jusqu'à ce qu'elle vous soit familière. Le meilleur rythme est celui qui vous convient, de sorte que vous ne vous sentirez jamais dépassé par cet apprentissage.

Vous commencerez chaque séance en reprenant les étapes déjà apprises, puis vous exercerez la nouvelle étape pendant une semaine. Comme il est plus efficace d'apprendre certaines étapes en même temps, vous aurez besoin de quelques semaines pour en exercer deux ou trois nouvelles. De plus, je vous recommande d'exercer chaque nouvelle étape ou série d'étapes pendant au moins une semaine avant de passer aux suivantes. En quelques semaines, vous construirez un excellent réseau neuronal pour la méditation !

Le programme de quatre semaines proposé

Première semaine (chapitre 10) : Chaque jour, faire **l'étape 1 : l'induction.**

Deuxième semaine (chapitre 11) : Commencer chaque séance quotidienne en reprenant la première étape, puis ajouter **l'étape 2 : la reconnaissance, l'étape 3 : l'admission et la déclaration,** et **l'étape 4 : l'abandon.**

Troisième semaine (chapitre 12) : Commencer chaque séance quotidienne en reprenant les étapes 1 à 4, puis ajouter **l'étape 5 : l'observation et le rappel,** et **l'étape 6 : la réorientation.**

Quatrième semaine (chapitre 13) : Commencer chaque séance quotidienne en reprenant les étapes 1 à 6, puis ajouter **l'étape 7 : la création et la répétition.**

Veuillez prendre le temps d'établir une base solide. Si vous êtes déjà un méditant expérimenté et que vous désirez en faire davantage d'un seul coup, tant mieux, mais suivez toutes les instructions et remettez-vous-en à votre mémoire.

Quand vous vous concentrerez sans laisser les pensées errer sous l'effet d'un stimulus extérieur, vous atteindrez un point où votre corps s'alignera sur votre esprit. La nouvelle aptitude deviendra de plus en plus facile à exercer, grâce à la loi de Hebb sur la stimulation et l'association des cellules nerveuses. L'apprentissage, l'attention, l'instruction et la pratique développeront un réseau neuronal qui reflétera vos intentions.

Les préliminaires

La préparation de vos outils

L'écriture. En marge de vos séances de méditation, vous lirez un texte décrivant chaque étape et souvent accompagné de questions et d'incitations, sous le titre «Une occasion d'écrire». Veuillez garder un carnet de notes à portée de la main pour écrire vos réponses. Relisez-les ensuite avant chaque séance de méditation. Ainsi, vos pensées écrites vous serviront de carte routière pour naviguer à travers les procédures méditatives par lesquelles vous accéderez au système d'exploitation du subconscient.

L'écoute. En apprenant les étapes de la méditation, vous aimerez peut-être écouter des séances guidées préenregistrées. Vous y trouverez, entre autres, une technique d'induction qui vous servira lors de chacune de vos séances quotidiennes en vous aidant à atteindre l'état de cohérence alpha, en préparation de l'approche faisant l'objet des chapitres 11 à 13. De plus, les étapes que vous apprendrez chaque semaine sont disponibles dans cette série de méditations guidées.

Deux approches de la méditation

Option 1 : Chaque fois que vous verrez ces écouteurs…

… une induction ou méditation guidée sera disponible. Pour obtenir ces séances guidées, il suffit de les télécharger en allant sur **www.drjoedispenza.com** et de les écouter en format MP3 ou de les graver sur un CD.

Chaque semaine, après avoir lu le chapitre de l'étape où vous êtes rendu et avoir noté vos réactions dans un carnet, téléchargez la méditation correspondante. Ces séances guidées sont titrées ainsi : « Méditation de la première semaine », « Méditation de la deuxième semaine », « Méditation de la troisième semaine », « Méditation de la quatrième semaine ». Cette dernière comporte la méditation complète.

Par exemple, quand vous écouterez la méditation de la deuxième semaine, vous referez celle de la première semaine, qui est une technique d'induction, à laquelle s'ajouteront les trois étapes que vous effectuerez dans cette deuxième semaine. Quand vous ferez la méditation de la troisième semaine, vous répéterez les étapes des deux premières semaines, puis vous ajouterez celles de la troisième semaine.

Option 2 : Le texte de ces séances guidées est également inclus dans les appendices de ce livre, de sorte que vous pourrez les lire pour en mémoriser la séquence ou encore les enregistrer sur magnétophone.

Les appendices A et B fournissent deux techniques d'induction. L'appendice C comporte le scénario de toute la méditation, englobant toutes les étapes que vous apprendrez dans la troisième partie. Si vous choisissez d'utiliser l'appendice C pour vous guider dans votre méditation, veuillez alors commencer chaque semaine par les étapes apprises au cours des semaines précédentes, puis y ajouter la méditation de la semaine courante.

La préparation de votre environnement

Le choix du lieu est crucial. Vous savez déjà qu'il est essentiel de transcender l'environnement pour rompre avec soi-même. Le choix d'un lieu de méditation comportant le minimum de distractions vous procurera une longueur d'avance pour transcender les trois grands facteurs (nous traiterons des deux autres dans un instant). Choisissez un endroit confortable où vous serez seul et échapperez à toute séduction du monde extérieur. Que cet endroit soit isolé, personnel et facilement accessible. Allez-y tous les jours et faites-en votre lieu privilégié. Vous établirez un lien solide avec lui. Ce sera l'endroit où vous dompterez l'ego, vaincrez le vieux soi, en créerez un nouveau et forgerez un nouveau destin. Avec le temps, vous aurez toujours hâte de vous y retrouver.

Un jour, une participante de l'un de mes événements m'a dit qu'elle s'endormait toujours quand elle méditait. Notre conversation s'est déroulée comme suit :

« Où méditez-vous ?

– Au lit.

– Que dit la loi d'association concernant le lit et le sommeil ?

– Elle dit que j'associe mon lit au sommeil.

– Que démontre la loi de répétition concernant le fait de dormir dans votre lit toutes les nuits ?

– Elle démontre que si je dors toujours dans le même endroit, je fixe dans mes neurones l'association du *lit* avec le *sommeil*.

– Vu que les réseaux neuronaux se forment en combinant la loi d'association avec la loi de répétition, se pourrait-il que vous ayez créé un réseau neuronal assimilant le *lit* au *sommeil* ? Et puisque les réseaux neuronaux sont des programmes automatiques que nous utilisons inconsciemment tous les jours, se pourrait-il que, quand vous êtes au lit, votre corps (en tant qu'esprit) vous suggère de vous endormir automatiquement ?

– Ouais. Je pense que je dois choisir un autre endroit pour méditer ! »

Je lui ai conseillé de méditer non seulement hors de son lit, mais aussi hors de sa chambre à coucher. Quand on veut construire un nouveau réseau neuronal, il est préférable de méditer dans un décor qui évoque la croissance, la régénération et un nouvel avenir.

Mais, je vous en prie, ne considérez pas votre lieu de méditation comme une chambre de torture où vous *devez* méditer. Ce genre d'attitude minera vos efforts.

Prévenir les distractions de l'environnement. Assurez-vous de ne pas être interrompu ni distrait par quelqu'un (un écriteau NE PAS DÉRANGER peut être utile) ni par des animaux de compagnie. Autant que possible, éliminez les stimuli sensoriels qui pourraient ramener votre esprit à votre vieille personnalité ou à la conscience du monde extérieur, spécialement des éléments de votre environnement familier. Fermez votre téléphone et votre ordinateur ; je sais que c'est difficile, mais les appels, les courriers électroniques, les textos et les *tweets* peuvent attendre. Il ne faudrait pas non plus qu'un arôme de café ou de cuisson envahisse votre lieu de méditation. Faites en sorte que la pièce soit d'une température convenable, sans courant d'air. J'utilise habituellement un bandeau pour les yeux.

La musique. La musique peut servir à condition de ne pas choisir des morceaux qui feront surgir à l'esprit des associations distrayantes. Si je mets de la musique, ce sont toujours des pièces instrumentales douces et calmantes ou des chants sans paroles. Quand je n'en fais pas jouer, je mets souvent des bouchons d'oreille.

La préparation du corps

La position est cruciale. Je m'assois très droit. Mon dos est parfaitement vertical, mon cou est dressé, mes bras et mes jambes sont immobiles et mon corps est détendu. Peut-on utiliser un fauteuil inclinable ? Il y a des gens qui s'endorment aussi facilement dans un tel fauteuil que dans un lit. Le mieux est de s'asseoir sur une chaise ordinaire, les jambes séparées. Si vous préférez vous asseoir sur le sol, les jambes croisées à l'indienne, c'est très bien aussi.

Prévenir les distractions corporelles. Il faut mettre le corps « à l'écart » afin de pouvoir se concentrer sans avoir à s'en occuper. Par exemple, allez aux toilettes avant. Portez des vêtements amples, enlevez votre montre-bracelet, buvez un peu d'eau et gardez-en à portée de la main. Assurez-vous de ne pas avoir de fringale avant de commencer.

L'inclination de la tête versus la somnolence. Puisqu'il est question du corps, je vais aborder ici un problème qui surgira sans doute lors de vos méditations. Même si vous êtes assis très droit, votre tête s'inclinera peut-être comme si vous alliez vous endormir. C'est bon signe : vous entrez en état alpha ou thêta. Le corps est habitué à être étendu lorsque les ondes cérébrales ralentissent. Quand vous « hochez » soudain la tête ainsi, c'est parce que votre corps veut s'endormir. Avec la pratique, vous vous habituerez à ce que votre cerveau ralentisse pendant que vous êtes assis en position de méditation. Ces hochements finiront par cesser et le corps n'aura plus tendance à s'endormir.

Trouver le temps de méditer

Quand méditer. Comme vous le savez, les changements chimiques qui ont lieu quotidiennement dans le cerveau facilitent l'accès à l'esprit subconscient juste après le réveil et juste avant le sommeil. Ce sont les meilleurs moments pour méditer car l'on peut alors entrer rapidement en état alpha ou thêta. Je préfère méditer au même moment chaque matin. Si vous êtes vraiment enthousiaste et que vous aimeriez méditer deux fois par jour, au lever et au coucher, faites-le. Je conseille cependant aux débutants de ne méditer qu'une fois par jour.

La durée de la méditation. Avant votre séance de méditation quotidienne, prenez quelques minutes pour revoir les notes que vous avez prises concernant les étapes que vous êtes sur le point d'effectuer ; comme je l'ai précisé plus haut, considérez ces notes comme une carte routière du voyage que vous allez entreprendre. Il vous sera peut-être utile de relire aussi certaines parties du texte avant de méditer, afin de vous rappeler ce que vous allez faire.

Au début de l'apprentissage, chaque séance débutera par une période d'induction de 10 à 20 minutes. Lorsque vous ajouterez des étapes, cette période devrait être de 10 à 15 minutes par étape. Avec le temps, vous franchirez plus rapidement celles qui vous seront déjà familières. Quand vous les aurez toutes apprises, votre méditation quotidienne (y compris l'induction) durera généralement de 40 à 50 minutes.

Si vous avez besoin de terminer à une heure précise, programmez un chronomètre qui s'arrêtera dix minutes avant la fin de la séance, ce qui vous permettra de compléter la séance sans devoir la terminer abruptement. Accordez-vous suffisamment de temps pour éviter d'être préoccupé par l'horloge. Si vous méditez en pensant à votre montre, vous ne transcenderez pas le temps. Il faudra donc peut-être vous lever plus tôt ou vous coucher plus tard.

La préparation de votre état d'esprit

La maîtrise de l'ego. Pour être franc, j'avoue qu'il y a des jours où je dois lutter bec et ongles contre mon ego car il veut conserver le contrôle. Certains matins, quand j'entame le processus, mon esprit analytique commence à penser aux vols que je dois prendre, aux réunions avec mon personnel, à mes patients blessés, aux rapports et articles que je dois écrire, à mes enfants et à leurs problèmes complexes, aux appels téléphoniques que je dois faire, en plus des pensées aléatoires qui surgissent de nulle part. Je suis obsédé par tout ce qui est prévisible dans ma vie extérieure. Comme chez la plupart des gens, mon esprit anticipe l'avenir ou se souvient du passé. Quand cela se produit, je dois me calmer et me rendre compte que toutes ces associations n'ont rien à voir avec la création de quelque chose dans l'instant présent. Si cela vous arrive aussi, efforcez-vous de dépasser l'ennui des pensées normales et d'entrer dans un état créateur.

La maîtrise du corps. Si votre corps résiste comme un étalon débridé parce qu'il veut *être* l'esprit – se lever et faire quelque *chose*, penser à un *endroit* où il devra aller plus tard, ou se rappeler une *expérience* émotionnelle vécue avec *quelqu'un* faisant partie de votre vie –, vous devez le stabiliser dans l'instant présent et le détendre. Chaque fois, vous le reconditionnerez à un nouvel esprit et, avec le temps, il acquiescera. Il a été conditionné par l'esprit inconscient et vous devez lui procurer un autre entraînement. Donc, aimez-le, travaillez avec lui et prenez-en soin. Il finira par s'abandonner à vous comme à son maître. Soyez déterminé, persistant, enthousiaste, joyeux, souple et inspiré. Vous frôlerez alors le divin.

Maintenant, commençons…

Chapitre 10

L'ACCESSION À LA CRÉATIVITÉ
(Première semaine)

Au début de ma carrière professionnelle, j'ai découvert l'hypnose et j'ai fini par l'enseigner, ainsi que l'autohypnose. L'une des techniques utilisées par les hypnotiseurs pour mettre les individus en état de « transe » s'appelle *l'induction*. En bref, nous apprenons aux sujets comment modifier leurs ondes cérébrales. Pour être sous hypnose, il suffit de passer de l'état bêta de haute ou de moyenne fréquence à l'état alpha ou bêta. La méditation est donc similaire à l'hypnose.

J'aurais pu inclure l'induction dans l'information préliminaire présentée au chapitre précédent car cette technique nous prépare à l'état cérébral cohérent qui est propice à la méditation. En maîtrisant l'induction, vous établirez une base solide pour la pratique de la méditation que vous apprendrez en suivant les étapes décrites plus loin. Cependant, contrairement aux mesures que vous prendrez *avant* votre méditation quotidienne, comme de fermer la sonnerie du téléphone ou de placer le chien ou le chat dans une autre pièce, *l'induction est incluse dans la séance; en fait, c'est la première étape à maîtriser et elle inaugure chaque séance.*

Pour éviter toute confusion, sachez qu'après avoir entamé par l'induction votre séance de méditation, vous ne serez pas dans l'état que l'industrie du divertissement appelle à tort une « transe hypnotique ». Vous serez plutôt parfaitement préparé et en mesure d'effectuer toutes les étapes du processus décrit dans les trois prochains chapitres.

ÉTAPE 1 : L'INDUCTION

L'induction : accédez à l'état créateur

Je vous exhorte à consacrer une séance quotidienne à l'induction pendant au moins une semaine, ou davantage si nécessaire. Ce processus occupera les vingt premières minutes de chaque séance de méditation. Comme il s'agit d'en faire une habitude, prenez votre temps. Votre objectif est de « demeurer présent ».

Préparation à l'induction. En plus des préparatifs mentionnés plus haut, voici quelques conseils. Commencez par vous asseoir le dos droit et fermez les yeux. Aussitôt, puisque vous bloquerez ainsi un certain apport sensoriel de l'environnement, vos ondes cérébrales diminueront de fréquence, se dirigeant vers l'état alpha désiré. Ensuite, abandonnez-vous, restez présent et aimez-vous suffisamment pour poursuivre le processus. Vous découvrirez peut-être qu'une musique calmante facilite le passage de l'état bêta à l'état alpha, mais il n'est pas nécessaire d'employer des sons.

Les techniques d'induction. Il existe plusieurs variantes. Il importe peu que vous choisissiez l'induction par les parties du corps ou l'induction par l'eau montante, que vous les utilisiez en alternance d'un jour à l'autre, que vous préfériez une autre méthode que vous connaissez déjà ou que vous en inventiez une nouvelle. L'important, c'est que vous passiez de l'état bêta analytique à l'état alpha sensoriel et que vous vous concentriez sur le corps, qui est l'esprit subconscient et le système d'exploitation, où vous pourrez effectuer les changements désirés.

Survol : l'induction par les parties du corps

De prime abord, cette technique d'induction peut sembler contradictoire : vous concentrerez votre attention sur votre corps et sur l'environnement. Ce sont deux des trois grands facteurs à transcender, mais, dans ce cas-ci, vous contrôlerez vos pensées les concernant.

Pourquoi est-il désirable de se concentrer sur le corps ? Rappelons-nous que le corps et l'esprit subconscient sont fusionnés. Donc, quand nous avons une conscience aiguë du corps et des sensations qui lui sont associées, nous entrons dans l'esprit subconscient. Nous sommes alors dans ce système d'exploitation que j'ai mentionné plusieurs fois. L'induction est un outil qui permet d'y entrer.

Le cervelet joue un rôle dans la proprioception (la conscience du positionnement du corps dans l'espace). Lors de cette induction, c'est le cervelet qui permet de diriger la conscience sur les diverses parties du corps dans l'espace et sur l'espace entourant le corps dans l'espace. Puisque le cervelet est le siège de l'esprit subconscient, vous accéderez à ce dernier et contournerez le cerveau pensant lorsque votre conscience sera dirigée sur l'orientation de votre corps dans l'espace.

De plus, l'induction fait taire le cerveau analytique en nous forçant à entrer en mode sensoriel/émotionnel. Les émotions sont le langage du corps, lequel est l'esprit subconscient, de sorte que l'induction permet d'utiliser le langage naturel du corps pour interpréter celui du système d'exploitation et pour le modifier. Autrement dit, si vous dirigez votre conscience sur divers aspects de votre corps, vous penserez moins, vos pensées analytiques alterneront moins entre le passé et le futur, et vous élargirez davantage votre concentration, qui ne sera plus étroitement obsessive, mais plutôt ouverte et créative ; vous passerez de l'état bêta à l'état alpha.

Tout cela se produit lorsque nous passons d'une attention étroite à une focalisation sur le corps et sur l'espace qui l'entoure.

Les bouddhistes l'appellent *focalisation ouverte*. Les ondes cérébrales deviennent ordonnées et synchronisées[1]. La focalisation ouverte produit un nouveau signal puissant qui permet à certaines parties du cerveau qui ne communiquaient pas avec les autres de le faire, ce qui nous permet d'émettre un signal extrêmement cohérent. On peut le mesurer par scintigraphie cérébrale, mais l'important, c'est que nous sentons la différence de clarté et de focalisation de nos pensées, de nos intentions et de nos émotions.

L'induction par les parties du corps : la marche à suivre*

Spécifiquement, vous vous concentrerez sur l'emplacement ou l'orientation de votre corps dans l'espace. Par exemple, pensez à l'emplacement de votre tête, à partir du haut et en descendant graduellement. En progressant ainsi d'une partie du corps à une autre, prenez conscience de l'espace occupé par chacune. Ressentez aussi la densité, le poids (ou la lourdeur) ou le volume d'espace qu'elle occupe. En dirigeant votre attention sur le cuir chevelu, puis sur le nez, puis sur les oreilles et ainsi de suite jusqu'aux orteils, vous remarquerez des changements. Ce mouvement d'une partie à une autre et l'insistance sur les espaces situés entre les espaces sont fondamentaux.

Ensuite, prenez conscience de la zone en forme de larme qui entoure votre corps ainsi que de l'espace qu'elle occupe. Quand on perçoit cet espace autour du corps, l'attention n'est plus dirigée *sur* le corps. Vous n'êtes plus votre corps, mais quelque chose de plus grand. C'est ainsi que l'on devient moins le corps et davantage l'esprit.

Finalement, prenez conscience de l'étendue de la pièce dans laquelle vous vous trouvez dans l'espace. Percevez le volume qu'elle occupe. Quand vous aurez atteint ce point, le cerveau commencera à troquer ses ondes cérébrales désordonnées contre des ondes plus équilibrées.

---

* Condensée ; voir l'appendice A pour la version complète.

Le pourquoi

On pourrait mesurer ces différences de niveau de la pensée, en voir les schèmes sur un EEG pour savoir si vous êtes passé de l'activité bêta à l'activité alpha. Il ne s'agit pas simplement de vous faire entrer en état alpha ; il faut que vous soyez dans un état alpha organisé, *très cohérent*. C'est pourquoi vous vous concentrerez d'abord sur votre corps et sur son orientation dans l'espace, puis sur le volume ou le périmètre spatial entourant le corps, et finalement sur toute la pièce. Si vous pouvez percevoir la densité de l'espace et y prêter attention, vous passerez naturellement de la pensée à la sensation. Il vous sera alors impossible de maintenir l'état bêta de haute fréquence qui caractérise le mode d'urgence de la survie et la focalisation exagérée.

L'induction par l'eau montante*

Voici une autre technique d'induction que vous pourrez employer : imaginez de l'eau s'élevant peu à peu dans la pièce où vous êtes assis. Observez (ressentez) l'espace où se trouve la pièce ainsi que l'espace occupé par l'eau. Au début, l'eau s'élève jusqu'à recouvrir vos pieds, puis elle monte des mollets jusqu'aux genoux, puis jusqu'aux cuisses, elle atteint ensuite l'abdomen et la poitrine, recouvre vos bras, s'élève jusqu'au cou, jusqu'au menton et jusqu'à la tête, et finit par remplir toute la pièce. Certains n'aimeront peut-être pas l'idée d'être entièrement recouverts par l'eau, mais d'autres trouveront celle-ci invitante et calmante.

---

* Condensée ; voir l'appendice A pour la version complète.

Première semaine

Guide de méditation

En guise de rappel : pendant les méditations de la première semaine, il s'agit de pratiquer la technique d'induction. Si vous l'enregistrez vous-même, assurez-vous de répéter les questions que je vous ai fournies en appendice dans mes instructions concernant l'induction, en mettant l'emphase sur les mots et les expressions comme *ressentir, remarquer, percevoir, prendre conscience de*, etc. Aussi, des mots comme *volume, densité, périmètre spatial, poids de l'espace* faciliteront votre concentration.

Au lieu de passer rapidement d'une partie à une autre, laissez s'écouler un peu de temps (au moins 20 à 30 secondes) pour que ces apports sensoriels et la sensation de ces parties dans l'espace s'installent réellement. En gros, consacrez environ 20 minutes à l'induction par les parties du corps, de la tête aux pieds, ou, dans le cas de l'immersion, des pieds à la tête. Si vous avez déjà médité, vous savez sans doute que vous finirez par perdre la notion du temps lorsque la fréquence des ondes cérébrales diminuera et que vous entrerez dans l'état alpha, calme et détendu, où le monde intérieur est plus réel que le monde extérieur.

Chapitre 11

ROMPRE AVEC SOI-MÊME
(Deuxième semaine)

La deuxième semaine, on ajoute trois étapes de la rupture avec soi-même : *la reconnaissance, l'admission et la déclaration*, puis *l'abandon*. Lisez d'abord toutes les étapes et répondez aux questions qui leur sont associées. Consacrez ensuite au moins une semaine à des séances de méditation quotidiennes où vous entrerez d'abord en induction, puis suivrez les trois nouvelles étapes. Évidemment, ce n'est pas un problème si vous avez besoin de plus qu'une semaine pour vous familiariser avec le processus.

ÉTAPE 2 : LA RECONNAISSANCE

La reconnaissance : l'identification du problème

Quand on veut réparer quelque chose, on doit commencer par trouver ce qui ne fonctionne pas. Il faut identifier le problème pour pouvoir y remédier.

Plusieurs individus qui ont vécu une expérience de mort imminente racontent qu'ils ont revu toute leur vie comme dans un film, c'est-à-dire leurs actions publiques ou privées, leurs pensées révélées ou secrètes et leurs attitudes conscientes ou inconscientes. Ils ont vu ce qu'ils étaient et comment leurs pensées, leurs paroles et leurs actes ont affecté les autres. Ils disent tous qu'ils ont acquis après l'expérience une meilleure connaissance d'eux-mêmes et qu'ils désirent vivre mieux désormais. Ils entrevoient de nouvelles possibilités et de meilleures façons de se comporter en toute situation. S'étant vus d'un point de vue vraiment objectif, ils savent clairement ce qu'ils aimeraient changer.

La reconnaissance, c'est comme de revoir sa vie tous les jours. Puisque votre cerveau comporte tout l'équipement nécessaire pour savoir qui vous êtes, pourquoi ne pas vous en servir *avant* de mourir, pour ensuite renaître au cours de la même vie ? À l'usage, une telle conscience peut faciliter le dépassement de la destinée prédéterminée de votre cerveau et de votre corps : les programmes automatiques asservissants implantés dans l'esprit et les émotions mémorisées qui ont conditionné le corps chimiquement.

C'est seulement quand on est vraiment conscient que l'on commence à s'éveiller du rêve. Pour être calme, patient et détendu, et ensuite attentif aux habitudes de votre vieux soi, libérez votre conscience subjective des attitudes trop convenues et des états émotionnels extrêmes. Vous ne serez plus le même esprit parce que vous vous libérerez de l'ego centré sur lui-même. Quand, grâce à cette observation attentive, vous verrez qui vous avez été, vous aimerez la vie davantage car vous voudrez continuer à changer.

En développant ces aptitudes de contemplation et d'auto-observation, vous cultiverez celle de séparer votre conscience des programmes subconscients qui ont défini votre vieille personnalité. Lorsque la conscience cesse d'être le vieux soi pour en devenir *l'observateur*, le lien avec ce vieux soi s'affaiblit. Quand, au moyen de la métacognition (l'aptitude à s'auto-observer via le lobe frontal), vous reconnaissez ce que vous avez été, pour la première fois la conscience n'est plus immergée dans des programmes inconscients ; vous prenez conscience de ce qui était inconscient auparavant. Ce sont là les premiers pas vers le changement personnel.

Commencez à revoir votre vie

Afin de découvrir et d'examiner les aspects du vieux soi que vous désirez changer, il est nécessaire de vous poser certaines questions relevant du lobe frontal.

Une occasion d'écrire

Prenez le temps de vous poser des questions comme celles-ci ou toute autre question qui vous viendra à l'esprit, et d'écrire vos réponses :

- Quel genre de personne ai-je été ?
- Quel type de personne est-ce que je présente au monde ? (À quoi ressemble un côté de mon « écart » ?)
- Quel genre de personne suis-je réellement à l'intérieur ? (À quoi ressemble l'autre côté de mon « écart » ?)
- Y a-t-il une émotion que j'éprouve sans cesse – et même que je combats – chaque jour ?
- Comment mes amis proches et les membres de ma famille me décriraient-ils ?
- Est-ce que je cache une partie de ma personnalité aux autres ?
- Quelle partie de ma personnalité dois-je m'efforcer d'améliorer ?
- Qu'est-ce que j'aimerais changer en moi ?

Choisissez une émotion à démémoriser

Ensuite, choisissez l'un de vos états émotionnels non désirés ou de vos états d'esprit limitatifs (les exemples suivants vous aideront à démarrer), un aspect de vous-même avec lequel vous voulez rompre. Comme les émotions mémorisées conditionnent le corps à être l'esprit, elles sont responsables des processus de pensée automatiques qui créent vos attitudes, qui influencent vos croyances limitées (concernant le soi en relation avec les autres ou avec quoi que ce soit) et qui contribuent à vos perceptions personnelles. Chacune des émotions nommées ci-dessous provient des substances chimiques de survie, qui renforcent le contrôle de l'ego.

Une occasion d'écrire

Choisissez une émotion qui occupe une grande place dans votre personnalité (elle ne figure peut-être pas dans la liste qui suit) et que vous désirez démémoriser. N'oubliez pas que le mot qui la désigne a un sens pour vous parce qu'il s'agit d'une émotion qui vous est familière. C'est un aspect du soi que vous voulez changer. Je vous recommande de noter par écrit l'émotion que vous avez choisie, parce que vous travaillerez sur elle au cours de cette étape-ci et des suivantes.

Insécurité	Honte	Tristesse
Haine	Anxiété	Dégoût
Jugement	Regret	Envie
Persécution	Souffrance	Colère
Inquiétude	Frustration	Ressentiment
Culpabilité	Peur	Indignité
Dépression	Cupidité	Manque

En prenant connaissance de cette liste, la plupart des gens se demandent s'ils peuvent choisir plus d'une émotion. Il vaut mieux commencer par une seule. De toute façon, elles sont toutes liées neurologiquement et chimiquement. Par exemple, avez-vous déjà remarqué que vous êtes frustré quand vous êtes en colère ? Et quand vous êtes frustré, vous détestez ; quand vous détestez, vous jugez ; quand vous jugez, vous êtes envieux ; quand vous êtes envieux, vous êtes peu sûr de vous ; quand vous êtes peu sûr de vous, vous êtes compétitif ; quand vous êtes compétitif, vous êtes égoïste. Toutes ces émotions sont gouvernées par les mêmes substances chimiques de survie, qui stimulent des états d'esprit apparentés.

D'un autre côté, il en est de même pour les états d'esprit et les émotions d'un plus haut niveau. Quand vous êtes joyeux, vous aimez ; quand vous aimez, vous vous sentez libre ; quand vous êtes libre, vous êtes inspiré et créatif ; quand vous êtes créatif, vous êtes aventureux… et ainsi de suite. Toutes ces émotions sont gouvernées par diverses substances chimiques qui influencent vos pensées et vos actes.

Prenons la colère comme exemple d'une émotion récurrente sur laquelle vous auriez choisi de travailler. Lorsque vous la démémorisez, toutes les autres émotions limitatives diminuent également en vous. Si vous êtes moins en colère, vous serez moins frustré, haineux, envieux, vous jugerez moins, etc.

L'essentiel, c'est d'habituer le corps à ne plus régir l'esprit inconsciemment. En conséquence, lorsque vous modifierez l'un de ces états émotionnels destructifs, le corps sera moins enclin à échapper à votre contrôle et vous pourrez changer plusieurs autres traits de personnalité.

Observez la sensation créée dans votre corps par l'émotion indésirable

Ensuite, fermez les yeux et réfléchissez à ce que vous ressentez quand vous éprouvez cette émotion. Si vous pouvez vous observer tandis que vous êtes submergé par cette émotion, prêtez attention à ce que votre corps ressent. Diverses sensations sont associées à diverses émotions. Vous devez prendre conscience de tous ces signes physiques. Est-ce que vous avez chaud, est-ce que vous êtes irrité, nerveux, faible, abattu, tendu ? Cherchez dans quelle partie du corps vous ressentez cette émotion. (Si vous ne ressentez rien dans votre corps, ça va ; contentez-vous de vous rappeler ce que vous désirez changer en vous. Votre observation le changera progressivement.)

Maintenant, familiarisez-vous avec l'état présent de votre corps. Votre respiration change-t-elle ? Vous sentez-vous impatient ? Souffrez-vous physiquement et, si c'est le cas, quelle serait l'émotion associée à cette douleur s'il y en avait une ? Remarquez simplement ce qui se passe physiologiquement dans l'instant et n'essayez pas d'échapper à cette sensation. *Soyez* avec elle. Les diverses sensations corporelles créent une émotion que l'on appelle colère, peur, tristesse, etc. Considérons donc toutes ces sensations physiques qui créent l'émotion que vous voulez démémoriser.

Ressentez cette émotion sans vous laisser distraire par rien ni personne. N'essayez pas de l'éliminer. Presque tout ce que vous avez fait dans votre vie avait pour but de lui échapper. Vous avez utilisé tout ce qui est extérieur à vous pour la faire disparaître. Soyez présent à cette émotion et ressentez-la comme une énergie dans votre corps.

Cette émotion vous a porté à vous approprier tous les éléments de votre environnement afin de vous fabriquer une identité. À cause d'elle, vous avez créé un idéal pour le monde au détriment d'un idéal pour vous-même.

Cette sensation, c'est ce que vous êtes réellement. Reconnaissez-le. Elle est l'un des nombreux masques de votre personnalité que vous avez mémorisés. Ce fut d'abord une réaction émotionnelle à un événement qui a persisté en tant qu'humeur, laquelle s'est développée en tempérament, lequel a créé votre personnalité. Cette émotion est devenue la mémoire de vous-même. Elle ne dit rien sur votre avenir. Si vous y êtes attaché, vous êtes mentalement et physiquement lié à votre passé.

Si les émotions sont le produit final des expériences et si vous éprouvez la même émotion tous les jours, le corps se fait leurrer en croyant que votre monde extérieur est toujours le même. S'il est conditionné à toujours percevoir les mêmes circonstances de votre environnement, vous ne pourrez jamais changer et évoluer. Tant que vous éprouverez cette émotion quotidiennement, votre pensée sera exclusivement dans le passé.

Définissez l'état d'esprit associé à cette émotion

Demandez-vous ensuite quelles sont vos pensées lorsque vous éprouvez cette émotion.

Supposons que vous vouliez éliminer la colère comme trait de votre personnalité. Demandez-vous quelle est votre attitude quand vous êtes en colère. La réponse pourrait être celle-ci : *contrôlant* ou *haineux*, ou encore *suffisant*. De même, si vous désirez vaincre la peur, vous devrez peut-être vous attaquer à l'état d'esprit lié au débordement, à l'anxiété ou au désespoir. La souffrance peut conduire au sentiment de persécution, à la dépression, à la paresse, au ressentiment ou à l'impression de manque.

Maintenant, prenez conscience (ou souvenez-vous) des pensées qui accompagnent cette émotion. Quel état d'esprit suscite-t-elle ? Les états d'esprit sont une attitude régie par les sentiments mémorisés et ancrés subconsciemment dans le corps. Une attitude est une série de pensées associées à un sentiment ou vice-versa. C'est le cycle répétitif de la pensée et de l'émotion, et inversement. Par conséquent, il vous faut définir l'habitude neuronale créée par l'émotion particulière dont vous êtes dépendant.

Une occasion d'écrire

Prenez conscience des pensées que vous entretenez (votre état d'esprit) lorsque vous éprouvez l'émotion que vous désirez changer. Vous pouvez choisir dans la liste qui suit ou en ajouter. Votre sélection sera fondée sur l'émotion indésirable que vous avez identifiée précédemment, mais il est normal que cette émotion suscite plus d'un état d'esprit. Notez-en donc un ou deux qui éveillent un écho en vous, car vous travaillerez sur eux lors des prochaines étapes.

Exemples d'états d'esprit limitatifs

Compétitif	Trop intellectuel	Contrôlant
Dépassé	Suffisance	Trompeur
Plaintif	Gêné/timide/introverti	Vaniteux
Accusateur	Avide de reconnaissance	Dramatique
Troublé		Précipité
Distrait	Trop confiant/pas assez	Nécessiteux
Apitoyé sur soi		Impliqué
Désespéré	Paresseux	Sensible/insensible
Dépourvu	Malhonnête	

La plupart de vos comportements, de vos choix et de vos actes sont en accord avec ce sentiment. Par conséquent, vos pensées et vos actes sont prévisibles. Le futur ne pourra pas être différent et il ne fera que prolonger le passé. Il est temps de ne plus voir la vie à travers le filtre du passé. Votre travail consiste à accompagner cette attitude émotionnelle sans rien faire d'autre que de l'observer.

Vous venez d'identifier une émotion indésirable et l'état d'esprit qui lui correspond, que vous désirez démémoriser. N'oubliez pas toutefois qu'il vous reste encore quelques étapes à lire avant de toutes les intégrer dans votre méditation quotidienne.

ÉTAPE 3 : L'ADMISSION ET LA DÉCLARATION

L'admission : reconnaissez votre véritable soi plutôt que celui que vous présentez aux autres

En vous permettant d'être vulnérable, vous dépassez le domaine des sens pour entrer dans celui de la conscience universelle qui vous a donné la vie. Vous développez une relation avec cette intelligence supérieure en lui disant qui vous avez été et ce que vous désirez changer en vous, et en admettant ce que vous avez caché.

Notre plus grande difficulté en tant qu'êtres humains, c'est d'admettre notre vraie personnalité ainsi que nos erreurs passées et de demander aux autres de nous accepter ainsi. Rappelez-vous ce que vous ressentiez dans votre enfance quand vous deviez vous confesser à vos parents, à un enseignant ou à un ami. Ce sentiment de culpabilité, de honte et de colère a-t-il changé depuis ? Il est fort probable que vous l'éprouvez encore, quoique peut-être moins intensément.

Ce qui rend possible l'accomplissement de l'étape 3, c'est le fait d'admettre nos erreurs et nos échecs devant le pouvoir supérieur et non devant un humain aussi faillible que nous. Il en résulte qu'il n'y a :

Aucune punition
Aucun jugement
Aucune manipulation
Aucun abandon émotionnel
Aucun blâme
Aucun pointage
Aucune réjet
Aucune perte d'amour
Aucune damnation
Aucune séparation
Aucun bannissement

Tous les actes qui précèdent dérivent du vieux paradigme de Dieu, que l'on a réduit à un personnage anxieux, complètement égocentrique, ancré dans les concepts du bon et du mauvais, du bien et du mal, du positif et du négatif, de l'échec et du succès, de l'amour et de la haine, du ciel et de l'enfer, de la douleur et du plaisir, etc. On doit évacuer ce modèle traditionnel afin d'entrer dans cette conscience avec une *nouvelle* conscience.

On pourrait appeler cette puissance énigmatique *l'intelligence innée, le chi, l'esprit divin, le quantum, la force vitale, l'esprit infini, l'observateur, l'intelligence universelle, le pouvoir invisible, l'énergie cosmique ou le pouvoir supérieur.* Quel que soit le nom que nous lui donnons, nous pouvons considérer cette énergie comme une source illimitée de pouvoir intérieur et extérieur que nous utilisons pour créer tout au long de notre vie.

Elle est la conscience de l'intention et l'énergie de l'amour inconditionnel. Il lui est impossible de juger, de punir, de menacer ou de bannir qui ou quoi que ce soit car c'est à elle-même qu'elle ferait tout cela.

Elle ne donne qu'amour, compassion et connaissance. Elle sait déjà tout sur vous (c'est *vous* qui devez faire l'effort de développer une relation avec *elle*). Elle vous observe depuis le moment de votre création. Vous en êtes une extension.

Elle attend dans l'amour, l'admiration et la patience, et elle ne désire que votre bonheur. Si vous êtes heureux d'être malheureux, c'est très bien également. Elle vous aime à ce point-là.

Ce champ invisible qui se gère lui-même est d'une sagesse infinie parce qu'il existe dans une matrice d'énergie interconnectée s'étendant dans toutes les directions de l'espace et du temps, le passé et le présent comme le futur. Il enregistre les pensées, les désirs, les rêves, les expériences, la sagesse, l'évolution et le savoir de toute l'éternité. C'est un immense champ d'information immatériel et multidimensionnel. Il « sait » tout ce que nous ne savons pas (même si nous croyons tout savoir). Son énergie s'apparente à plusieurs niveaux de vibration ; comme les ondes radio, chaque fréquence porte de l'information.

Toute la vie au niveau moléculaire vibre, respire, danse et miroite, entièrement réceptive et malléable à nos intentions conscientes.

Supposons que vous désiriez voir apparaître la joie dans votre vie. Vous le demandez donc tous les jours à l'univers. Cependant, vous avez tellement mémorisé la souffrance dans votre être que vous vous lamentez toute la journée, tenant tout le monde responsable de votre état, trouvant des excuses et vous morfondant continuellement en vous apitoyant sur vous-même. Ne voyez-vous pas que vous pourriez *déclarer* toute la joie que vous voulez, mais que vous *démontrez* une condition de victime ? Votre esprit et votre corps sont en opposition. Vous pensez telle chose à tel moment, puis vous êtes autre chose pour le reste de la journée. Pouvez-vous donc admettre humblement et sincèrement ce que vous avez été, ce que vous avez caché et ce que vous voulez changer en vous-même, afin d'éliminer la souffrance inutile avant de créer dans votre réalité les expériences désirées ? L'abandon de votre personnalité familière pendant une brève période et l'accession à l'infini dans la joie et la révérence conduisent tellement plus facilement au changement que la fracturation de votre personnalité par le maintien d'un même destin. Changeons donc dans la joie plutôt que dans la douleur.

Une occasion d'écrire

Fermez maintenant les yeux et restez immobile. Regardez dans l'immensité de cet esprit (et en vous-même) et dites-lui qui vous avez été. Développez une relation avec la conscience supérieure qui vous donne la vie, en lui parlant honnêtement et directement. Racontez-lui en détail ces histoires que vous portez en vous. Écrivez ce qui vous vient car cela vous servira lors des étapes subséquentes.

Exemples de ce que vous pourriez avouer
à votre pouvoir supérieur

- J'ai peur de tomber amoureux parce que ça fait trop mal.
- Je fais semblant d'être heureux, mais je souffre beaucoup de la solitude.
- Je veux que personne ne sache que je me sens coupable et donc je mens sur moi-même.
- Je mens aux gens pour qu'ils m'aiment et que je ne me sente pas indigne et rejeté.
- Je ne peux m'empêcher de m'apitoyer sur moi-même. Je pense, j'agis et je me sens ainsi constamment parce que je ne sais pas être autrement.
- J'ai eu un sentiment d'échec presque toute ma vie et j'essaie donc très fort de réussir.

Prenez maintenant un moment pour relire ce que vous avez écrit et ce que vous désirez avouer à ce pouvoir supérieur.

La déclaration : reconnaissez ouvertement votre émotion limitative

Dans cette partie du processus méditatif, vous direz réellement à haute voix ce que vous avez été et ce que vous avez caché sur vous-même. Vous direz la vérité sur votre personnalité, vous écarterez le passé et vous réduirez l'écart entre les apparences et la réalité. Vous abandonnerez la façade et vos efforts incessants pour être quelqu'un d'autre. En déclarant à haute voix la vérité sur vous-même, vous romprez les liens émotionnels, les ententes, les dépendances, les attachements à tous ces facteurs externes.

Au cours des ateliers que je dirige un peu partout dans le monde, il s'agit de l'étape la plus difficile. Aucun individu ne veut vraiment que les autres sachent qui il est réellement. Chacun veut maintenir les apparences. Cependant, comme nous l'avons vu plus haut, il faut une énorme quantité d'énergie pour entretenir cette image constante. C'est donc le moment de libérer cette énergie.

Rappelez-vous : comme les émotions sont de l'énergie en mouvement, tout ce que vous avez vécu extérieurement est associé à une émotion. Essentiellement, vous êtes lié à quelqu'un, à quelque chose ou à un endroit par une énergie qui existe hors du temps et de l'espace. C'est ainsi que vous vous souvenez continuellement de vous-même en tant qu'ego doté d'une personnalité, vous identifiant émotionnellement à tout ce qui fait partie de votre vie.

Par exemple, si vous détestez quelqu'un, cette haine vous maintient attaché émotionnellement à cette personne. Votre lien émotionnel est l'énergie qui garde cet individu dans votre vie pour que vous éprouviez de la haine à son endroit et renforciez ainsi un aspect de votre personnalité. Autrement dit, vous vous servez de cette personne pour rester dépendant de la haine. Vous devriez savoir que votre haine est surtout dommageable à vous-même. Lorsque votre cerveau libère des substances chimiques dans votre corps, vous vous détestez *vous-même*. Le fait de dire à haute voix la vérité sur vous-même au cours de cette étape vous permettra de vous libérer de la haine et de vous dissocier de l'individu ou de ce qui, dans votre réalité extérieure, vous rappelle ce que vous avez été.

Rappelez-vous l'écart dont il a été question plus haut. Vous savez que la plupart des gens s'appuient sur leur environnement pour se rappeler leur personnalité. Par conséquent, si vous avez mémorisé une émotion qui fait partie de votre personnalité et que vous y êtes accro, alors, quand vous déclarez qui vous avez été émotionnellement, vous rappelez à vous l'énergie (vous la libérez) de vos liens émotionnels avec tous les gens et toutes les choses qui existent dans votre vie. Cette déclaration consciente vous libérera du vieux soi.

De plus, en avouant vos limites et en révélant consciemment ce que vous avez caché, vous libérerez le corps, qui ne sera plus l'esprit ;

pour cette raison, vous réduirez l'écart entre les apparences et votre être véritable. Quand vous verbaliserez votre vieux soi, vous libérerez aussi de l'énergie emmagasinée dans le corps. Elle deviendra de «l'énergie libre» que vous pourrez employer plus tard pour créer un nouveau soi et une nouvelle vie.

Sachez toutefois que votre corps ne s'y soumettra pas facilement. L'ego cache automatiquement cette émotion car il ne veut pas que l'on sache la vérité sur lui. Il veut conserver le contrôle. Le serviteur est devenu le maître. Le maître doit donc maintenant faire savoir au serviteur qu'il a été négligent, inconscient et absent. Il est logique que le corps ne veuille pas renoncer au contrôle car il ne vous fait pas confiance. Or, si vous daignez parler franchement malgré ce contrôle exercé par le corps, ce dernier se sentira soulagé et vous pourrez reprendre les commandes.

C'est ainsi que vous définirez votre vraie personnalité sans l'associer aucunement à votre environnement extérieur. Vous couperez les liens énergétiques de l'attachement émotionnel à tous les éléments du monde extérieur. Si l'admission est une reconnaissance intime, la déclaration est une reconnaissance dirigée vers l'extérieur.

Que désirez-vous déclarer?

Il faut maintenant fusionner cette partie de la troisième étape avec la partie précédente. Rappelez-vous que vous construisez cette section de façon qu'elle constitue un processus fluide. Prenant l'exemple de la colère, vous pourriez dire à haute voix : « J'ai été en colère toute ma vie. »

Rappelez-vous le but général de la déclaration. Dans cette partie de votre méditation de la semaine, assis les yeux fermés, vous ouvrirez la bouche et vous nommerez doucement l'émotion à déclarer : *la colère.*

En vous y préparant et en verbalisant votre déclaration, vous serez sans doute un peu mal à l'aise, mais faites-le quand même; c'est votre corps qui s'y oppose.

Il en résultera de l'inspiration et de l'énergie. Que cette étape soit simple et facile. N'analysez pas outre mesure ce que vous faites. Sachez seulement que la vérité vous libérera.

* * * * *

Rappelez-vous que vous n'êtes pas encore prêt à commencer votre deuxième semaine de méditation. Dans cette section, vous avez reconnu une émotion indésirable et l'état d'esprit correspondant que vous désirez démémoriser, puis vous l'avez admise intérieurement et déclarée extérieurement. Il reste encore une étape à lire, après quoi vous pourrez rassembler les quatre étapes dans votre deuxième semaine de méditation.

ÉTAPE 4 : L'ABANDON

L'abandon : livrez-vous à un pouvoir supérieur et laissez-le éliminer vos limites et vos blocages

L'étape finale de cette section est l'abandon, où l'on rompt avec soi-même.

La plupart d'entre nous luttent contre l'idée d'abandon, qui implique de céder le contrôle à quelque chose ou à quelqu'un d'autre. De toujours savoir à qui l'on s'abandonne – la Source, l'Infinie Sagesse – facilite beaucoup le processus.

Einstein a dit qu'aucun problème ne pouvait se résoudre à partir du niveau de conscience qui l'a créé. L'état d'esprit limité de votre personnalité est responsable de l'existence de vos limites et vous n'avez pas trouvé de solution ; pourquoi alors ne pas vous en remettre à une conscience plus ingénieuse pour vous aider à surmonter cette facette de vous-même ? Comme toutes les potentialités existent dans cette mer infinie de possibilités, vous lui demanderez humblement de vous enlever vos limites par un autre moyen que celui par lequel vous avez essayé de résoudre le problème. Comme vous n'avez pas trouvé la meilleure façon de vous transformer et que toutes les tentatives pour vaincre les difficultés de votre existence n'ont encore donné aucun résultat, il est temps de faire appel à une ressource supérieure.

La conscience de l'ego ne peut pas voir la solution car elle est enfoncée dans l'énergie émotionnelle du dilemme et, par conséquent, elle ne pense, ne ressent et n'agit qu'au niveau de cet état d'esprit. Elle ne crée rien de nouveau.

Le changement s'effectuera d'une façon illimitée du point de vue de l'esprit objectif, lequel *n'est pas vous*. Il perçoit des potentialités auxquelles vous n'avez même pas pensé car vous étiez trop perdu dans le rêve en réagissant à la vie d'une manière prévisible.

Cependant, si vous dites que vous vous êtes abandonné à l'assistance de la conscience objective, mais que vous essayez encore de faire les choses à votre façon, comprenez qu'il lui est impossible de vous aider à changer quoi que ce soit dans votre vie! Vous contrecarrez ses efforts par votre libre arbitre.

La plupart d'entre nous lui font obstruction parce qu'ils tentent toujours de résoudre leurs problèmes en conservant le même mode de vie inconscient. Nous nous faisons obstacle à nous-mêmes. En fait, nous attendons que l'ego soit mis au pied du mur au point de ne plus pouvoir continuer de «faire les choses comme d'habitude». C'est alors que nous nous abandonnons et recevons une forme d'aide.

On ne peut à la fois s'abandonner et tenter de contrôler le résultat. L'abandon requiert de renoncer à ce que nous pensons savoir avec notre esprit limité, spécialement comment nous croyons que ce problème devrait être résolu. S'abandonner réellement, c'est laisser tomber le contrôle de l'ego; avoir confiance en une issue que nous n'avons pas encore envisagée; et laisser cette intelligence omnisciente et aimante nous fournir la meilleure solution possible. Vous devez comprendre que ce pouvoir invisible est bien réel, qu'il est pleinement conscient de vous et qu'il peut parfaitement s'occuper de tous les aspects de la personnalité. Quand vous l'aurez compris, il organisera votre vie de la meilleure façon qui vous convient.

Lorsque l'on demande simplement de l'aide en abandonnant à l'esprit supérieur l'émotion que l'on a admise et déclarée, on n'a pas à :

- Négocier
- Supplier
- Faire des promesses
- S'engager à moitié
- Manipuler
- Trouver des échappatoires
- Demander pardon
- Se sentir coupable ou avoir honte
- Vivre dans le regret
- Souffrir de la peur
- Fournir des excuses

De plus, on n'a pas à donner à l'esprit supérieur des conditions telles que « Vous devriez… » ou « Ce serait mieux si… ». Nous ne pouvons pas dire à cette grande essence illimitée comment procéder. Si vous le faites, vous essayez encore de diriger les choses à votre façon, et naturellement elle cessera de vous aider, pour respecter votre libre arbitre. Ce dernier ne pourrait-il pas plutôt la laisser agir ?

Abandonnez-vous tout simplement à :

- La sincérité
- L'humilité
- L'honnêteté
- La certitude
- La clarté
- La passion
- La confiance

… et libérez le chemin.

Remettez-vous-en joyeusement à l'esprit supérieur pour éliminer l'émotion indésirable et *sachez* qu'il le fera pour vous. Quand votre volonté correspond à la sienne et quand votre amour de vous-même correspond à son amour pour vous, il répond à l'appel.

Les effets secondaires de *l'abandon* sont les suivants :

- L'inspiration
- La joie
- L'amour
- La liberté
- L'émerveillement
- La gratitude
- L'exubérance

Quand nous ressentons de la joie ou vivons dans la joie, nous avons déjà accepté l'issue future que nous désirons avoir comme réalité. Quand nous vivons comme si nos prières avaient déjà été exaucées, l'esprit supérieur fait de son mieux pour donner à notre vie une orientation nouvelle.

Et si vous saviez que votre problème était déjà entièrement résolu ? Si vous étiez certain qu'il vous arrivera bientôt quelque chose d'extraordinaire ? Si vous le saviez sans l'ombre d'un doute, vous n'éprouveriez aucune inquiétude, aucune tristesse, aucune crainte ni aucun stress. Vous auriez un bon moral. Vous auriez hâte.

Si je vous disais que je vous emmènerai à Hawaii dans une semaine et que vous saviez que je suis sérieux, ne seriez-vous pas heureux par anticipation ? Votre corps commencerait à réagir physiologiquement, en avance sur l'expérience réelle. Eh bien, l'esprit quantique est comme un grand miroir : il reflète ce que vous acceptez et croyez vrai. Votre monde extérieur est donc le reflet de votre réalité intérieure. La plus importante connexion synaptique que vous puissiez faire en ce qui concerne cet esprit, c'est de savoir qu'il *est réel*.

Pensez à l'effet placebo. Vous savez maintenant que nous avons trois cerveaux qui nous permettent de passer de la pensée à l'action et à l'être. Souvent, les sujets qui ont des problèmes de santé et à qui l'on donne un comprimé de sucre en leur disant que c'est un médicament acceptent la *pensée* qu'ils vont aller mieux, se mettent à *agir* comme s'ils allaient mieux, puis commencent à *se sentir* mieux et enfin *vont* mieux. Il en résulte que leur esprit subconscient, qui est relié à l'esprit universel, modifie leur chimie interne de façon à refléter leur nouvelle croyance concernant leur santé recouvrée. Le même principe s'applique ici. *Croyez* que l'esprit quantique répondra à votre appel.

Si vous vous mettez à douter et devenez anxieux, inquiet, découragé, ou si vous analysez trop comment cette aide pourrait survenir, vous défaites tout ce que vous avez accompli. Vous faites obstacle à vous-même. Vous empêchez l'esprit supérieur de vous venir en aide. Vos émotions ont démontré que vous ne croyez pas aux possibilités quantiques et vous avez donc perdu votre connexion avec le futur que l'esprit divin orchestrait pour vous.

C'est à ce moment qu'il faut revenir en arrière et retrouver un meilleur état d'esprit. Parlez à l'esprit quantique comme s'il vous connaissait très bien et se souciait de vous… car *c'est le cas.*

Une occasion d'écrire

Pour préparer cette conversation, écrivez certaines choses que vous aimeriez dire dans votre déclaration d'abandon.

Exemples de déclaration d'abandon

Cher Esprit universel qui m'habite, je pardonne mes inquiétudes, mes anxiétés et mes petites préoccupations, et je vous les donne. J'ai confiance que vous possédez l'esprit nécessaire pour les résoudre beaucoup mieux que moi. Organisez les acteurs de mon monde de façon que les portes s'ouvrent pour moi.

> Chère Intelligence innée, je vous confie ma souffrance et mon apitoiement sur moi-même. J'ai mal géré mes pensées et mes actions pendant trop longtemps. Je vous permets d'intervenir et de me procurer la meilleure existence qui me convienne.

Préparez-vous à vous abandonner. Maintenant, fermez les yeux et familiarisez-vous avec ce que vous désirez dire à cet esprit supérieur. Relisez ce que vous avez écrit afin de le modifier au besoin. Plus vous serez présent, mieux vous pourrez vous concentrer. En récitant votre prière intérieurement, souvenez-vous que cette conscience invisible est consciente de vous et qu'elle vous observe ; elle connaît toutes vos pensées, toutes vos actions et toutes vos émotions.

Demandez de l'aide et abandonnez votre état d'esprit indésirable. Demandez à la conscience universelle de prendre cette partie de vous et de la changer en quelque chose de meilleur. Remettez-la ensuite à cet esprit supérieur. Pour ce faire, certaines personnes ouvrent mentalement une porte et la glissent dans l'embrasure ; d'autres la donnent sous forme de note et d'autres encore la placent dans une jolie boîte, puis la laissent se dissoudre dans l'esprit supérieur. La façon importe peu. Personnellement, je la laisse tout simplement aller.

Ce qui importe, c'est votre intention ; de vous sentir lié à une conscience universelle très aimante et de vous libérer de votre vieux soi avec son aide. Plus vous serez capable de gérer délibérément vos pensées et plus vous éprouverez de joie à vous libérer de cette condition, plus vous serez en harmonie avec une volonté supérieure, avec son esprit et son amour.

Dites merci. Votre requête terminée, dites merci en avance sur la manifestation. Ce faisant, vous signalerez au champ quantique que votre intention a déjà porté ses fruits. La gratitude est l'état suprême qui atteste qu'on a été exaucé.

Deuxième semaine

Guide de méditation

Vous êtes maintenant prêt à commencer votre deuxième semaine de méditation. Je vous suggère la façon suivante de suivre toutes les étapes déjà apprises. Si vous avez l'impression d'avoir déjà accompli l'une ou l'autre de ces actions en lisant ce livre ou en prenant des notes, faites-le de nouveau durant vos méditations. Les résultats pourront vous surprendre.

- **Première étape** : commencez par votre technique d'induction et continuez afin de vous accoutumer de plus en plus au processus consistant à entrer dans l'esprit subconscient.
- **Deuxième étape** : ensuite, en prenant conscience de ce que vous désirez changer dans votre esprit et dans votre corps, « reconnaissez » vos limites, c'est-à-dire définissez une émotion particulière que vous voulez démémoriser et observez l'attitude qui lui est associée.
- **Troisième étape** : en poursuivant, « admettez » intérieurement devant le pouvoir supérieur qui vous habite ce que vous avez été, ce que vous désirez changer en vous et ce que vous avez dissimulé. Ensuite, « déclarez » extérieurement quelle est l'émotion que vous

libérez, afin d'affranchir le corps de l'esprit et de rompre les liens avec les éléments de votre environnement.
- **Quatrième étape** : enfin, « abandonnez » cet état limitatif à un esprit supérieur et demandez qu'il soit résolu de la meilleure façon pour vous.

Répétez toutes ces étapes régulièrement au cours de vos séances de méditation jusqu'à ce qu'elles vous deviennent suffisamment familières pour se fondre en une seule étape. Vous serez alors prêt à continuer.

Gardez à l'esprit qu'en continuant à ajouter des étapes, vous commencerez toujours par la série des quatre actions intentionnelles que vous venez d'apprendre.

CHAPITRE 12

LE DÉMANTÈLEMENT DE LA VIEILLE PERSONNALITÉ
(Troisième semaine)

Encore une fois, vous relirez les étapes 5 et 6 avant les séances de méditation de la troisième semaine.

ÉTAPE 5 : L'OBSERVATION ET LE RAPPEL

Au cours de cette étape, vous observerez votre vieille personnalité et vous vous rappellerez ce que vous ne voulez plus être.

Comme l'énonçait notre définition de la méditation dans la deuxième partie du livre : observer et se rappeler signifient se familiariser, cultiver le soi, et faire connaître ce qui, d'une certaine façon, est inconnu. Ici, vous prendrez entièrement conscience (par l'observation) des pensées et des actions inconscientes ou habituelles qui constituent l'état d'esprit et l'état de corps que vous avez nommés précédemment lors de l'étape 2, celle de la reconnaissance. Vous vous rappellerez ensuite (par le souvenir) tous les aspects du vieux soi dont vous ne voulez plus. Vous vous familiariserez avec «l'être» de votre vieille personnalité – les pensées précises auxquelles vous ne voulez plus donner de pouvoir et les comportements exacts que vous ne voulez plus manifester –, de sorte que vous n'y retomberez plus jamais. Vous vous libérerez ainsi du passé.

Ce que vous répétez mentalement et démontrez physiquement, c'est ce que vous êtes au niveau neurologique. Cette personnalité neurologique est faite de la combinaison continue de vos pensées et de vos actions.

Cette étape vise à augmenter votre conscience et à vous faire mieux observer (la métacognition) votre ancienne personnalité dont vous ne voulez plus, qui vous apparaîtra ainsi plus clairement.

L'observation : prenez conscience de vos états d'esprit habituels

Au cours de l'étape 2 : en reconnaissant l'émotion qui vous régit, vous l'avez déjà observée. Il s'agit maintenant de vous familiariser suffisamment avec les pensées et les actions dérivées des vieilles sensations pour les identifier quand elles reviennent. Avec la répétition, vous deviendrez suffisamment conscient des vieux schèmes pour ne plus les laisser se rendre à terme. Vous resterez ainsi à l'écart du vieux soi et vous pourrez le contrôler. Lorsque surgira l'émotion qui gouverne normalement vos pensées et vos habitudes inconscientes, elle vous sera si familière que vous en serez immédiatement conscient.

Par exemple, si vous êtes en sevrage d'une dépendance à une substance comme le sucre ou le tabac, plus vous serez en mesure de percevoir les premiers signes du besoin chimique du corps, plus vous pourrez les combattre rapidement. Nous savons tous reconnaître les manifestations du manque : des impulsions, des incitations et parfois même d'intenses appels intérieurs du genre : «Allez! Fais-le! Vas-y!

Une dernière fois!» À force d'y travailler, vous finirez par en percevoir l'apparition et vous serez mieux équipé pour y faire face.

Il en va de même pour le changement personnel, sauf que la substance n'est pas extérieure. En réalité, c'est *vous-même*. Vos émotions et vos pensées font partie de vous. Néanmoins, votre objectif consiste ici à devenir suffisamment conscient de l'état d'être limitatif pour ne jamais laisser une seule pensée ni un seul comportement vous échapper.

Presque tout ce que nous démontrons commence par une pensée. Or, celle-ci n'est pas nécessairement vraie. La plupart des pensées ne sont que le produit de vieux circuits cérébraux qui se sont solidifiés par la répétition. Ainsi, vous devez vous demander si cette pensée est vraie ou si elle est simplement l'effet d'une émotion. Obtiendrez-vous le même résultat qu'auparavant si vous obéissez à cette impulsion? En vérité, des échos de votre passé sont liés à des émotions intenses, ce qui active de vieux circuits cérébraux et vous fait réagir d'une façon prévisible.

Une occasion d'écrire

Quelles sont vos pensées automatiques lorsque vous éprouvez l'émotion que vous avez identifiée à l'étape 2? Il est important de les écrire et d'en mémoriser la liste. Les exemples qui suivent vous aideront à reconnaître votre série de pensées limitatives.

Exemples de pensées automatiques limitatives
(votre répétition mentale inconsciente et quotidienne)

- Je ne trouverai jamais un nouvel emploi.
- Personne ne m'écoute jamais.
- Ils me font toujours fâcher.
- Tout le monde se sert de moi.

- J'en ai assez.
- C'est une mauvaise journée et je n'y peux rien.
- C'est sa faute si ma vie est ce qu'elle est.
- Je ne suis pas intelligent à ce point-là.
- Honnêtement, je ne peux pas changer. Peut-être plus tard.
- Ça ne me tente pas.
- Ma vie est moche.
- Je déteste ce que je vis avec _____.
- Je ne pourrai jamais aller plus loin.
- _____ ne m'aime pas.
- Je dois travailler plus dur que la plupart des gens.
- C'est dans mes gènes. Je suis comme ma mère.

Comme les pensées, les actions coutumières constituent vos états d'esprit indésirables. Cette même émotion qui a conditionné votre corps à être votre esprit vous fait vous comporter d'une façon mémorisée. C'est ce que vous êtes quand vous fonctionnez subconsciemment. Vous commencez par avoir de bonnes intentions, puis vous vous retrouvez bientôt sur le divan à manger des chips, une télécommande dans une main et une cigarette dans l'autre. Pourtant, quelques heures plus tôt, vous avez proclamé que vous feriez tout ce qu'il faut pour être en forme et que vous mettriez fin à tous les comportements autodestructeurs.

La plupart des actions inconscientes sont accomplies pour renforcer émotionnellement la personnalité et satisfaire une dépendance afin d'éprouver de nouveau les mêmes sensations. Par exemple, les gens qui se sentent toujours coupables doivent faire certaines actions pour réaliser leur destinée émotionnelle. Chose sûre, ils s'attirent des problèmes afin de se sentir coupables davantage. Plusieurs actions inconscientes sont en lien direct avec nos émotions.

En revanche, de nombreux individus manifestent certaines habitudes afin d'éliminer temporairement l'émotion qu'ils ont mémorisée.

Ils recherchent une gratification extérieure instantanée pour se libérer momentanément de leur souffrance et de leur vide intérieur, soit par les jeux informatiques, les drogues, l'alcool, le jeu ou le shopping.

Les dépendances créent les habitudes. Comme rien d'extérieur ne peut combler en permanence le vide intérieur, on répète invariablement la même activité. Lorsque la sensation s'émousse, quelques heures plus tard, on revient à la même dépendance, mais on s'y livre plus longtemps. Cependant, quand on démémorise l'émotion négative de la personnalité, on élimine le comportement destructeur inconscient.

Une occasion d'écrire

Réfléchissez à l'émotion indésirable que vous avez identifiée. Comment agissez-vous habituellement lorsque vous l'éprouvez ? Vous reconnaîtrez peut-être votre propre schème parmi les exemples fournis ci-dessous, mais prenez soin d'ajouter les comportements qui vous sont particuliers. Notez ce que vous faites quand vous éprouvez cette émotion.

Exemples d'actions / de comportements limitatifs
(votre répétition physique inconsciente et quotidienne)

- Bouder.
- Vous apitoyer sur votre sort.
- Manger.
- Téléphoner à quelqu'un pour vous plaindre.
- Jouer compulsivement sur l'ordinateur.
- Chercher noise à quelqu'un que vous aimez.
- Boire trop et vous ridiculiser.
- Faire du shopping en dépensant au-dessus de vos moyens.
- Procrastiner.
- Colporter des potins ou répandre des rumeurs.

- Mentir sur vous-même.
- Faire un accès de colère.
- Manquer de respect envers vos collègues.
- Batifoler avec d'autres si vous êtes en couple.
- Vous vanter.
- Crier après tout le monde.
- Trop jouer.
- Conduire agressivement.
- Chercher à attirer l'attention.
- Faire la grasse matinée tous les jours.
- Trop parler du passé.

Si vous avez de la difficulté à répondre, demandez-vous à quoi vous pensez dans diverses situations, et « observez » intérieurement vos pensées et vos réactions. Vous pouvez également vous « regarder avec les yeux des autres » intérieurement. Comment vous verraient-ils ? Comment agissez-vous ?

Le rappel : rappelez-vous les aspects du vieux soi dont vous ne voulez plus

Relisez votre liste et mémorisez-la. C'est une partie essentielle de la méditation. Il s'agit de vous « familiariser » avec les pensées et les actes associés à cette émotion spécifique qui vous domine. Il s'agit aussi de vous rappeler ce que vous ne voulez plus être et comment vous vous rendiez vous-même malheureux. Cette étape permet de prendre conscience de vos comportements inconscients et de ce que vous vous dites lorsque vous entretenez telle pensée et éprouvez telle émotion, afin d'exercer un contrôle plus conscient sur vous-même.

L'exécution de cette étape est un travail en cours. Autrement dit, si vous vous concentrez là-dessus tous les jours pendant une semaine, vous continuerez sans doute à modifier et améliorer votre liste. C'est excellent.

Cette étape vous fait entrer dans le système d'exploitation des programmes « informatiques » de l'esprit subconscient pour bien les éclairer. Ils finiront par vous être tellement familiers que vous pourrez les inhiber avant qu'ils s'amorcent. Vous élaguerez les connexions synaptiques qui ont formé votre vieille personnalité. De plus, si chaque nouvelle connexion neurologique forme un souvenir, vous vous trouverez à démanteler la mémoire de votre vieille personnalité.

Pendant toute la semaine, continuez à revoir votre liste afin de savoir encore mieux ce que vous ne voulez plus être. Si vous mémorisez tous les aspects du vieux soi, vous en séparerez votre conscience davantage. Quand vos pensées et vos réactions automatiques vous seront parfaitement familières, elles ne vous échapperont plus et vous pourrez même les prévoir. C'est alors que vous serez libre.

Au cours de cette étape souvenez-vous que *votre objectif est la conscience.*

* * * * *

Vous connaissez maintenant le refrain. Lisez l'étape 6 et écrivez ce qu'il faut ; vous serez alors prêt à commencer votre troisième semaine de méditation.

ÉTAPE 6 : LA RÉORIENTATION

Voici ce qui se produit quand on utilise les outils de la réorientation : on s'empêche de se comporter inconsciemment. On cesse d'activer les vieux programmes et l'on se modifie biologiquement, ce qui débranche les cellules nerveuses. De même, les gènes ne reçoivent plus le même signal.

Si vous avez eu de la difficulté à renoncer au contrôle, cette étape vous permet de reprendre les rênes plus consciemment et plus judicieusement afin de rompre avec vous-même. Quand on parvient à se réorienter soi-même, on construit une base solide sur laquelle établir sa personnalité améliorée.

La réorientation : jouez au jeu du changement

Durant vos méditations de la semaine, prenez quelques situations que vous avez identifiées lors de l'étape précédente et, en les observant mentalement, dites-vous (à voix haute) : « Change ! » C'est simple.

1. Imaginez une situation où vos pensées et vos émotions sont inconscientes.
   … **Dites : « Change ! »**

2. Évoquez une situation (par exemple en présence de quelqu'un ou de quelque chose) où vous pourriez facilement retomber dans un vieux comportement.
   … **Dites : « Change ! »**

3. Imaginez-vous dans un événement où vous auriez une bonne raison de ne pas être à la hauteur de votre idéal.
   … **Dites : « Change ! »**

Votre voix mentale la plus forte

Après vous être rappelé de demeurer conscient toute la journée comme vous avez appris à le faire lors de l'étape précédente, vous pouvez maintenant vous servir d'un outil pour vous transformer dans l'instant. Lorsque vous vous surprenez à entretenir une pensée limitative ou à vous engager dans un comportement limitatif, dites simplement « Change ! » à voix haute. Avec le temps, votre voix physique deviendra votre *plus forte* voix mentale. Elle sera la voix de la réorientation, programmée par vous au cœur même de votre système nerveux.

En interrompant plusieurs fois le vieux programme, vous réussirez à affaiblir davantage les connexions entre les réseaux neuronaux qui constituent votre personnalité. Selon la loi de Hebb, vous déferez les circuits connectés au vieux soi dans la vie quotidienne. En même temps, vous n'enverrez plus le même signal à vos gènes. C'est là une autre étape visant à vous rendre davantage conscient. Vous développerez le « contrôle conscient » de vous-même.

Quand on interrompt un réflexe émotionnel suscité par quelqu'un ou par quelque chose, on fait le choix de s'empêcher de réintégrer sa vieille personnalité. Dans le même ordre d'idées, en reprenant le contrôle conscient des pensées suscitées par un souvenir quelconque ou par un facteur environnemental, on s'éloigne de la destinée prévisible où l'on aurait les mêmes pensées et où l'on accomplirait les mêmes actions, ce qui créerait la même réalité. C'est un rappel que l'on place soi-même dans son esprit.

En devenant davantage conscient, en réorientant vos pensées et vos émotions familières, et en reconnaissant vos états d'être inconscients, vous ne gaspillerez plus votre précieuse énergie. Quand on est en mode survie, on signale au corps un état d'urgence en le sortant de l'homéostasie et en mobilisant une énorme énergie. Ces émotions et ces pensées sont une énergie de basse fréquence qui est consommée par le corps. Quand on est conscient et qu'on les modifie *avant* qu'elles affectent le corps, on conserve ainsi une énergie vitale que l'on peut ensuite utiliser pour la création d'une existence nouvelle.

Les souvenirs associatifs déclenchent des réactions automatiques

Comme il est essentiel de demeurer conscient pour créer cette vie nouvelle, il importe de comprendre comment les souvenirs associatifs vous ont donné de la difficulté à rester conscient par le passé et comment la pratique de la réorientation peut vous aider à vous libérer du vieux soi.

Nous avons vu plus haut que l'expérience classique de conditionnement menée sur des chiens par Pavlov illustre magnifiquement pourquoi il nous est si difficile de changer. La réaction des chiens – saliver en réaction à la cloche – offre un bel exemple de réaction conditionnée fondée sur un *souvenir associatif*.

Nos souvenirs associatifs résident dans l'esprit subconscient. Ils se forment avec le temps quand l'exposition répétée à une condition extérieure produit une réaction automatique dans le corps, ce qui entraîne ensuite un comportement automatique. Lorsqu'un ou deux sens réagissent au même stimulus, le corps réagit sans que l'esprit conscient soit réellement impliqué. Il s'active simplement par une pensée ou par un souvenir.

Nous vivons en fonction de nombreux souvenirs associatifs similaires déclenchés par autant d'identifications dérivées de notre environnement. Par exemple, quand vous rencontrez quelqu'un que vous connaissez bien, il y a des chances que vous réagissiez d'une façon automatique sans même vous en rendre compte. La vue de cette personne crée un souvenir associatif à partir d'une expérience passée qui est associée à une certaine émotion, laquelle déclenche un comportement automatique. Le corps change chimiquement dès que vous vous souvenez de l'individu en question. Un programme s'exécute à partir du conditionnement répété que vous avez mémorisé concernant cette personne dans votre esprit subconscient. Comme les chiens de Pavlov, vous avez aussitôt une réaction physiologique inconsciente. Votre corps prend le contrôle et il vous dirige subconsciemment en fonction d'un souvenir passé.

Votre corps est donc prédominant. Vous n'êtes plus au volant parce que vous avez cédé le siège au corps-esprit subconscient. Quels sont en vous les déclencheurs qui créent rapidement cette situation ? Ce peut être n'importe quoi appartenant à votre monde extérieur. Leur source est dans votre relation à votre environnement habituel ;

c'est votre vie même, qui est liée à tous les gens et à toutes les choses qui ont fait partie de votre existence à divers moments et à divers endroits.

C'est pourquoi il est si difficile de rester conscient lors du processus de changement. On voit quelqu'un, on entend une chanson, on visite un endroit, on se rappelle une expérience, et le corps « active » immédiatement un souvenir. De plus, la pensée associée à l'identification à quelqu'un ou à quelque chose déclenche une cascade de réactions inconscientes qui nous ramènent à la même personnalité. On pense, agit et ressent d'une façon prévisible et automatique. On s'identifie de nouveau subconsciemment à l'environnement connu, ce qui ramène au soi vivant dans le passé.

Quand Pavlov a continué à faire sonner la cloche sans donner de nourriture en récompense, la réaction automatique des chiens a diminué parce qu'ils n'ont pas maintenu cette association. On pourrait dire que leur exposition répétée au son de la cloche sans qu'ils reçoivent de nourriture a affaibli leur réaction neuro-émotionnelle. Ils ont cessé de saliver parce que le son de la cloche n'était plus associé à un souvenir.

Ressaisissez-vous avant de « devenir inconscient »

Lorsque vous repassez mentalement une série de situations où vous empêchez le vieux soi de ressurgir (émotionnellement), l'exposition répétée au même stimulus affaiblira avec le temps la réaction émotionnelle à cette condition. À force de vous présenter toujours les mêmes motifs de la vieille identité et de remarquer votre réaction automatique, vous en deviendrez suffisamment conscient pour vous ressaisir et vous empêcher de redevenir inconscient. Avec le temps, toutes les associations qui activaient le vieux programme deviendront comme celle des chiens qui entendaient la cloche sans recevoir la nourriture habituelle : vous n'aurez plus ce réflexe physiologique de retour à votre soi neurochimique lié aux personnes ou aux choses familières.

Ainsi, la pensée d'un individu qui vous indispose ou l'interaction désagréable avec un ex-conjoint ne pourra plus vous atteindre parce que vous l'aurez consciemment inhibée suffisamment de fois. Lorsque vous vous libérerez de la dépendance à cette émotion, il ne pourra plus y avoir de réaction autonome. C'est le fait d'être conscient au cours de cette étape-ci qui vous libérera de l'émotion ou de la pensée qui lui est associée dans la vie quotidienne. La plupart du temps, ces réactions réflexes vous échappent parce que vous êtes trop occupé par votre vieille personnalité.

Il importe de rationaliser au-delà du baromètre émotionnel pour comprendre que les émotions de survie affectent négativement nos cellules en stimulant les mêmes gènes et en épuisant le corps. Cela soulève la question suivante : « Est-ce que cette émotion, ce comportement ou cette attitude est amour pour moi ? »

Après avoir dit « Change ! », j'aime bien dire ceci : « Cela n'est pas de l'amour pour moi ! Les effets de la santé, du bonheur et de la liberté valent beaucoup mieux que d'être enfoncé dans ce schème d'autodestruction. Je ne veux plus envoyer à mes gènes le même signal émotionnel et faire autant de mal à mon corps. Cela n'en vaut pas la peine. »

Troisième semaine

Guide de méditation

L'objectif de votre troisième semaine de méditation consiste à ajouter aux étapes précédentes l'étape 5 – l'observation et le rappel –, puis l'étape 6 – la réorientation –, afin de les faire toutes les six. Les étapes 5 et 6 finiront par se fondre en une seule. Pendant toute la journée, lorsque surgiront des pensées et des émotions limitatives, observez-vous et dites automatiquement « Change ! » à voix haute, ou bien entendez-le très fort mentalement. Vous serez alors prêt au processus créateur.

- **Étape 1 :** Comme d'habitude, commencez par l'induction.

- **Étapes 2 à 5 :** Après avoir reconnu, admis, déclaré et abandonné, il faut continuer à vous occuper des pensées et des actions spécifiques qui échappent naturellement à votre conscience. Observez le vieux soi jusqu'à ce que vous soyez entièrement familiarisé avec ces programmes.

- **Étape 6 :** Ensuite, en observant le vieux soi pendant votre méditation, choisissez quelques situations habituelles de votre vie et dites « Change ! » à voix haute.

CHAPITRE 13

LA CRÉATION D'UN NOUVEL ESPRIT POUR VOTRE NOUVEAU FUTUR
(Quatrième semaine)

ÉTAPE 7 : LA CRÉATION ET LA RÉPÉTITION

La quatrième semaine sera légèrement différente des trois précédentes. Tout d'abord, en lisant le texte de l'étape 7 et en écrivant ce qu'il faut, vous recevrez un savoir sur la *création* ainsi que des instructions sur le processus d'utilisation de la *répétition mentale*. Vous lirez ensuite la *Méditation guidée de répétition mentale* pour vous familiariser avec ce nouveau processus.

Ce sera ensuite le moment de *faire* ce que vous avez appris. Chaque jour de la semaine, vous pratiquerez la méditation de la quatrième semaine, qui comprend les étapes 1 à 7. En écoutant l'enregistrement, vous appliquerez l'attention focalisée et la répétition que vous avez utilisées pour créer votre nouvelle personnalité et votre nouvelle destinée.

Survol : la création et la répétition de votre nouvelle personnalité

Avant que vous entrepreniez la dernière série d'étapes, je veux souligner que toutes les étapes précédentes visaient à vous faire rompre avec vous-même afin de pouvoir réinventer votre personnalité consciemment et énergétiquement. Jusqu'ici, vous vous êtes efforcé d'élaguer les vieilles connexions synaptiques. C'est maintenant le temps d'en créer de nouvelles pour que l'esprit que vous acquérez devienne le fondement de votre future personnalité.

Vos efforts précédents ont facilité le désapprentissage d'une partie du vieux soi, dont vous avez éliminé plusieurs aspects. Vous vous êtes familiarisé avec les états d'esprit inconscients associés à vos pensées, à vos comportements et à vos émotions. Par la pratique de la métacognition, vous avez observé consciemment la façon routinière dont votre cerveau se laissait stimuler par votre ancienne personnalité. L'autoréflexion vous a permis de séparer votre conscience libre des programmes automatiques qui faisaient s'activer votre cerveau selon exactement les mêmes séquences, les mêmes schèmes et les mêmes combinaisons. Vous avez examiné comment votre cerveau a fonctionné pendant sans doute des années. Puisque nous avons défini l'esprit comme étant le cerveau en action, vous avez observé objectivement votre esprit limité.

La création de votre nouvelle personnalité

Maintenant que vous avez entrepris de « perdre » votre esprit, le temps est venu d'en créer un nouveau. Commençons par « semer » une nouvelle personnalité. Vos méditations, contemplations et répétitions quotidiennes s'apparenteront à l'ensemencement d'un jardin pour créer une expression supérieure de vous-même. L'acquisition d'informations et la lecture des biographies de grands personnages historiques représentant votre nouvel idéal sont un ensemencement. Plus vous serez créatif en réinventant votre identité, plus les fruits que vous récolterez seront diversifiés. L'intention ferme et l'attention consciente seront comme l'eau et la lumière du soleil pour nourrir les rêves de votre jardin.

En vous réjouissant émotionnellement de votre nouveau futur avant qu'il se manifeste, vous jetez un filet de sécurité et une clôture protégeant votre vulnérable destinée potentielle contre les nuisibles et les intempéries, parce que votre énergie élevée préserve votre création. En tombant amoureux de la vision de votre être en devenir, vous nourrissez les plantes et les fruits potentiels avec un fertilisant miracle. L'amour est une émotion de plus haute fréquence que les émotions de survie qui ont permis aux mauvaises herbes et aux nuisibles d'apparaître. Le processus de transformation consiste à éliminer le vieux pour faire place au nouveau.

Exercez votre nouvelle personnalité

Le moment est venu de vous exercer à créer un esprit nouveau jusqu'à ce qu'il vous soit familier. Comme vous le savez déjà, plus on stimule des circuits conjointement, plus on les branche ensemble pour une relation durable. Si vous stimulez une série de pensées associées à un courant de conscience particulier, il sera plus facile de produire le même état d'esprit la fois suivante. Par conséquent, en répétant quotidiennement la même humeur par la répétition mentale d'un nouveau soi idéal, celui-ci deviendra plus familier avec le temps, plus naturel, plus automatique et plus subconscient. Vous créerez ainsi les souvenirs de votre nouveau soi.

Lors des étapes précédentes, vous avez aussi démémorisé une émotion emmagasinée dans votre corps-esprit. Il s'agit maintenant de reconditionner le corps à un *nouvel* esprit et de fournir aux gènes un signal différent.

Pour cette dernière étape, l'objectif consiste à maîtriser un nouvel esprit dans le cerveau autant que dans le corps. Ainsi, il vous deviendra tellement familier que vous pourrez reproduire le même état d'être à volonté, facilement et naturellement. Il est important de mémoriser ce nouvel état d'esprit en entretenant des pensées nouvelles ; il importe aussi de mémoriser une nouvelle émotion afin qu'aucun facteur extérieur ne puisse la déloger. Vous serez alors prêt à créer un nouveau futur et à le vivre. Vos « répétitions » feront naître régulièrement votre nouvelle personnalité, de sorte que vous saurez comment la faire apparaître à volonté.

La création : employez l'imagination et l'invention pour faire naître votre nouveau soi

Vous entamerez cette étape en vous posant quelques questions ouvertes qui vous feront réfléchir et envisager de nouvelles possibilités, ce qui stimulera le lobe frontal.

Tout ce processus contemplatif constitue la méthode de construction de votre nouvel esprit. Vous créez maintenant les fondements du nouveau soi en soumettant le cerveau à des stimulations nouvelles. La transformation de votre esprit est amorcée !

Une occasion d'écrire

Prenez le temps de répondre par écrit aux questions suivantes. Ensuite, relisez-les, réfléchissez-y, analysez-les et pensez à toutes les possibilités soulevées par vos réponses.

Questions stimulantes pour le lobe frontal

- Quel est le plus bel idéal de moi-même ?
- Comment je me sentirais si j'étais _____ ?
- Quel est le personnage historique que j'admire le plus et comment se comportait-il ?
- Parmi les gens que je connais, qui est _____ ?

- Que me faudrait-il pour penser comme _____ ?
- Qui voudrais-je prendre comme modèle ?
- Comment me comporterais-je si j'étais cette personne-là ?
- Comment parlerais-je aux autres si je n'étais plus le ou la même ?
- Quelle personne idéale voudrais-je être à chaque instant ?

Votre personnalité est constituée de votre façon de penser, d'agir et de ressentir. J'ai donc regroupé quelques questions qui vous aideront à déterminer plus spécifiquement le comportement souhaité pour votre nouvelle personnalité. N'oubliez pas qu'en répondant à ces questions et en réfléchissant à vos réponses, vous installerez de nouveaux circuits cérébraux et activerez vos gènes différemment. (Vous pourrez évidemment continuer à lister vos réponses dans votre journal si vous pensez ne pas pouvoir les retrouver mentalement.)

Quelles pensées voudrais-je entretenir ?

- Quelles seraient les pensées de ma personnalité idéale ?
- Dans quelles pensées veux-je investir mon énergie ?
- Quelle est ma nouvelle attitude ?
- Que voudrais-je croire à mon sujet ?
- Comment voudrais-je être perçu ?
- Que me dirais-je à moi-même si j'étais cette personne ?
- Quels états d'esprit voudrais-je créer et renforcer neurologiquement ?

Comment voudrais-je agir ?

- Comment se comporterait cette personne ?
- Que ferait-elle ?
- Comment me vois-je agir ?
- Comment ma nouvelle personnalité s'exprimerait-elle verbalement ?
- Comment voudrais-je vivre aujourd'hui ?

Quelles émotions voudrais-je éprouver ?

- Comment *serait* ce nouveau soi ?
- Quels seraient mes sentiments ou mes émotions ?
- Quelle serait l'énergie de cette personnalité idéale ?

* * * * *

Lorsque vous méditez pour créer votre nouvelle personnalité, il s'agit de reproduire le même état d'esprit chaque jour, d'entretenir de nouvelles pensées et d'éprouver de nouvelles émotions. Vous devriez être capable de répéter cet état d'esprit à volonté. De plus, vous devez laisser le corps ressentir ce nouvel état jusqu'à ce que vous *soyez* cette nouvelle personne. Autrement dit, *vous devez ressortir transformé de votre méditation*. Ce changement doit survenir dans l'ici-maintenant et votre énergie doit être différente de ce qu'elle était avant que vous commenciez. Si, après la séance, vous êtes le même ou la même qu'avant, si vous vous sentez exactement comme avant de commencer, il ne s'est alors rien passé. Vous êtes toujours la même personne.

Par conséquent, si vous vous dites ceci : « Je n'en ai pas trop envie aujourd'hui, je suis trop fatigué ; j'ai trop de choses à faire ; je suis trop occupé ; j'ai la migraine ; je ressemble trop à ma mère ; je ne peux pas changer ; j'ai besoin de manger ; je pourrai commencer demain ; j'ai envie d'ouvrir la télé et de regarder les nouvelles » et ainsi de suite ; et si vous laissez cette petite voix dominer le lobe frontal, vous sortirez de votre méditation avec la même personnalité qu'avant.

Utilisez la volonté, l'intention et la sincérité pour dépasser ces pulsions corporelles. Vous devez reconnaître que ce bavardage est celui du vieux soi qui lutte pour garder le contrôle. Laissez-le se rebeller, puis ramenez-le à l'instant présent, détendez-le et recommencez. Avec le temps, il finira par vous faire confiance de nouveau en tant que maître.

La répétition : mémorisez votre nouvelle personnalité

Maintenant que vous avez réfléchi à vos réponses, le temps est venu de les répéter. Revoyez ce que seront les pensées, les actes et les émotions de votre soi idéal. Attention à ne pas devenir trop mécanique ou rigide ; il s'agit d'un processus créateur. Laissez place à l'imagination, à la liberté et à la spontanéité. Ne forcez pas vos réponses dans un sens ni dans l'autre. N'essayez pas de passer à travers toute votre liste de la même façon à chaque séance de méditation. Il y a plusieurs façons différentes de parvenir à vos fins.

Pensez simplement à cette nouvelle expression de vous-même, puis rappelez-vous quel sera votre comportement. Que diriez-vous, quelle serait votre démarche physique, comment respireriez-vous et que ressentiriez-vous si vous deveniez cette personne ? Que diriez-vous aux autres et à vous-même ? Il s'agit pour vous d'adopter un « état d'être » et de *devenir* cet idéal.

Par exemple, repensez aux pianistes qui ont répété *mentalement* certains exercices sans toucher aucune note et qui ont subi les mêmes changements cérébraux que ceux qui avaient joué concrètement les mêmes mesures et accords pendant un même temps. La répétition quotidienne des joueurs « mentaux » a modifié leur cerveau comme s'ils avaient exécuté concrètement l'activité. Leurs pensées sont devenues leur expérience.

Rappelez-vous aussi l'expérience de l'exercice mental des doigts, où des changements physiques significatifs se sont produits dans le corps sans que les sujets aient levé le petit doigt concrètement. Au cours de cette étape, vos répétitions quotidiennes modifieront votre cerveau et votre corps en avance sur la réalité concrète.

C'est pourquoi il est si important d'exercer son nouveau soi car c'est ainsi que l'on modifie biologiquement le cerveau et le corps pour qu'ils cessent de vivre dans le passé et qu'ils établissent un avenir différent du présent. Si votre corps et votre cerveau sont modifiés, il existe alors une preuve concrète que *vous avez changé*.

La familiarisation avec votre nouvelle personnalité

Cette partie de l'étape 7 vise à vous faire atteindre le niveau d'expertise de *l'habileté inconsciente*. Quand on est *inconsciemment habile* à quelque chose, cela veut dire qu'on le fait sans avoir à y penser ni à y prêter attention consciemment. C'est comme pour un conducteur novice qui devient expérimenté. C'est comme de tricoter sans avoir besoin d'être conscient de chaque geste.

Si ce stade du processus vous ennuie, sachez que c'est bon signe. C'est que votre nouveau mode d'opération commence à vous être familier. Il vous faut passer par ce stade pour incarner cette information dans un souvenir à long terme. Vous devez faire un effort pour transcender l'ennui car, chaque fois que vous vous engagerez dans votre nouvel idéal, vous le ferez de plus en plus facilement. Le modèle de votre nouvelle personnalité s'imbriquera dans un système mémoriel qui deviendra inconscient et naturel. Si vous continuez à l'exercer, vous n'aurez même plus besoin d'y penser. La perfection s'obtient par les répétitions. C'est un entraînement, comme pour le sport.

Si vous vous entraînez correctement, cela devient plus facile chaque fois. Pourquoi ? Parce que vous êtes préparé ; les circuits sont déjà installés. Les substances chimiques adéquates circulent dans votre corps et déclenchent une nouvelle expression génétique. Le corps est dans l'état approprié. De plus, vous avez refréné ou « calmé » les régions cérébrales liées à votre ancienne personnalité. En conséquence, les émotions associées au vieux soi sont moins susceptibles de stimuler le corps comme auparavant.

N'oubliez jamais que la plupart des exercices mentaux qui créent et activent de nouveaux circuits cérébraux impliquent l'apprentissage de connaissances, l'obtention d'instructions, l'attention à ce que l'on fait et la répétition de l'aptitude. Comme vous le savez, l'apprentissage crée de nouvelles connexions ; les instructions enseignent au corps « comment faire » pour créer une nouvelle expérience ; l'attention à ce que l'on fait est absolument nécessaire pour reconfigurer le cerveau car elle implique d'être présent aux stimuli physiques et mentaux ; et enfin la répétition stimule et consolide à long terme les relations entre les cellules nerveuses. Ce sont là tous les ingrédients nécessaires à la croissance de nouveaux circuits et à la création d'un nouvel esprit, et c'est exactement ce que la méditation permet de faire. Ici, je veux surtout insister sur la répétition.

L'histoire d'une femme nommée Cathy, formatrice en entreprise, illustre toutes les facettes de la répétition mentale. Un accident vasculaire cérébral massif avait endommagé le centre du langage situé dans l'hémisphère gauche du cerveau, ayant rendu cette femme incapable de parler durant des mois. Ses médecins lui avaient dit qu'elle ne parlerait sans doute plus jamais. Ayant lu mon livre et suivi l'un de mes ateliers, elle refusa de croire à ce pronostic désastreux.

S'appuyant plutôt sur le savoir qu'elle avait acquis et sur les instructions qu'elle avait reçues, et s'appliquant à l'attention concentrée et à la répétition, elle s'exerça mentalement tous les jours à parler devant des groupes de personnes. Sur une période de plusieurs mois, des changements concrets se produisirent dans son cerveau et dans son corps, au point qu'elle répara le centre du langage et retrouva complètement l'usage de la parole. Aujourd'hui, elle s'adresse couramment à des auditoires sans la moindre difficulté.

En étudiant la matière contenue dans ce livre, vous avez vous-même établi d'importantes connexions synaptiques qui vous ont préparé à de nouvelles expériences. L'acquisition de nouvelles informations et de nouvelles expériences fait évoluer le cerveau. Vous avez également reçu les instructions adéquates pour effectuer le processus de transformation, qui consiste à désapprendre et à réapprendre. Vous comprenez l'importance de la focalisation lors de l'activité mentale ou physique visant à remodeler le cerveau et à modifier le corps. Finalement, ce sont vos efforts répétés pour exercer votre personnalité idéale qui produiront un même état d'esprit et de corps. La répétition scellera les circuits durables et activera de nouveaux gènes, de sorte que tout sera encore plus facile le lendemain. Cette étape vise à vous faire reproduire à répétition le même état d'être afin qu'il soit de plus en plus simple à créer.

Ce sur quoi vous devez vous concentrer : la *fréquence*, l'*intensité* et la *durée*. Plus votre concentration sera bonne, plus il vous sera facile de retrouver cet état d'esprit la fois suivante. Plus vous entretiendrez longtemps les pensées et les émotions de votre personnalité idéale, sans laisser errer votre esprit au gré des stimuli extérieurs, plus vous mémoriserez ce nouvel état d'être. Cette étape vise à vous faire *devenir* votre idéal quotidiennement.

Une nouvelle personnalité produit une nouvelle réalité

Dans cette étape, votre objectif est d'acquérir une nouvelle personnalité, un nouvel état d'être. Quand on possède une nouvelle personnalité, on est quelqu'un d'autre, n'est-ce pas ? Votre ancienne personnalité, fondée sur vos pensées, vos émotions et vos actes, a créé la réalité qui est présentement la vôtre. Bref, votre réalité reflète votre personnalité. Elle est faite de vos pensées, de vos émotions et de vos actes. En les modifiant, vous créez donc une nouvelle personnalité et une nouvelle réalité.

Votre nouvelle personnalité *devrait* produire une nouvelle réalité. Autrement dit, quand vous serez quelqu'un d'autre, vous aurez naturellement une autre vie. Si vous changiez soudainement d'identité, vous seriez un autre individu et vous vivriez certainement autrement. Si l'individu appelé Jean devenait celui qui s'appelle Jacques, on pourrait dire que la vie de Jean ne serait plus la même car il ne serait plus Jean, puisque ses pensées, ses actes et ses émotions seraient ceux de Jacques.

Voici un autre exemple. Un jour où je donnais une conférence en Californie, une dame s'approcha de moi devant l'auditoire et s'exclama avec colère, les poings sur les hanches : « Comment se fait-il que je ne vive pas à Santa Fe ? »

Je lui ai répondu calmement ceci : « Parce que la personnalité de la personne qui vient de me parler vit à Los Angeles. La personnalité qui vivrait à Santa Fe et qui s'y trouve déjà est complètement différente de celle-là. »

Ainsi, d'un point de vue quantique, cette nouvelle personnalité est le point de départ parfait pour créer. La nouvelle identité n'est plus ancrée émotionnellement dans des situations connues et constamment recyclées ; par conséquent, elle constitue le point de départ parfait pour envisager une nouvelle destinée. C'est de là que l'on peut susciter une existence nouvelle. Si vos prières n'ont jamais été exaucées dans le passé, c'est parce que vous tentiez de maintenir une attention consciente tout en restant perdu dans des émotions inférieures liées au vieux soi, comme la culpabilité, la honte, la tristesse, l'indignité, la colère ou la peur. Ce sont ces émotions qui régissaient vos pensées et votre attitude.

Les 5 % de votre esprit qui sont conscients luttaient contre les 95 % constituant le corps-esprit subconscient. Une absence de correspondance entre les pensées et les émotions ne peut rien produire de tangible. Énergétiquement, elle fait émettre un signal mixte au réseau invisible qui orchestre la réalité. Ainsi, si vous « étiez » coupable parce que votre corps a mémorisé le sentiment de culpabilité, vous avez alors sans doute reçu ce que vous étiez : des situations qui vous ont procuré davantage de raisons de vous sentir coupable. Votre objectif conscient ne pouvait s'opposer au fait que vous *étiez* cette émotion mémorisée.

Dans votre nouvelle identité, cependant, vos pensées et vos sentiments sont différents de ceux de l'ancienne identité. Vous êtes maintenant dans un état d'esprit et de corps qui envoie un signal parfait, libéré du passé. Pour la première fois, votre esprit est à la hauteur du présent qui s'ouvre sur de nouveaux horizons. Vous regardez le futur et non plus le passé.

Pour le dire simplement : on ne peut pas créer une nouvelle réalité personnelle quand on est encore la vieille personnalité. Il faut devenir quelqu'un d'autre. Une fois que l'on a acquis un nouvel état d'être, c'est le moment de créer une nouvelle destinée.

La création d'une nouvelle destinée

C'est dans cette partie de l'étape 7 que vous créerez votre nouvelle réalité personnelle à partir de l'état d'être de votre nouvelle personnalité. L'énergie que vous avez libérée du corps précédemment constitue la matière brute avec laquelle vous créerez un nouveau futur.

Alors, que désirez-vous ? Effectuer une guérison dans une partie de votre corps ou de votre existence ? Une relation amoureuse, une carrière plus satisfaisante, une nouvelle voiture, le règlement d'une hypothèque ? Désirez-vous une solution pour surmonter un obstacle qui apparaît dans votre vie ? Rêvez-vous d'écrire un livre, d'envoyer vos enfants à l'université ou de retourner vous-même à l'école, d'escalader une montagne, d'apprendre à voler, de vous libérer d'une dépendance ? Dans tous ces exemples, le cerveau crée automatiquement une image de votre désir.

Où voir ces images de la vie nouvelle que vous désirez créer avec votre nouvelle personnalité ? Dans un état élevé de l'esprit et du corps ; dans l'amour, la joie, la confiance en soi et la gratitude ; dans une énergie meilleure, plus cohérente. Élaborez les événements futurs spécifiques que vous désirez vivre, en les observant jusqu'à les rendre réels. Abandonnez-vous et établissez librement des liens sans rien analyser. Les images que vous voyez dans votre esprit sont les plans vibratoires de votre nouvelle destinée. En tant qu'observateur quantique, vous ordonnez à la matière de se conformer à vos intentions.

Maintenez clairement dans votre esprit pendant quelques secondes l'image de chaque manifestation, puis libérez-la dans le champ quantique pour qu'elle soit réalisée par l'esprit supérieur.

Vous faites la même chose que l'observateur de la physique quantique qui regarde un électron s'effondrer, passer d'une onde de probabilités à un événement nommé particule – la manifestation physique de la matière –, mais sur une échelle beaucoup plus grande. Vous employez votre «énergie libre» pour faire s'effondrer des ondes de probabilités qui deviendront un événement formant une nouvelle expérience dans votre vie. Votre énergie est maintenant enchevêtrée à cette réalité future qui vous appartient. Donc, *vous* y êtes enchevêtré et c'est votre destinée.

Enfin, renoncez à imaginer quand ou de quelle manière l'événement se produira, où et avec qui vous serez à ce moment-là. Laissez l'esprit supérieur s'occuper de ces détails puisqu'il en sait tellement plus que vous. Sachez que votre création se réalisera de la façon la plus inattendue, vous étonnant et ne laissant aucun doute sur sa provenance. Ayez confiance que les événements de votre vie seront adaptés à vos intentions conscientes.

Vous développez maintenant une communication bilatérale avec cette conscience invisible, ce qui démontre qu'elle a remarqué que vous l'imitiez comme créateur ; elle vous parle directement ; elle prouve qu'elle vous répond. Comment ? Elle crée et organise dans votre vie des événements inhabituels qui sont des messages directs de l'esprit quantique. Vous entretenez désormais une relation avec une conscience suprême et aimante.

Survol : méditation guidée de répétition mentale

Le moment est venu de vous réinventer en acquérant un nouvel état d'être qui reflète la nouvelle expression du soi. Après l'avoir fait – en suscitant un nouvel esprit et un nouveau corps –, vous répéterez cet état d'être. Vos efforts pour recréer le même état modifieront biologiquement votre cerveau et votre corps en avance sur la nouvelle expérience. Ensuite, une fois que vous serez devenu un être nouveau au cours de votre méditation, soit une nouvelle personnalité, celle-ci créera une nouvelle réalité personnelle. C'est là que, au moyen d'une énergie supérieure, vous créerez des événements spécifiques en tant qu'observateur quantique de votre destinée. Cette méditation guidée de répétition mentale comporte trois parties, mais ces parties fusionneront facilement quand vous serez rendu à la quatrième semaine (la méditation guidée de l'appendice C).

La méditation guidée de répétition mentale :
la création de votre nouvelle personnalité

Fermez les yeux, éliminez l'environnement et abandonnez-vous en « créant » la vie que vous désirez connaître.

Il s'agit d'entrer dans un nouvel état d'être. Le moment est venu de modifier votre esprit et d'entretenir des pensées différentes. Ce faisant, vous reconditionnerez émotionnellement votre corps à un nouvel esprit en envoyant aux gènes un message différent. Faites en sorte que vos pensées deviennent l'expérience souhaitée et vivez dès maintenant dans cette nouvelle réalité. Ouvrez votre cœur et soyez tellement reconnaissant en avance sur l'expérience réelle que vous convaincrez votre corps que l'événement futur se déroule dans le présent.

Choisissez une potentialité dans le champ quantique et vivez-la complètement. Il est temps de cesser de vivre dans les émotions du passé pour vivre dans celles du futur. Après la méditation, vous ne pouvez pas être la même personne qu'avant.

Pensez à ce que vous serez devenu lorsque vous ouvrirez les yeux. Planifiez vos actions en fonction de ce que vous serez dans votre nouvelle réalité. Imaginez votre nouveau soi, ce que vous direz aux autres et à vous-même. Pensez à ce que vous ressentirez dans votre nouvelle personnalité. Concevez-vous comme une nouvelle personne, faisant certaines choses, entretenant certaines pensées, et éprouvant de la joie, de l'inspiration, de l'amour, de l'autonomie, de la gratitude et du pouvoir.

Entretenez tellement intensément votre intention que vos pensées d'un nouvel idéal deviendront l'expérience et que vous passerez de la pensée à l'être en éprouvant l'émotion liée à cette expérience. Rappelez-vous ce que vous êtes réellement dans votre nouveau futur.

La répétition de votre nouvelle personnalité

Détendez-vous maintenant pendant quelques secondes. Ensuite, «revoyez», recréez et répétez ce que vous venez de faire; faites-le de nouveau. Voyons si vous pouvez le faire plusieurs fois et régulièrement.

Pouvez-vous devenir ce nouvel idéal plus facilement que la fois précédente? Pouvez-vous le faire exister une fois de plus? Vous devriez naturellement pouvoir vous rappeler qui vous devenez afin de le susciter à volonté. Vos efforts répétés vous permettront de le faire tellement de fois que vous «saurez comment». Quand vous serez dans ce nouvel état, «mémorisez ce sentiment». C'est un état merveilleux.

La création de votre nouvelle destinée

C'est maintenant le temps de commander à la matière. De cet état élevé de l'esprit et du corps, que désirez-vous dans votre vie future?

En développant votre nouvelle personnalité, entrez dans cet état d'esprit et de corps où vous êtes invincible, puissant, absolu, inspiré et débordant de joie. Laissez apparaître les images; voyez-les avec certitude, avec une connaissance qui vous unifie avec ces événements. Liez-vous à votre futur comme s'il existait déjà, sans aucune autre préoccupation que l'attente et la célébration. Maintenez clairement dans votre esprit pendant quelques secondes l'image d'une manifestation précise, puis libérez-la dans le champ quantique pour qu'elle soit réalisée par l'esprit supérieur. Passez ensuite à la suivante. Continuez. C'est là votre nouvelle destinée. Faites l'expérience de la réalité future dans l'instant présent jusqu'à ce que votre *corps soit convaincu émotionnellement que l'événement se déroule dans le présent. Ouvrez votre cœur et vivez la joie de votre nouvelle vie avant qu'elle se manifeste réellement.*

Sachez que vous placez votre énergie où vous dirigez votre attention. L'énergie que vous avez libérée du corps antérieurement est devenue la matière brute pour la création d'un nouveau futur. Dans un état de divinité, de véritable grandeur et de gratitude, créez en investissant votre énergie dans votre vie et soyez l'observateur quantique de votre futur. Enchevêtrez-vous à votre nouvelle réalité. En voyant les images des expériences que vous désirez vivre dans l'énergie de cette nouvelle personnalité, sachez qu'elles deviendront les plans de votre destinée. Vous ordonnez à la matière de se conformer à vos intentions. Quand vous aurez terminé, abandonnez-vous en sachant que votre futur se déroulera de la meilleure façon possible.

Quatrième semaine

Guide de méditation

Maintenant que vous avez lu le texte et journalisé l'étape 7, vous êtes prêt à effectuer les méditations de la quatrième semaine. Chaque jour, écoutez (ou faites de mémoire) la méditation complète de la quatrième semaine.

Un conseil utile : durant la méditation guidée, vous vous sentirez peut-être tellement bien que vous vous ferez spontanément des déclarations comme celles-ci : « Je suis riche, je suis en santé, je suis un génie. » C'est parce que vous vous sentirez réellement ainsi. C'est merveilleux. Cela signifie que l'esprit et le corps sont vraiment en harmonie. Il est important de ne pas analyser ce dont vous rêvez. Si vous le faites, vous quitterez le terrain fertile des ondes alpha pour retourner aux ondes bêta, ce qui vous séparera de votre esprit subconscient. Créez votre nouvelle personnalité sans porter de jugement.

Guide pour la suite de votre méditation

Vous venez de consacrer les quelques dernières semaines à l'apprentissage d'une technique de méditation qui pourra vous aider durant toute votre vie à évoluer et à créer l'existence que vous désirez. Vous avez également mis à profit cette nouvelle aptitude pour éliminer un aspect particulier de votre ancienne personnalité et pour créer un nouveau soi et une nouvelle destinée.

À ce stade-ci, plusieurs pourraient se poser des questions comme celles-ci :

- Comment puis-je continuer à m'améliorer dans l'accomplissement des étapes et dans la pratique de la méditation ?
- Quand j'aurai maîtrisé le processus, devrai-je continuer à l'effectuer indéfiniment ?
- Pendant combien de temps dois-je continuer à travailler sur le même aspect de ma personnalité ?
- Comment saurai-je si je suis prêt à enlever une autre « couche » ?
- En continuant à utiliser ce processus, comment choisir quel autre aspect de ma vieille personnalité je devrais modifier ensuite ?
- Puis-je travailler sur plus d'un aspect à la fois ?

Appropriez-vous ce processus méditatif

Si vous continuez à exécuter toutes les étapes quotidiennement, elles n'en feront plus qu'une au lieu de sept et le processus vous paraîtra encore plus simple. Comme pour toute aptitude que vous avez dû maîtriser dans votre vie, vous vous améliorerez constamment si vous continuez à méditer quotidiennement.

En ce qui concerne la méditation guidée et les techniques d'induction, concevez-les comme les petites roulettes de stabilisation d'un vélo pour enfant. Si leur utilisation vous a aidé pendant l'apprentissage du processus, continuez à les écouter aussi longtemps qu'elles vous aideront à avancer. Toutefois, dès que vous serez suffisamment familiarisé avec le processus pour vous l'approprier et que vous sentirez que les instructions guidées vous ralentissent, abandonnez-les.

Enlevez les couches une par une

Il est normal que vous fassiez des ajustements périodiques à vos méditations puisque vous n'êtes plus la même personne qu'au début. Si vous maintenez les séances quotidiennes, votre état d'être continuera d'évoluer et vous reconnaîtrez donc d'autres aspects de votre personnalité que vous désirez changer.

Vous êtes la seule personne à pouvoir déterminer le moment où vous serez prêt à aller plus loin. Comme nous le verrons dans le prochain chapitre, votre progrès ne dépendra pas uniquement de vos méditations, mais du fait que le changement sera devenu partie intégrante de votre existence quotidienne. En général, si vous travaillez sur un aspect particulier de vous-même pendant quatre à six semaines, vous obtiendrez sans doute suffisamment de résultats pour ressentir le besoin d'enlever une autre couche du vieux soi.

Donc, chaque mois environ, livrez-vous à une autoréflexion en repérant dans votre vie les feedbacks de votre création et en évaluant le chemin parcouru. Vous pourriez relire les questions de la troisième partie pour voir si vos réponses seraient maintenant différentes. Faites le point sur vous-même et voyez si vous affichez encore l'attitude sur laquelle vous avez travaillé. Si elle a diminué, remarquez-vous maintenant d'autres émotions, d'autres états d'esprit ou d'autres habitudes indésirables qui sont devenus plus évidents?

Si c'est le cas, une approche possible serait de vous concentrer sur cet aspect de votre personnalité et de refaire tout le processus que vous venez de terminer. Une autre approche serait de continuer à travailler sur le même aspect qu'auparavant, tout en y ajoutant celui-là.

Lorsque vous aurez maîtrisé le modèle de base de la méditation, vous pourrez combiner les émotions sur lesquelles vous travaillez, pour vous occuper de quelques aspects en même temps. Après beaucoup de pratique, je travaille moi-même sur toute ma personnalité en même temps, selon une approche holistique et non linéaire.

Bien sûr, des éléments de la nouvelle destinée que vous voulez créer vont sûrement se modifier également. Quand la nouvelle relation amoureuse ou le changement de carrière sera survenu, vous ne voudrez pas vous arrêter là. De temps en temps, vous pourrez aussi varier votre méditation afin de ne pas sombrer dans la routine. Faites confiance à votre intuition.

Faites progresser votre compréhension davantage

Si ce n'est déjà fait, je vous invite à visiter mon site Internet : **www.drjoedispenza.com.** Chaque fois que vous sentirez le besoin d'une nouvelle inspiration, vous y trouverez un éventail d'outils pratiques et de techniques pour reprogrammer vos pensées et éliminer des habitudes autodestructrices. Les prochaines étapes pourraient être celles-ci :

- Lire mon premier livre (comme compagnon de celui-ci), *Evolve Your Brain: The Science of Changing Your Mind* («Comment faire évoluer votre cerveau»), pour approfondir le savoir qui, comme vous le savez, est le précurseur de l'expérience. Ce livre vous fera découvrir la structure cérébrale, vous apprendra comment les pensées et les émotions se fixent, et vous fera comprendre qu'il ne s'agit pas uniquement de transformer votre vie, mais de *vous* transformer en la personne que vous avez toujours voulu être.

- Assister aux ateliers que je dirige personnellement un peu partout dans le monde sur le sujet du présent ouvrage.
- Participer à une série de cours télévisés en direct comportant des périodes de questions et de réponses.
- Élargir les bases de vos connaissances au moyen des DVD et des CD offerts sur mon site Internet.

Chapitre 14

LA MANIFESTATION ET LA TRANSPARENCE : VIVRE VOTRE NOUVELLE RÉALITÉ

Lorsque vous manifestez un changement extérieurement, vous avez mémorisé un ordre intérieur qui transcende tout facteur environnemental. Il maintient votre énergie à son maximum et vous fait demeurer conscient dans une nouvelle réalité, indépendamment de votre corps, de l'environnement et du temps. Comment vous comporterez-vous dans la vie quotidienne? Rappelez-vous demain votre nouvelle personnalité lorsque vous serez en famille, au travail, avec les enfants ou au resto. Pourrez-vous maintenir cet état d'être modifié? Si vous vivez concrètement dans cette même énergie qui vous a servi pour créer, il devrait survenir quelque chose de nouveau dans votre existence ; telle est la loi quantique. Quand votre comportement correspond à vos intentions, quand vos actions correspondent à vos pensées, quand vous êtes quelqu'un d'autre, vous êtes en avance sur votre temps. Vos pensées et vos émotions ne sont plus contrôlées par l'environnement ; ce sont plutôt elles qui le contrôlent. C'est la véritable grandeur, et c'était en vous depuis toujours.

Lorsque vous paraissez tel que vous êtes réellement, vous êtes libéré du passé. Quand toute cette énergie est dégagée, l'effet secondaire de cette liberté s'appelle la joie.

La manifestation : vivre votre nouvelle personnalité

Quand votre état neurochimique interne est tellement ordonné et cohérent qu'aucun stimulus du monde extérieur ne peut troubler votre être, votre esprit et votre corps travaillent en harmonie. Vous êtes un nouvel *être*. En mémorisant cet état d'être, cette nouvelle personnalité, vous verrez votre monde et votre réalité personnelle refléter ce changement intérieur. Quand l'expression extérieure du soi correspond au soi intérieur, on se dirige vers une nouvelle destinée.

Pourrez-vous maintenir ce changement dans votre vie quotidienne, de sorte que le corps ne retournera pas au vieil esprit ? Puisque les émotions sont emmagasinées dans le système mémoriel subconscient, vous devrez garder consciemment votre corps en harmonie avec votre nouvel esprit, de sorte qu'aucun élément extérieur ne vous raccroche émotionnellement à la vieille réalité. Il faut mémoriser votre nouveau soi et l'incarner avec insistance afin qu'aucun facteur de votre présente réalité ne puisse vous en écarter.

Souvenez-vous que si vous faites vos méditations adéquatement, vous passerez de la pensée à l'être. Une fois dans cet état, vous serez davantage enclin à penser et à agir en accord avec votre être.

Manifester sa nouvelle personnalité, c'est la vivre constamment

En un mot, la manifestation consiste à vivre comme si vos prières avaient déjà été exaucées. Il s'agit de vous réjouir à chaque instant avec un enthousiasme renouvelé, en vous rappelant que vous devez être dans le même état d'esprit et de corps qu'au moment où vous avez créé votre nouvel idéal. On ne peut pas créer une nouvelle personnalité durant les méditations et ensuite vivre l'ancienne pendant tout le reste de la journée. Ce serait comme de prendre un déjeuner très sain et de passer ensuite le reste de la journée à consommer de la malbouffe.

Pour qu'une nouvelle expérience survienne dans votre réalité, vous devez accorder votre comportement avec votre objectif, faire correspondre vos pensées et vos actes, effectuer des choix conformes à votre nouvel état d'être. Lorsque vous manifestez votre changement intérieur, vous appliquez concrètement ce que vous avez répété mentalement, en amenant le corps à faire ce que l'esprit a appris.

Par conséquent, pour voir apparaître des signes dans votre vie, il vous faut vivre dans la même énergie que celle avec laquelle vous les avez créés. Pour le dire simplement : si vous voulez que l'univers vous réponde d'une façon inhabituelle, vous devez manifester dans votre existence la même énergie et le même esprit que pendant vos méditations. Vous serez alors connecté ou enchevêtré à l'énergie que vous aurez créée hors de l'espace et du temps, et c'est ainsi que vous attirerez de nouveaux événements.

Quand les deux aspects du soi sont en harmonie, la personnalité qui vit dans l'instant présent est la même que celle qui a été construite pendant la méditation. Vous *êtes le futur soi* qui existait potentiellement dans le champ quantique. Si le nouveau soi créé durant les méditations a exactement la même signature électromagnétique que la personnalité future que vous incarnez dans le présent, vous serez alors uni à cette nouvelle destinée. Lorsque vous « ne ferez qu'un physiquement dans l'instant présent » avec la personnalité que vous aurez rêvée, vous récolterez une nouvelle réalité. L'ordre supérieur vous répondra.

Attendez-vous au feedback

Le feedback que vous recevrez résultera de la correspondance entre l'état d'être/énergie de votre processus créateur et l'état d'être/énergie de votre processus de manifestation. Il s'agit « d'être » sur le plan de la manifestation cet être que vous avez inventé. Vous devez vivre dans la ligne temporelle de la réalité physique présente. Par conséquent, si vous maintenez pendant toute la journée ce nouvel état d'esprit et de corps, quelque chose de nouveau devrait apparaître dans votre vie.

Quel type de feedback devrait survenir ? Attendez-vous à des synchronies, à des occasions, à des coïncidences, à des changements faciles, à une meilleure santé, à des intuitions, à des révélations, à des expériences mystiques et à de nouvelles relations. Le feedback vous inspirera à poursuivre le processus.

Quand un feedback extérieur résultera de votre activité intérieure, vous ferez naturellement le lien entre les deux. Ce sera là un moment de renouveau en soi, qui vous prouvera que vous vivez désormais selon la loi quantique. Vous serez étonné que ce feedback résulte directement de la transformation de votre esprit et de vos émotions.

Lorsque vous associerez votre activité implicite à sa manifestation explicite, vous vous souviendrez de ce que vous aurez fait pour produire ce résultat et vous recommencerez. En connectant votre monde intérieur aux effets manifestés dans le monde extérieur, vous « causerez un effet » au lieu de vivre selon la loi de cause à effet. Vous créerez la réalité.

Voici un test. Pouvez-vous être la même personne dans votre environnement extérieur que celle que vous étiez dans votre environnement intérieur pendant que vous méditiez ? Pouvez-vous transcender votre environnement présent, qui est lié à votre personnalité passée, à vos vieux souvenirs et aux anciennes associations ? Êtes-vous capable de mettre fin à vos réactions habituelles dans les mêmes situations ? Avez-vous conditionné votre corps et votre esprit à devancer votre réalité présente ?

C'est la raison pour laquelle nous méditons. Pour devenir quelqu'un d'autre dans notre vie.

Manifestez le plan de votre nouvelle personnalité dans l'équation de votre vie

Prenez soin de maintenir l'énergie de votre nouvelle personnalité durant toute la journée. Incitez-vous à rester conscient à divers moments. Vous pouvez vous stimuler en plaçant des petites notes de conscience sur le canevas de votre vie.

Par exemple :

Je veux rendre grâce pour divers aspects de ma vie lorsque je prends ma douche matinale. Je dois rester sur la bonne voie pendant que je roule vers mon travail, afin d'être joyeux durant tout le trajet. Quel sera le comportement de mon nouvel idéal quand je reverrai mon patron ? À l'heure du lunch, je prendrai un moment pour me rappeler ce que je veux être. Lorsque je retrouverai mes enfants à la fin de la journée, je serai dans un état d'être élevé, j'aurai beaucoup d'énergie et nous communiquerons vraiment. Je prendrai une minute avant de dormir pour me rappeler qui je suis.

Questions de fin de journée

- Comment me suis-je comporté aujourd'hui ?
- À quel moment ai-je failli à mon idéal et pourquoi ?
- À qui ai-je réagi et où ?
- À quel moment suis-je devenu « inconscient » ?
- Comment puis-je faire mieux la prochaine fois ?

Avant d'aller au lit, il serait peut-être bon de retrouver à quel moment de la journée vous avez perdu votre nouvel idéal. Quand vous l'aurez identifié, posez-vous ces simples questions : « Si cette situation se reproduisait, me comporterais-je autrement ? » et « Quel savoir philosophique pourrais-je appliquer à cette situation si elle se présentait de nouveau ? ».

Dès que vous aurez une réponse solide et que vous y aurez réfléchi un peu, vous vous trouverez à répéter mentalement un nouvel élément et à installer un nouveau réseau neuronal dans votre cerveau pour vous préparer à l'événement éventuel. Cette petite activité vous aidera à améliorer le modèle de votre nouvelle personnalité. Vous pourrez alors ajouter cet élément à votre méditation du matin ou du soir.

La transparence : passer de l'intérieur à l'extérieur

Dans la transparence, nous apparaissons tels que nous sommes et nos pensées et nos émotions se reflètent dans notre environnement extérieur. Cet état atteint, notre vie et notre esprit sont synonymes. Nous nous trouvons en parfaite relation avec toutes nos créations extérieures car notre existence reflète notre esprit dans tous les domaines. Nous sommes notre vie, laquelle est notre reflet. Si l'environnement est une extension de l'esprit, comme le suggère la physique quantique, notre vie se réorganise afin de refléter notre *nouvel* esprit.

La transparence est un état de parfaite autonomie dans lequel votre rêve de transformation personnelle s'est réalisé. Vous avez acquis la sagesse de l'expérience, transcendant l'environnement et votre réalité passée.

Le signe révélateur de votre transparence, c'est que vous n'avez plus autant de pensées analytiques ou critiques. Vous ne voudriez plus entretenir de telles pensées car elles vous éloigneraient de votre état présent. Comme l'effet secondaire de la transparence est la joie véritable, une meilleure énergie et la liberté d'expression, toute pensée liée à l'ego abaisserait votre état intérieur.

Un moment viendra où…

Quand votre vie sera remplie d'événements inattendus et merveilleux, un moment viendra où vous serez ahuri de réaliser que ce sont là des créations de votre esprit. Dans votre ravissement, vous jetterez un regard rétrospectif sur votre vie et vous ne voudrez plus rien y changer. Vous ne regretterez aucune action passée car tout prendra son sens dans ce moment de manifestation. Vous verrez comment votre passé vous aura conduit à cette situation inespérée.

À la suite de vos efforts, la conscience de l'esprit supérieur sera devenue votre esprit conscient ; sa nature sera désormais la vôtre. Vous serez devenu naturellement plus divin. C'est ce que vous êtes réellement. C'est votre état d'être naturel.

Lorsque le donneur de vie invisible commencera à vous habiter, vous vous sentirez mieux que jamais. Ces traumatismes qui ont laissé des cicatrices émotionnelles ont décentré votre vraie personnalité et vous êtes devenu plus compliqué, plus polarisé, plus divisé, plus incohérent et plus prévisible. Quand vous démémoriserez ces émotions de survie qui abaissent naturellement la fréquence vibratoire de l'esprit et du corps, vous vous élèverez à une expression électromagnétique supérieure et vous vous libérerez en vous ouvrant à la force supérieure que vous finirez par devenir.

En fin de compte, cette force supérieure et vous n'êtes qu'un. Vous êtes un. Vous ressentez l'énergie cohérente de l'amour. Votre *intérieur* manifestera alors un état inconditionnel.

* * * * *

Une fois que vous aurez goûté au fruit de la conscience, vous vous heurterez peut-être à un paradoxe. Il est fort possible que vous vous sentiez tellement complet que vous n'aurez plus aucun désir. Cette dichotomie fut pour moi une véritable découverte.

Les désirs proviennent d'un manque quelconque : manque de quelque chose, de quelqu'un, d'un lieu ou d'une époque. Vraiment connecté à cette conscience, j'ai vécu des moments où il m'était difficile de penser à quoi que ce soit d'autre parce que j'étais trop bien ainsi. Je me sentais tellement complet que je n'avais nulle envie de quitter cet état.

Le paradoxe, c'est qu'on n'a plus besoin de rien quand on a atteint cet état créateur, parce que le manque qui nous faisait désirer telle ou telle chose a disparu, remplacé par le sentiment de complétude. On ne désire donc plus que prolonger cette sensation d'équilibre, d'amour et de cohérence.

Pour moi, c'est là le début de l'amour inconditionnel. Ressentir de l'amour et de l'émerveillement pour la vie sans avoir besoin de rien d'autre, c'est la liberté. On n'est plus attaché à des éléments extérieurs. Ce sentiment est si cohérent que l'on se compromettrait si l'on jugeait quelqu'un ou si l'on réagissait émotionnellement à la vie quand on est dans cet état. C'est là que la conscience supérieure à laquelle nous sommes tous reliés commence à s'exprimer *à travers* nous. Nous passons de l'humain au divin. Nous devenons davantage attentifs, puissants, généreux, intentionnels, aimables et en santé.

Quelque chose d'autre se produit également. Quand on se sent joyeux et inspiré, on veut partager ce sentiment avec quelqu'un. Comment le faire? En donnant. Vous vous dites : « Je me sens tellement bien que je veux que vous éprouviez la même chose. Voici donc un cadeau. » Vous donnerez alors aux autres pour qu'ils ressentent intérieurement le cadeau que vous leur faites. Vous êtes désintéressé. Imaginez un monde comme celui-là !

Si toutefois vous pouvez créer une nouvelle réalité à partir de cette complétude intérieure, sachez que vous le ferez depuis un état de conscience qui ne sera plus séparé de vos désirs. Vous serez en union absolue avec votre création. Et si vous pouvez vous glisser tout naturellement dans celle-ci et oublier tout ce qui est relié à votre ancienne personnalité, vous éprouverez une si grande exubérance que vous sentirez que la création sur laquelle vous vous concentrez vous appartient. Ce sera comme de frapper une balle de tennis en plein dans le mille, ou comme réaliser un créneau impeccable en un instant et sans l'aide de vos rétroviseur : vous éprouverez un sentiment de perfection. Vous saurez.

* * * * *

Voici comment je termine ma méditation quotidienne. Libre à vous de faire de même.

Fermez les yeux. Prenez conscience de l'existence d'une intelligence en vous et partout autour de vous. Elle est bien réelle. Sachez que cette conscience vous observe et qu'elle connaît vos intentions. Son pouvoir créateur se situe hors du temps et de l'espace.

Dans votre cheminement pour dépasser les désirs du corps et les caprices de l'ego, vous avez atteint cette dernière étape. Si cette conscience existe réellement, demandez un signe pour savoir que vous l'avez réellement contactée. Dites à cette conscience créatrice : « Si je vous imite aujourd'hui en tant que créateur, envoyez-moi un signe sous forme de feedback dans mon monde extérieur pour que je sache que vous reconnaissez mes efforts. Faites-le de la façon la plus inattendue, qui me réveillera de ce rêve et ne laissera planer aucun doute sur le fait que vous en êtes à l'origine, afin que je sois inspiré à refaire la même chose demain. »

Je rappelle ici ce que j'ai affirmé dans le chapitre sur le champ quantique. Si le feedback vous parvient d'une façon prévisible, il n'y a alors rien de nouveau. Résistez à la tentation d'attribuer de la nouveauté et de l'imprévisibilité à ce qui vous est familier. Dans votre nouvelle vie, vous devez être ébahi et, en un sens, pris par surprise, non par ce qui vous arrive, mais par la façon dont cela se présente.

Quand vous éprouvez de la surprise, vous vous éveillez du rêve, et la nouveauté de ce qui vous arrive est tellement excitante qu'elle capte toute votre attention. Vous sortez de vos émotions normales. Quand « ne plane aucun doute », c'est que vous êtes tellement satisfait que vous savez que votre activité est efficace. Vous savez que cet événement inhabituel ne peut provenir que de l'esprit supérieur.

L'expérience ultime

Vous êtes maintenant en relation avec la conscience supérieure puisqu'elle vous répond. Vous êtes seul à savoir que votre activité intérieure affecte l'extérieur. Si vous le savez, vous devriez être inspiré à faire la même activité le lendemain. Essentiellement, vous pouvez utiliser l'émotion de la nouvelle expérience comme une énergie pour créer le prochain événement. Vous êtes comme un scientifique ou un explorateur, faisant des expériences et mesurant les résultats de vos efforts.

Notre but dans la vie n'est pas d'être bon, de plaire à Dieu, d'être beau, d'être populaire ou de réussir. Notre but est plutôt d'enlever les masques et les façades qui bloquent le flux de cette intelligence supérieure et d'exprimer cet esprit *à travers* nous-mêmes. De devenir autonomes par nos efforts créateurs et de poser de plus grandes questions qui nous conduiront inévitablement à une destinée plus riche. De nous attendre à des miracles plutôt qu'aux pires scénarios et de vivre comme si ce pouvoir était en notre faveur. D'envisager l'inhabituel, de contempler nos réalisations dues à l'emploi de ce pouvoir invisible et d'ouvrir notre esprit à des possibilités plus grandes. Tout cela nous force à évoluer, à laisser ce pouvoir s'exprimer davantage à travers nous.

Par exemple, si nous nous guérissons d'une maladie, cela devrait nous inciter à poser des questions plus poussées : « Puis-je guérir quelqu'un d'autre par le contact ? Si je réalise cet exploit, est-il possible de guérir quelqu'un à distance ? » Une fois que vous maîtriserez cette possibilité parce que vous aurez modifié la matière physique de cette personne, vous pourriez vous demander ceci : « Puis-je créer quelque chose à partir de rien ? »

Jusqu'où pouvons-nous aller ainsi ? Cette aventure n'a pas de limites. Nous ne sommes limités que par les questions que nous posons, par le savoir que nous acquérons, et par notre aptitude à garder notre cœur et notre esprit ouverts.

POSTFACE

Habiter le soi

L'un des pires mensonges que nous ayons crus concernant notre vraie nature, c'est que nous ne serions rien de plus que des êtres physiques limités par la réalité matérielle, sans dimension ni énergie vitale, et séparés de Dieu, lequel – j'espère que vous l'avez maintenant compris – se trouve en nous et partout autour de nous. Non seulement l'ignorance de notre vérité est-elle asservissante, mais elle implique que nous serions des êtres finis vivant une existence linéaire sans aucune signification réelle.

Il ne faut pas croire qu'il n'existe aucune réalité ni aucune vie au-delà du monde physique et que nous n'avons aucun contrôle sur notre destinée. Ce n'est pas la vérité. Je souhaite que la matière contenue dans ce livre vous ait aidé à savoir qui vous êtes vraiment.

Vous êtes un être multidimensionnel qui crée sa réalité. Je me suis efforcé de vous faire accepter cette idée comme une loi personnelle et une nouvelle croyance. *Rompre avec soi-même*, cela veut dire renoncer à sa personnalité pour en créer une nouvelle.

Entre les deux, il y a un intervalle où tout nous est inconnu, et la plupart retournent alors à leur monde familier. Pour tous les mystiques, cette période d'incertitude, l'inconnu, est un terrain fertile.

Quand on vit dans le domaine de l'imprévisible, toutes les potentialités existent en même temps. Pouvez-vous être à l'aise dans ce vide ? Si oui, vous êtes à la croisée d'un grand pouvoir créateur, celui du « Je suis ».

Lorsque nous nous changeons biologiquement, énergétiquement, physiquement, émotionnellement, chimiquement, neurologiquement et génétiquement, pour cesser de vivre en croyant inconsciemment que la compétition, le conflit, le succès, la gloire, la beauté physique, la sexualité, les biens matériels et le pouvoir constituent les grandes priorités de l'existence, nous nous libérons des chaînes terrestres. J'ai peur que cette fausse recette de succès nous ait fait chercher des solutions ainsi que le bonheur à l'extérieur de nous alors que les vraies réponses et la véritable joie se trouvent en nous depuis toujours.

Comment alors trouver notre vrai soi, et où ? Nous créons-nous une personnalité déterminée par les associations avec l'environnement extérieur et perpétuant le mensonge ? Ou bien nous identifions-nous à quelque chose d'intérieur qui est aussi réel que ce qui est extérieur et créons-nous alors une identité unique ? Quelque chose d'intérieur qui posséde une conscience et un esprit que nous pouvons imiter ?

Voilà. Cette ressource infinie, personnelle et universelle, d'information et d'intelligence est intrinsèque à tous les êtres humains. C'est une conscience énergétique tellement cohérente que nous ne pouvons que l'identifier à l'amour si elle passe en nous. Lorsque la porte s'ouvre, sa fréquence vibratoire porte une information si vitale qu'elle nous transforme intérieurement. J'ai recherché humblement cette expérience toute ma vie.

Sachez que vous y avez accès en tout temps si vous en faites le choix. En revanche, si vous vivez en matérialiste, vous lutterez contre son existence. Pourquoi ? Parce que les individus réalistes se servent de leurs sens pour définir la réalité ; ce qu'ils ne peuvent pas voir, goûter, sentir, toucher ni entendre n'existe pas. Cette dualité est la formule parfaite pour garder les gens dans l'illusion. Si l'on maintient leur attention sur une réalité extérieure qui finit par être sensuellement agréable ou chaotique, il leur est trop difficile de s'intérioriser. Nous plaçons notre énergie où nous dirigeons notre attention. Dirigez celle-ci entièrement sur le monde matériel et ce sera là votre investissement dans la réalité. En revanche, commandez à votre esprit de dévoiler un aspect profond de vous-même et votre énergie en élargira la perception. En tant qu'être humain, vous avez la liberté de développer, diriger votre conscience sur n'importe quoi et la faculté de développer, gérer et utiliser adéquatement ce grand pouvoir. Tout ce sur quoi se portent vos pensées et votre conscience devient votre réalité.

Si vous cessez de croire que la pensée est réelle, vous retomberez dans le matérialisme et vous interromprez votre travail sur vous-même. Vous choisirez simplement une dépendance ou une habitude émotionnelle pour éprouver une satisfaction immédiate et vous écarterez toutes les autres possibilités.

Voici le dilemme : la réalité future que nous créons intérieurement ne nous fournit pas immédiatement un feedback sensoriel, et, selon le modèle quantique, nos sens devraient être les derniers à percevoir ce que nous créons. C'est pourquoi tant d'entre nous adoptent de nouveau la loi matérialiste et redeviennent inconscients.

Je vous rappelle que toutes les choses matérielles proviennent du champ invisible de la réalité immatérielle, hors du temps et de l'espace. Pour le dire simplement : si vous plantez des graines dans ce monde, vous récolterez des fruits. Si vous rêvez très intensément d'une expérience sur le plan mental et émotionnel, elle est déjà arrivée. Il suffit de vous y abandonner pour qu'elle surgisse dans votre vie concrète. Telle est la loi quantique.

Voici toutefois la partie la plus difficile du processus : *prendre le temps de s'y livrer réellement*. Nous sommes des créatures divines. C'est ce que nous faisons lorsque nous sommes inspirés et assoiffés de connaissance. Or, nous sommes aussi des créatures d'habitudes. Nous développons des habitudes pour tout. Nous possédons trois cerveaux qui nous permettent de passer du *savoir* à *l'expérience* et à la *sagesse*. Pour rendre implicite par la répétition expérientielle tout ce que nous apprenons, nous pouvons enseigner au corps à devenir l'esprit ; c'est là notre définition d'une habitude.

Le problème, c'est que nous avons développé des habitudes qui limitent notre vraie grandeur. Les émotions de survie, qui créent facilement une dépendance, nous font vivre d'une façon limitée, séparés de la Source, en oubliant que nous sommes des créateurs. En fait, les états d'esprit correspondants et liés au stress sont la vraie raison pour laquelle nous sommes contrôlés par nos émotions, nous vivons à un bas niveau énergétique et nous sommes prisonniers d'une série de croyances fondées sur la peur. Ces états psychologiques prétendument normaux sont acceptés par la plupart comme étant ordinaires et communs. Ils constituent les vrais « états altérés » de conscience.

C'est pourquoi j'insiste sur le fait que l'anxiété, la dépression, la frustration, la colère, la culpabilité, la souffrance, l'inquiétude et la tristesse – les émotions éprouvées régulièrement par des milliards d'individus – sont les raisons pour lesquelles les masses vivent dans le déséquilibre et dans un état qui n'est pas leur véritable soi. Peut-être que les états altérés de conscience atteints en méditation lors de véritables expériences mystiques sont en réalité des états de conscience « naturels » que nous devrions nous efforcer de vivre régulièrement. C'est là ma vérité personnelle.

Il est temps de se réveiller et de donner l'exemple vivant de la vérité. Il ne suffit pas d'adopter ces connaissances ; il est temps de les vivre, de les manifester dans tous les secteurs de notre vie. Quand nous « incarnons » ces idéaux et que nous en faisons une habitude, ils deviennent une partie intégrante de nous-mêmes.

Puisque nous sommes conçus pour créer des habitudes, pourquoi ne pas prendre celle de la vraie grandeur, de la compassion, du génie, de l'ingénuité, de l'autonomie, de l'amour, de la conscience éveillée, de la générosité, de la guérison, de la manifestation quantique et de la divinité ? Pour enlever nos couches émotionnelles, nous avons mémorisé notre identité. Éliminer les limites égoïstes auxquelles nous avons donné tant de pouvoir, abandonner les fausses croyances et perceptions concernant la nature de la réalité et du soi, dépasser nos accoutumances neuronales à des traits destructeurs qui minent sans cesse notre évolution et renoncer aux attitudes qui nous ont empêchés de connaître notre vraie nature, tout cela contribue à la découverte du soi véritable.

Le soi comporte un être bienveillant qui attend derrière tous ces voiles. C'est ce que nous sommes lorsque nous ne nous sentons pas menacés, que nous n'avons pas peur de perdre quelque chose, que nous n'essayons pas de plaire à tout le monde, que nous ne cherchons pas à atteindre le sommet à tout prix, que nous ne regrettons pas le passé, ou que nous ne nous sentons pas inférieurs, désespérés ni cupides, etc. Quand nous surmontons tout ce qui fait obstacle à notre pouvoir infini, nous réalisons une action noble non seulement pour nous-mêmes, mais pour l'humanité entière.

La plus importante habitude à perdre est celle de rester dans sa vieille personnalité, et la meilleure habitude à prendre est celle d'exprimer le divin à travers soi. C'est alors que l'on habite sa vraie nature et sa véritable identité, que l'on *habite le soi.*

Annexe A

L'INDUCTION PAR LES PARTIES DU CORPS
(Première semaine)

Prenez conscience que vos lèvres occupent un certain espace et percevez le volume de cet espace qu'elles occupent... dans l'espace[1]*...*

Prenez conscience que votre mâchoire occupe un certain espace et percevez le volume de cet espace qu'elle occupe... dans l'espace...

Prenez conscience que vos joues occupent un certain espace et percevez la densité de cet espace qu'elles occupent... dans l'espace...

Prenez conscience que votre nez occupe un certain espace et percevez le volume de cet espace qu'il occupe... dans l'espace...

Prenez conscience que vos yeux occupent un certain espace et percevez la densité de cet espace qu'ils occupent... dans l'espace...

Prenez conscience que votre front et vos tempes occupent un certain espace et percevez le volume de cet espace qu'ils occupent... dans l'espace...

Prenez conscience que tout votre visage occupe un certain espace et percevez la densité de cet espace qu'il occupe... dans l'espace...

Prenez conscience que vos oreilles occupent un certain espace et percevez la densité de cet espace qu'elles occupent... dans l'espace...

Prenez conscience que votre tête occupe un certain espace et percevez le volume de cet espace qu'elle occupe... dans l'espace...

Prenez conscience que votre cou occupe un certain espace et percevez la densité de cet espace qu'il occupe... dans l'espace...

Prenez conscience que votre torse occupe un certain espace ; percevez la densité de cet espace occupé par votre poitrine, vos côtes, votre cœur et vos poumons, votre dos, vos omoplates, vos épaules... Percevez la densité de cet espace occupé par votre torse... dans l'espace...

Prenez conscience que vos membres supérieurs occupent un certain espace et percevez le poids de cet espace occupé dans l'espace par vos épaules, vos bras, vos coudes et vos avant-bras, vos poignets et vos mains... dans l'espace...

Prenez conscience que votre torse inférieur occupe un certain espace et percevez le poids de cet espace occupé par votre abdomen, vos flancs, vos côtes, jusqu'au bas de la colonne vertébrale et en remontant... Percevez le volume d'espace occupé par tout votre torse inférieur... dans l'espace...

Prenez conscience que vos extrémités inférieures occupent un certain espace et percevez la densité de cet espace occupé par vos fesses, votre aine, vos cuisses, vos genoux, vos tibias et vos mollets... Percevez le poids de l'espace occupé par vos chevilles et vos orteils... dans l'espace...

Prenez maintenant conscience que tout votre corps occupe un certain espace... Percevez la densité de cet espace occupé par tout votre corps... dans l'espace...

Prenez conscience de l'espace qui entoure votre corps dans l'espace et percevez le volume de l'espace occupé dans l'espace par l'espace qui entoure votre corps... Percevez l'espace que constitue cet espace... dans l'espace...

Prenez conscience que toute la pièce occupe un certain espace. Percevez le volume de l'espace occupé par cette pièce... dans l'espace...

Prenez conscience que tout cet espace occupe un certain espace dans l'espace et percevez le volume de l'espace occupé par cet espace... dans l'espace...

Annexe B

L'INDUCTION PAR L'EAU MONTANTE
(Première semaine)

Pour cette technique d'induction, il s'agit de vous abandonner entièrement dans votre corps, de laisser l'eau chaude détendre vos tissus et de vous laisser consumer par ce liquide. Je vous recommande de vous asseoir sur une chaise, les pieds posés à plat sur le sol et les mains reposant sur vos genoux.

Imaginez que de l'eau chaude monte lentement dans la pièce. Tandis qu'elle recouvre d'abord vos pieds et vos chevilles, ressentez sa chaleur bienfaisante...

Elle monte maintenant plus haut, dépassant vos mollets, jusque sous vos genoux ; percevez le poids de vos jambes sous l'eau...

Détendez-vous lorsque l'eau atteint vos genoux et monte par-dessus vos cuisses... Lorsqu'elle entoure celles-ci, sentez vos mains immergées... Percevez la chaleur de l'eau qui consume vos poignets et vos avant-bras...

Prenez conscience de l'eau calmante qui entoure vos fesses, votre aine et l'intérieur de vos cuisses...

Tandis que l'eau monte jusqu'à votre taille, sentez-la submerger vos avant-bras et vos coudes...

Tandis que l'eau chaude continue à monter jusqu'à votre plexus solaire, remarquez qu'elle est rendue jusqu'à la moitié de vos bras...

Percevez maintenant le poids de votre corps, immergé jusqu'à la cage thoracique, et sentez le liquide chaud consumer vos bras...

Laissez ensuite l'eau encercler votre poitrine et vos omoplates...

Alors qu'elle monte jusqu'à votre cou, laissez-la recouvrir vos épaules... et, du cou jusqu'aux pieds, ressentez le poids et la densité de votre corps immergé dans ce liquide chaud...

Maintenant, alors que l'eau dépasse votre cou, sentez celui-ci immergé jusqu'au menton...

Laissez ensuite l'eau monter jusqu'à vos lèvres et autour de votre tête... Lorsqu'elle dépasse votre nez, détendez-vous et laissez-vous consumer jusqu'à ce qu'elle atteigne vos yeux...

Laissez-la monter au-dessus des yeux et ressentez tout votre corps ainsi immergé dans ce liquide chaud. Sentez l'eau monter jusqu'à votre front, puis recouvrir peu à peu le sommet de votre tête.

Maintenant, abandonnez-vous dans cette eau chaude et calmante, ressentez l'apesanteur de votre corps ainsi immergé. Laissez votre corps percevoir sa propre densité dans ce liquide...

Percevez le volume de l'eau autour de votre corps et l'espace dans lequel votre corps se trouve sous l'eau. Prenez conscience de toute la pièce submergée. Percevez l'espace occupé par la pièce consumée par l'eau chaude... et, pendant quelques instants, ressentez votre corps flottant dans cet espace...

Annexe C

L'INTÉGRATION DE TOUS LES ÉLÉMENTS
(Deuxième, troisième et quatrième semaines)

Vous pouvez commencer cette méditation en faisant l'induction par les parties du corps, décrite dans l'appendice A, ou l'induction par l'eau montante, décrite dans l'appendice B, ou par toute autre méthode que vous avez déjà utilisée ou que vous avez conçue vous-même.

Fermez les yeux et respirez lentement et profondément à quelques reprises pour détendre l'esprit et le corps. Inspirez par le nez et expirez par la bouche. Respirez longuement, lentement et régulièrement. Inspirez rythmiquement et expirez jusqu'à ce que vous soyez dans l'instant présent. Quand on est dans le moment présent, on entre dans un univers de possibilités...

La puissante intelligence qui vous habite vous donne la vie et vous aime plus que tout. Quand votre volonté correspond à la sienne, quand votre esprit correspond au sien, quand votre amour de la vie correspond au sien, elle répond toujours. Elle sera en vous et partout autour de vous, et les résultats de vos efforts vous en fourniront la preuve. Transcender l'environnement, les conditions de votre existence, les émotions mémorisées par le corps, transcender le corps et le temps, c'est toucher le manteau divin. Votre destinée est alors le reflet d'un esprit supérieur avec lequel vous avez créé. Aimez-vous suffisamment pour le faire…

Deuxième semaine

La reconnaissance. *Vous ne pouvez pas créer un nouveau futur si vous entretenez les émotions du passé. Quelle était l'émotion que vous vouliez démémoriser ? Rappelez-vous la sensation qu'elle créait dans votre corps… Et reconnaissez l'état d'esprit familier qui est régi par cette émotion…*

L'admission. *Le moment est venu de réveiller votre pouvoir intérieur, de vous présenter à lui et de lui dire ce que vous voulez changer en vous-même. Commencez par admettre pour lui ce que vous avez été et ce que vous avez caché. Dans votre esprit, parlez-lui. Rappelez-vous qu'il est réel. Il vous connaît déjà. Il ne vous juge pas. Il ne fait qu'aimer…*

Dites-lui ceci : « Conscience universelle qui m'habite et qui m'entoure, j'ai été _____ et je veux vraiment sortir de cet état d'être limité… »

La déclaration. *C'est le temps de libérer le corps de l'esprit, de réduire l'écart entre ce que vous êtes et ce que vous paraissez être, de libérer votre énergie. Dégagez votre corps des liens émotionnels familiers vous connectant à chaque objet, à chaque lieu et à chaque personne de votre réalité passée et présente. C'est le temps de libérer votre énergie. Dites à voix haute l'émotion que vous voulez changer et libérez-la de votre corps comme de votre environnement. Dites-la maintenant…*

L'abandon. *Le moment est venu d'abandonner cet état d'être à l'esprit supérieur et de demander à celui-ci de résoudre la situation de la meilleure façon. Pouvez-vous remettre le contrôle à une* *autorité supérieure qui possède déjà les solutions ? Abandonnez-vous à cet esprit infini en sachant que cette intelligence est absolument réelle. Elle attend simplement, dans l'admiration et la volonté. Elle répond seulement si vous lui demandez de l'aide. Abandonnez vos limites à une intelligence omnisciente. Ouvrez simplement la porte et laissez tout aller. Dites-lui ceci : « Esprit infini, je vous donne mes _____. Prenez-les et transformez cette émotion en sagesse. Libérez-moi de mon passé. » Maintenant, ressentez cette libération...*

Troisième semaine

L'observation et le rappel. *Il faut maintenant vous assurer qu'aucune pensée, aucun comportement, aucune habitude qui vous ferait revenir au vieux soi ne passeront inaperçus. Pour en être certain, prenez conscience des états d'esprit et des états de corps inconscients : quelles étaient vos pensées quand vous éprouviez cette émotion ? Que vous disiez-vous à vous-même ? Quelle voix écoutiez-vous, dont vous ne voulez plus comme réalité ? Observez ces pensées...*

Commencez à vous séparer de ce programme. Comment vous comportiez-vous auparavant ? Que disiez-vous ? Prenez conscience de ces états inconscients, au point qu'ils ne passent plus jamais inaperçus...

Le simple fait d'objectiver l'esprit subjectif et d'observer le programme signifie que vous n'êtes plus ce programme. *Votre objectif est la conscience. Rappelez-vous ce que vous ne voulez plus être, quelles pensées vous ne désirez plus entretenir, quels comportements vous ne voulez plus avoir et quelles émotions vous ne voulez plus éprouver. Familiarisez-vous avec tous les aspects de la vieille personnalité et contentez-vous d'observer. Avec une ferme intention, faites le choix de ne plus être cette personne-là et laissez l'énergie de votre décision devenir une expérience mémorable...*

La réorientation. *C'est maintenant le moment de jouer au « jeu du changement ». Imaginez trois scénarios où votre vieille personnalité pourrait ressurgir. Quand elle ressurgira, dites à haute voix : « Change ! » Tout d'abord, imaginez qu'un matin, en prenant votre douche et en vous préparant à votre journée, vous sentez réapparaître cette émotion familière. À l'instant où vous vous en apercevez, vous dites « Change ! » et vous changez. Parce que cette émotion n'est pas de l'amour de soi. Il est inutile d'envoyer encore une fois ce même signal aux gènes. Les cellules nerveuses qui ne sont plus stimulées ensemble ne se relient plus entre elles. Vous contrôlez cela…*

Ensuite, imaginez-vous en voiture sur la route au milieu de la journée et sentant soudain cette émotion familière remonter à la surface et suscitant les mêmes pensées. Que faites-vous ? Vous dites : « Change ! » Parce que les effets de la santé et du bonheur sont tellement plus importants qu'un retour au vieux soi. Au fait, cette émotion n'a jamais été de l'amour de soi. De plus, chaque fois que vous changez d'état, vous savez que les cellules nerveuses qui ne sont plus stimulées ensemble ne se relient plus entre elles et que vous n'envoyez plus le même signal à vos gènes…

Enfin, jouez au jeu du changement une troisième fois. Imaginez qu'un soir, avant de vous coucher, vous sentez la même vieille émotion réapparaître pendant que vous tirez les couvertures. Vous êtes alors tenté d'adopter de nouveau le comportement de votre ancienne personnalité. Que faites-vous ? Vous dites : « Change ! » Parce que les cellules nerveuses qui ne sont plus stimulées ensemble ne se relient plus entre elles. L'envoi du même signal qu'auparavant à vos gènes n'est pas de l'amour de soi. Ni rien ni personne ne vaut la peine que vous fassiez une telle chose. Vous contrôlez désormais ce processus…

Quatrième semaine

La création. *Quelle est donc la meilleure expression possible de vous-même ? Quelles seraient les pensées et les actions d'un grand personnage ? Comment vivrait un tel individu ? De quelle façon aimerait-il ou aimerait-elle ? Quelle sensation la grandeur produit-elle ?*

Entrez maintenant dans un nouvel état d'être. Le moment est venu de changer d'énergie et d'émettre une toute nouvelle signature énergétique. Quand on change d'énergie, on change de vie. Que la pensée devienne l'expérience et que cette expérience produise une émotion élevée, de sorte que le corps croira émotionnellement que la personnalité future vit déjà...

Envoyez à vos gènes un signal différent. Faites vivre au corps une émotion en avance sur l'événement réel. Tombez amoureux de votre nouvel idéal. Ouvrez votre cœur et reconditionnez votre corps à un nouvel esprit...

Que l'expérience intérieure devienne une humeur, puis un tempérament et finalement une nouvelle personnalité...

Entrez dans un nouvel état d'être... Que ressentiriez-vous si vous étiez telle personne ? Vous devez sortir transformé de votre méditation. Vous devez éprouver tellement de gratitude que votre corps se mettra à changer avant l'événement réel, et accepter d'incarner déjà ce nouvel idéal...

Devenez cet idéal...

Vous êtes maintenant autonome, libre, illimité, créatif, génial, divin...

Libérez cela dans le champ quantique...

La répétition. *Maintenant, comme les pianistes qui ont modifié leur cerveau et comme les autres sujets qui, en exerçant leurs doigts, on modifié leur corps, récidivons. Pouvez-vous créer de nouveau votre nouvelle personnalité ?...*

Stimulons un nouvel esprit et reconditionnons le corps à une nouvelle émotion. Familiarisez-vous avec un nouvel état d'esprit et de corps. Quelle est la meilleure expression de vous-même *? Adoptez-en les pensées encore une fois…*

Que vous diriez-vous à vous-même, quel serait votre maintien, quels seraient votre comportement et votre style de vie, quel serait votre sentiment ? Ressentez émotionnellement ce nouveau soi au point d'entrer dans un nouvel état d'être…

Il est temps de changer d'énergie de nouveau et de vous rappeler la sensation que vous procure votre nouvelle personnalité. Donnez de l'expansion à votre cœur…

Qui voudrez-vous être lorsque vous rouvrirez les yeux ? Vous envoyez un nouveau signal à vos gènes. Sentez-vous de nouveau autonome. Entrez dans un nouvel état d'être ; un nouvel état d'être est une nouvelle personnalité ; une nouvelle personnalité crée une nouvelle réalité…

C'est ainsi que l'on se crée une nouvelle destinée. De ce meilleur état d'être et de corps, commandez à la matière en tant qu'observateur quantique de votre nouvelle réalité. Sentez-vous invincible, puissant, inspiré et joyeux…

À partir de ce nouvel état d'être, créez l'image d'un événement que vous désirez vivre et faites de cette image le plan de votre avenir. Observez cette réalité et laissez les particules, qui sont des ondes de probabilités, s'effondrer en créant un événement qui deviendra une expérience vécue. Maintenez cette image, puis passez à la suivante…

Que votre énergie s'enchevêtre dans cette destinée. Cet événement futur doit vous trouver parce que vous l'avez suscité avec votre propre énergie. Créez le futur que vous désirez, avec confiance et certitude…

N'analysez pas. N'essayez pas de deviner comment l'événement se produira. Il ne vous appartient pas de contrôler l'issue. Votre tâche est de créer, puis de laisser l'esprit supérieur s'occuper des détails. Simple observateur de votre futur, bénissez votre existence avec votre énergie...

Avec gratitude, unissez-vous à votre destinée dans un nouvel état d'esprit et de corps. Soyez reconnaissant pour cette nouvelle vie...

Ressentez ce que vous ressentirez quand l'événement se manifestera dans votre vie, parce que la gratitude est un état de réceptivité. Sentez que vos prières ont déjà été exaucées...

Enfin, il est temps de réveiller ce pouvoir intérieur et de lui demander qu'apparaisse un signe dans votre existence. Si vous avez imité aujourd'hui cet esprit supérieur en tant que créateur observant toute vie et que vous avez établi un contact avec lui, il devrait manifester un signe dans votre vie car il connaît vos efforts et vos intentions. Sachez qu'il est bien réel, qu'il existe vraiment, et que la communication est maintenant bilatérale. Demandez que ce signe en provenance du champ quantique survienne de la façon la plus inattendue, qu'il vous étonne et qu'il ne laisse planer aucun doute sur le fait que cette nouvelle expérience provient de l'esprit universel, de sorte que vous aurez ensuite envie de récidiver. Demandez de recevoir un signe...

Prenez maintenant conscience d'un nouveau corps dans un nouvel environnement et dans un nouveau temps. Quand vous serez prêt, ramenez votre conscience en ondes bêta. Vous pouvez maintenant rouvrir les yeux.

NOTES

Introduction
1. Bohr, Niels, « On the constitution of atoms and molecules. » *Philosophical Magazine*, 26 : 1-24 (1913). Si l'on veut vraiment entrer dans les détails du monde subatomique, le volume d'un atome (approximativement 1 angström ou 10^{-10} mètres de diamètre) est environ 15 fois plus grand que celui du noyau (approximativement 1 femtomètre ou 10^{-15} mètres de diamètre), ce qui veut dire que l'atome comporte approximativement 99, 9999999999999 de matière vide. Bien que le nuage électronique entourant le noyau constitue la plus grande partie de l'atome, ce nuage est surtout constitué d'espace vide et les électrons qu'il contient sont minuscules. Le noyau très dense contient la plus grande partie de la masse atomique. La taille relative d'un électron par rapport au noyau peut se comparer au volume d'un pois par rapport à une camionnette tandis que le périmètre du nuage électronique par rapport à la camionnette serait d'environ la taille de l'État de Washington.

Chapitre 1
1. Par exemple, voir Amit Goswani, Ph.D., *The Self-Aware Universe* ((New York : Jeremy P. Tarcher, 1993). Aussi, « l'interprétation de Copenhague » de la théorie quantique développée par Niels Bohr, Werner Heisenberg, Wolfgang Paul et d'autres, qui dit entre autres que « la réalité est identique à la totalité des phénomènes observés (ce qui veut dire que la réalité n'existe pas en l'absence d'observation) ». Voir Will Keepin, « David Bohm », disponible sur ce site : http://www.vision.net.au/~apaterson/science/david_bohm.htm.

2. Leibovici, Leonard, M.D., « Effects of remote, retroactive intercessory prayer on outcomes in patients with bloodstream infection: randomised controlled trial." *BMJ (British Medical Journal)*, vol. 323: 1450–1451 (22 décembre 2001).
3. McCraty, Rollin, Mike Atkinson et Dana Tomasino, « Modulation of DNA conformation by heart-focused intention. » HeartMath Research Center, Institute of HeartMath, Boulder Creek, CA, publication numéro 03-008 (2003).
4. *Christ Returns — Speaks His Truth* (Bloomington, IN: AuthorHouse, 2007).

Chapitre 2
1. Hebb, D. O., *The Organization of Behavior: A Neuropsychological Theory* (Mahwah, NJ: Lawrence Erlbaum Associates, Inc., 2002).
2. Pascual-Leone, A. *et al.*, « Modulation of muscle responses evoked by transcranial magnetic stimulation during the acquisition of new fine motor skills. » *Journal of Neurophysiology*, vol. 74(3): 1037–1045 (1995).

Chapitre 3
1. Szegedy-Maszak, Marianne, « Mysteries of the Mind: Your unconscious is making your everyday decisions. » *U.S. News & World Report* (28 février 2005). Voir aussi : John G. Kappas, *Professional Hypnotism Manual* (Knoxville, TN: Panorama Publishing Company, 1999). J'ai découvert ce concept en 1981 quand j'ai étudié l'hypnose avec John Kappas au Hypnosis Motivation Institute. À l'époque, il affirmait que le subconscient constituait 90 % de l'esprit. Récemment, les scientifiques ont estimé que c'était environ 95 %. Dans un cas comme dans l'autre, c'est beaucoup.

2. Sapolsky, Robert M., *Why Zebras Don't Get Ulcers* (New York: Henry Holt and Company, 2004). Sapolsky est une autorité en matière de stress et de ses effets sur le corps et le cerveau. Voir aussi : Joe Dispenza, *Evolve Your Brain: The Science of Changing Your Mind* (Deerfield beach, FL: Health Communications, Inc., 2007). De plus, la dépendance émotionnelle est un concept enseigné à la Ramtha's School of Enlightenment ; voir JZK Publishing, une division de JZK, Inc., la maison d'édition de RSE, sur ce site : http://jzkpublishing.com or http://www.ramtha.com.

3. Church, Dawson, Ph.D., *The Genie in Your Genes: Epigenetic Medicine and the New Biology of Intention* (Santa Rosa, CA: Elite Books, 2007).
4. Lipton, Bruce, Ph.D., *Biologie des croyances* (Ariane, Montréal, 2006).
5. Rabinoff, Michael, *Ending the Tobacco Holocaust* (Santa Rosa, CA: Elite Books, 2007).
6. Church, Dawson, Ph.D., *The Genie in Your Genes: Epigenetic Medicine and the New Biology of Intention* (Santa Rosa, CA: Elite Books, 2007).
7. Murakami, Kazuo, Ph.D., *Le Divin Code de vie. Génétique et connaissance de soi* (Guy Trédaniel, Paris, 2007).
8. Yue, G. et K. J. Cole, « Strength increases from the motor program : comparison of training with maximal voluntary and imagined muscle contractions. » *Journal of Neurophysiology*, vol. 67(5) : 1114–1123 (1992).
9. Cohen, Philip, « Mental gymnastics increase bicep strength. » *New Scientist* (21 novembre 2001).

Chapitre 4
1. Dispenza, Joe, *Evolve Your Brain: The Science of Changing Your Mind* (Deerfield Beach, FL: Health Communications, Inc., 2007).
2. Goleman, Daniel, *L'Intelligence émotionnelle* (J'ai lu, coll. « Psychologie », Paris, 2003). Voir aussi : Daniel Goleman et le dalaï-lama, *Surmonter les émotions destructrices* (Robert Lafont, 2003).

Chapitre 5
1. Bentov, Itzhak, *Stalking the Wild Pendulum: On the Mechanics of Consciousness* (Rochester, VT: Destiny Books, 1988). Voir aussi : Ramtha, *Comment créer la réalité. Guide pour débutant* (ADA, Montréal, 2003). Selon le modèle quantique de la réalité, chaque « chose » ou « non-chose » est une onde d'information vibrant à une fréquence particulière. Il est alors logique de dire que plus la vibration est lente, plus la matière est dense, et vice-versa. Les émotions du stress abaissent nos vibrations, les rendant plus matérielles et moins énergétiques.

2. Wallace, B. Alan, Ph.D., *The Attention Revolution: Unlocking the Power of the Focused Mind* (Boston: Wisdom Publications, Inc., 2006).
3. Robertson, Ian, Ph.D., *Mind Sculpture: Unlocking Your Brain's Untapped Potential* (New York: Bantam Books, 2000). Voir aussi : Andrew Newberg, Eugene D'Aquili et Vince Rause, *Why God Won't Go Away: Brain Science and the Biology of Belief* (New York: Ballantine Books, 2001).
4. D'une conversation avec Rollin McCraty, Ph.D., directeur de la recherche au HeartMath Research Center, à Boulder Creek, en Californie, en octobre 2008, au sujet de ses recherches sur le mouvement de l'énergie passant du corps au cerveau par le cœur durant la cohérence. Voir Rollin McCraty *et al.*, « The coherent heart: heart-brain interactions, psychophysiological coherence, and the emergence of system-wide order. » *Integral Review*, vol. 5(2) (décembre 2009).

Chapitre 6
1. Dispenza, Joe, *Evolve Your Brain: The Science of Changing Your Mind* (Deerfield beach, FL: Health Communications, Inc., 2007).

Chapitre 8
1. Laibow, Rima, « Medical Applications of NeuroFeedback », dans *Introduction to Quantitative EEG and Neurofeedback*, par James Evans et Andrew Abarbane (San Diego: Academic Press, 1999). Voir aussi : Bruce Lipton, Ph.D., *Biologie des croyances* (Ariane, Montréal, 2006).
2. Fehmi, Les, Ph.D. et Jim Robbins, *The Open-Focus Brain: Harnessing the Power of Attention to Heal Mind and Body* (Boston: Trumpeter Books, 2007).
3. Kappas, John G., Ph.D., *Professional Hypnotism Manual* (Knoxville, TN: Panorama Publishing Company, 1999).
4. Murphy, Michael et Steven Donovan, *The Physical and Psychological Effects of Meditation: A Review of Contemporary Research with a Comprehensive Bibliography, 1931–1996, 2e édition* (Petaluma, CA: Institute of Noetic Sciences, 1997).

5. Lutz, Antoine *et al.*, « Long-term meditators self-induce high-amplitude gamma synchrony during mental practice. » *PNAS (Proceedings of the National Academy of Sciences)*, vol. 101(46) : 16369–16373 (16 novembre 2004). J'ai également eu une magnifique conversation avec Richard Davidson en avril 2008 à la Clinique Mayo lors du congrès « L'Esprit et la Vie » à Rochester, au Minnesota.

Chapitre 10
1. Fehmi, Les, Ph.D. et Jim Robbins, *La Pleine Conscience. Guérir le corps et l'esprit par l'éveil de tous les sens* (Belfond, Paris, 2010).

Appendice A
1. Dans l'induction par les parties du corps, il y a une raison pour laquelle je répète constamment les mots « dans l'espace ». Selon les EEG que l'on a effectués pendant que des sujets suivaient la méditation guidée, ces individus sont entrés dans l'état cérébral alpha quand on leur a demandé de prendre conscience de l'espace occupé par leur corps dans l'espace et du volume que cet espace occupait dans l'espace. Cette formulation et ces instructions ont produit des différences fonctionnelles immédiatement perceptibles dans les schèmes d'ondes cérébrales des sujets. Voir : Fehmi, Les, Ph.D. et Jim Robbins, *La Pleine Conscience. Guérir le corps et l'esprit par l'éveil de tous les sens* (Belfond, Paris, 2010).

REMERCIEMENTS

Ce qui fait se réaliser nos rêves (en plus des sujets traités dans ce livre), ce sont les gens dont nous nous entourons et qui partagent notre vision, qui souscrivent au même objectif, qui nous soutiennent le plus simplement du monde, qui démontrent leur fiabilité et qui sont vraiment désintéressés. Durant ce processus créateur, j'ai eu la chance d'avoir dans ma vie des personnes merveilleuses et compétentes. J'aimerais vous les présenter et leur rendre hommage.

Tout d'abord, je veux remercier les gens de Hay House, qui m'ont soutenu d'innombrables façons : Reid Tracy, Stacey Smith, Shannon Littrell et Christy Salinas. J'apprécie leur confiance.

Ensuite, je désire exprimer ma plus profonde gratitude à Alex Freemon, mon éditeur de projet, pour son feedback honnête, ses encouragements et son expertise. Merci également à Gary Brozek et à Ellen Fontana, qui ont contribué à mon travail à leur façon.

Je veux aussi remercier Sara J. Steinberg, ma rédactrice privée, de m'avoir accompagné une deuxième fois dans l'aventure de l'écriture. Nous avons grandi ensemble une fois de plus. Qu'elle soit bénie pour sa gentillesse et son dévouement. Son aide est un vrai cadeau.

Je remercie John Dispenza pour la maquette de ce livre. Il sait toujours simplifier les choses. Merci aussi à Laura Schuman pour les jolies figures et les tableaux.

Merci à Paula Meyer, ma merveilleuse assistante personnelle, qui possède le talent de s'occuper de mille et une choses tout en restant entièrement présente. J'apprécie son attention au moindre détail. Merci aussi du fond du cœur aux autres membres de l'équipe Encephalon : Chris Richard, pour son soutien amical ; Beth et Steve Wolfson, pour leur appui inconditionnel à mon travail ; Cristina Azpilicueta, pour ses talents de productrice méticuleuse et raffinée ; et Scott Ercoliani, pour son maintien constant d'un haut niveau d'excellence.

Je désire aussi remercier le personnel de ma clinique. Je suis très honoré de travailler avec Dana Reichel, ma chef de bureau, qui a un cœur gros comme la lune et qui a grandi avec moi de plusieurs façons. Parmi le reste de mon équipe, un immense merci au docteur Marvin Kunikiyo, à Elaina Clauson, à Danielle Hall, à Jenny Perez, à Amy Schefer, à Bruce Armstrong et à Ermma Lehman.

Je suis aussi énormément inspiré par les gens qui, un peu partout dans le monde, ont adopté ces idées, d'une source ou d'une autre, et qui les ont appliquées à leur vie. Merci d'avoir soumis votre esprit à de nouvelles possibilités.

De plus, je remercie chaleureusement le docteur Daniel Amen pour sa sincère contribution par l'avant-propos de ce livre.

Je veux aussi remercier ma mère, Fran Dispenza, qui m'a appris à être fort, lucide, aimant et déterminé.

Je ne peux dire à quel point mes enfants m'ont appris l'amour inconditionnel en me laissant du temps et de l'espace pour écrire un autre livre tout en donnant des conférences à l'étranger. Leur soutien constant m'a été très précieux.

Enfin, ce livre est dédié à mon amour, Roberta Brittingham, qui demeure la plus merveilleuse personne que j'aie jamais rencontrée. Je la remercie ici pour sa lumière. Elle est la grâce, la noblesse et l'amour incarnés dans une femme magnifique.

À PROPOS DE L'AUTEUR

Joe Dispenza a étudié la biochimie à l'université Rutgers. Il détient également un baccalauréat en sciences avec une spécialisation en neurosciences, et il a reçu son doctorat de chiropratique de l'université Life, à Atlanta, en Géorgie, avec distinction.

Sa formation postdoctorale comporte la neurologie, les neurosciences, le fonctionnement du cerveau et la chimie cérébrale, la biologie cellulaire, la formation mémorielle, le vieillissement et la longévité. Il est membre honorifique du National Board of Chiropractic Examiners, récipiendaire d'une mention honorable de l'université Life pour l'excellence clinique dans les relations médecin/patient, et il est membre de Pi Tau Delta, la société internationale de chiropratique.

Au cours des douze dernières années, le docteur Joe Dispenza a donné des conférences dans plus de vingt-quatre pays répartis sur six continents, y instruisant des milliers de gens sur le rôle et le fonctionnement du cerveau humain, et leur indiquant comment reprogrammer leur pensée selon des principes neurophysiologiques scientifiquement éprouvés. En conséquence, plusieurs individus ont appris à atteindre leurs objectifs spécifiques et à réaliser leurs visions en éliminant leurs habitudes autodestructrices. Son enseignement simple, mais efficace, peut littéralement transformer le cerveau. Ses travaux sont fondés sur sa conviction totale que chaque individu vivant sur cette planète possède en lui des aptitudes infinies et un potentiel de grandeur.

Le premier ouvrage du docteur Dispenza, *Evolve Your Brain: The Science of Changing Your Mind* («Comment faire évoluer votre cerveau»), traite de la pensée et de la conscience en rapport avec le cerveau, l'esprit et le corps. Ce livre explore «la biologie du changement». Autrement dit, quand nous changeons réellement notre esprit, le cerveau en porte la preuve physique.

Auteur de plusieurs articles scientifiques portant sur la relation étroite entre le cerveau et le corps, le docteur Dispenza y explique les rôles respectifs de la chimie cérébrale et de la neurophysiologie dans la santé physique et la maladie. Sur son plus récent DVD, du même titre que son premier livre, il examine les façons d'amener le cerveau à influencer la réalité par la maîtrise de la pensée. Il a également créé une inspirante série de CD éducatifs où il répond à certaines des questions qui lui sont posées le plus fréquemment. Au cours de ses recherches sur les rémissions spontanées, il a découvert des similitudes chez les gens ayant subi une guérison miraculeuse, démontrant qu'ils ont réellement transformé leur esprit quand ils ont modifié leur santé.

Au nombre des scientifiques, des chercheurs et des instructeurs figurant dans le film à succès *Que sait-on vraiment de la réalité!?*, le docteur Dispenza a fait d'autres apparitions dans la version du réalisateur, dans l'édition quantique du DVD, *Que sait-on vraiment de la réalité!? – Dans le terrier du lapin* ainsi que dans le docudrame *The People vs. The State of Illusion*. Il est également conseiller éditorial du magazine *Explore!*

Quand il ne voyage pas et qu'il n'écrit pas, le docteur Dispenza s'occupe des patients de sa clinique de chiropratique, près d'Olympia, dans l'État de Washington. On peut le contacter sur son site Internet www.drjoedispenza.com.

Conférences Ariane Éditions

Émergence d'un nouveau monde : l'engagement s'intensifie

Nos conférenciers présenteront la vision, les étapes et les défis d'une société appelée à transformer complètement ses institutions, sa relation avec la nature, sa compréhension de la spiritualité et de la vie au-delà de cette planète.

Dates des conférences

Chili/Argentine
janvier 2013, 2014 et 2015

Toulouse
les 4 et 5 mai 2013 (mai 2014)

Montréal
les 5 et 6 octobre 2013

Pour informations et l'achat des billets

En Europe : contacter Nathalie Thery
05.61.02.68.27 / 06.81.39.04.67
assodanslavie@gmail.com

Au Canada : contacter les Éditions Ariane
Tel. : 514-276-2949
info@editions-ariane.com
www.editions-ariane.com

Récentes parutions aux Éditions Ariane

Auteur	Titre
Geoffrey Hoppe	Les Maîtres de la Nouvelle Énergie
Michael E. Salla	Programmes spatiaux et alliances extraterrestres, tome III
Jean-Philippe Brébion	L'empreinte de naissance
Anthony William	Médium Médical
Pierre Henri Steyt	Laah-Tit
Jessie Birra	Mon dialogue avec la Source
Gregg Braden	Humain par choix
Sophie Andrieu	L'autonomie spirituelle
DoloresCannon	Les gardiens
Judith Kravitz	Tranformational Breath Respirez profondément !
Lee Carroll / Kryeon	Le nouvel humain
Gary Renard	Les vies où Jésus et Bouddha se connaissaient
Paul Hellyer	Soyons conscients des manipulations de l'élite mondiale
Steven M. Greer	Non reconnu
Simon Buxton	L'Abeille initiée
Neale Donald Walsch	Conversations avec Dieu, tome 4
Philip J. Corso	Au lendemain de Roswell
Sondra Barrett	Le secret de vos cellules
Gerry Gavin	La présence des anges
Kevin Hall	La puissance des mots
Michael E. Salla	Programmes spatiaux et alliances extraterrestres, tomes I et II
T. Colin Campbell	Redevenir entier
Pierre Lessard	Au-delà des frontières dimensionnelles
Bruce Lipton	Biologie des croyances édition 10ᵉ anniversaire
Dorothy Maclean	La voix des Dévas
John MacKey, Rajendra Sisoda	L'entreprise responsable et consciente
John Perkins	Confessions d'un assassin économique
Chrystèle Pitzalis	Osmose temporelle, tome III – Trânma
Gordon Lindsay	Nouvelle alliance

www.editions-ariane.com/boutique/